Democracia canibal

FÓSFORO

ZITA NUNES

Democracia canibal

Raça e representação
na literatura das Américas

Tradução do inglês por
MARILENE FELINTO

7 Prefácio
20 Introdução
53 Unidos pela antropofagia
93 Incluindo os mortos
125 O estrangeiro e o resíduo
165 O novo negro e a virada para a América do Sul
207 Resíduo é memória
248 Epílogo

253 NOTAS
288 ÍNDICE REMISSIVO

Prefácio

> *As "aspas assustadoras" usadas para sinalizar nosso entendimento de que "americano" é um termo impróprio [...] também sinalizam o fracasso de muitos de nós em "repensar" o que pensávamos que já sabíamos, no contexto do que todos sabemos que não sabemos: como reconceituar um campo que claramente não é mais mapeável por nenhuma das coordenadas tradicionais [...] mas que também resiste à reconfiguração exigida por sua própria expansão histórica e geográfica.*
>
> Carolyn Porter, "What We Know That We Don't Know: Remapping American Studies"

Neste *Democracia canibal*, revelo e analiso uma rede de zonas de contato entre as Américas, e que constitui um arquivo novo. Através dessa rede circulou e continua a circular um conjunto notavelmente consistente de metáforas-conceitos derivadas do canibalismo, informando o modo como as relações raciais em uma democracia são apreendidas e teorizadas. Meu livro retoma esse conjunto de metáforas-conceitos, cuja persistência é sugerida por seus objetos de estudo, e acompanha a circulação das metáforas na obra de vários escritores das Américas. Muitos desses escritores — como Mário de Andrade, Charles Chesnutt, W. E. B. Du Bois, Gilberto Freyre e Nella Larsen, do primeiro período, e Toni Morrison e Wilson Harris, do período posterior — já serão familiares aos leitores desta obra. Eles e seus equivalentes menos conhecidos dos Estados Unidos, Brasil e Caribe serão apresentados ao longo do meu livro em um contexto transnacional menos familiar, já como argumento sobre o significado desse contexto para debates interdependentes sobre cidadania negra em sociedades democráticas. Entre os escritores cuja obra desaparece quando o foco é o nacional está José Clarana. Sua trajetória é exemplar para demonstrar a importância de se posicionar o transnacional no centro dos "estudos americanos", de forma a desafiar o nacional como categoria central de análise, revelando, em vez disso, "uma rede de zonas de contato".[1]

Em 1918, aparentemente a pedido de seu editor, W. E. B. Du Bois, José Clarana publicou "Uma carta do Brasil" no jornal *The Crisis*: "Atendendo a seu pedido, de que eu lhe envie 'uma ou duas cartas sobre o problema da cor no Brasil', mantenho-me dentro dos limites de minha capacidade e cumpro seu aviso de 'torná-las o mais curtas possível', escrevendo uma carta com a simples afirmação de que não há problema de cor no Brasil". Um ano depois, apareceu no Brasil o livro de Clarana *Os estados unidos pela civilização e a civilização dos Estados Unidos*. Versão traduzida e consideravelmente ampliada do artigo do *The Crisis*, o livro rebatia o argumento central do artigo ao criticar a falta de reação do Brasil à violência racial nos Estados Unidos e as raízes racistas dessa apatia. Como o texto em inglês está integralmente incluído na versão em português (exceto pela afirmação de que não há problema de cor no Brasil), eu quis saber mais sobre Clarana a fim de contextualizar adequadamente esses textos conflitantes e seus públicos.

Quando comecei a coletar mais informações sobre o autor, me deparei com um quebra-cabeça interessante. Descobri que José Clarana era um pseudônimo. O livro *Os estados unidos...* está catalogado na Biblioteca Pública de Nova York sob o nome de J. B. Clarke. Certamente, o catalogador original tinha informações que ligavam José Clarana a J. B. Clarke. Pesquisas posteriores revelaram que Clarke também foi o compilador de *Um memorial da exposição de Proclamação da Emancipação do estado de Nova York*, de outubro de 1913,[2] que pertence à coleção do Centro Schomburg de Pesquisa da Cultura Negra com dedicatória "a Arthur Schomburg, com os cumprimentos do compilador, J. B. Clarke". O exemplar de *Os estados unidos*... do Centro Schomburg foi originalmente dedicado (com caligrafia idêntica à de *Um memorial*) em inglês: "Ao *The Crisis New York*, com os cumprimentos do autor. Rio de Janeiro, 21/10/1919", e dedicado novamente, na mesma caligrafia: "Do jornal *The Crisis* a um destinatário mais grato, a estima do autor. Brooklyn, 25 de novembro de 1920". A assinatura de Arthur Schomburg aparece abaixo da epígrafe na página de dedicatória. Eu deduzi desta página que Clarana/Clarke inicialmente presenteou seu livro ao *The Crisis* e depois o pegou de volta para presentear Arthur Schomburg. O exemplar de *Os estados unidos*... da Biblioteca do Congresso, adquirido da União Pan-Americana, em 3 de outubro de 1925, é dedicado em inglês e com caligrafia que corresponde ao exemplar do Centro Schomburg: "Ao sr. John Barrett, com os cumprimentos do autor, que o ouviu falar e leu seus escritos sobre o panamericanismo. Rio de Janeiro, 21/10/1919". Clarana/Clarke também presenteou *Os estados unidos*... ao prefeito de Lexington, Kentucky (na Universidade de Kentucky), ao renomado acadêmico brasileiro Oliveira Lima, sediado nos Estados Unidos (na Universidade Católica), e à Biblioteca da Universidade Cornell.

Descobri que Clarana havia publicado, com esse nome, mais um artigo sobre o Brasil[3] no *The Crisis*. Jessie Redmon Fauset publicou um artigo no *The Crisis* sobre o abolicionista brasileiro José do Patrocínio, em coautoria com um tal Cezar Pinto, que também pode ter sido Clarana/Clarke.⁴ Robert M. Levine e John J. Crocitti especulam no *The Brazil Reader* que Clarana seria o sociólogo brasileiro Gilberto Freyre.⁵ Isso me parece impossível, já que Clarana publicou seu primeiro artigo no *The Crisis* em 1913, quando Freyre teria treze anos. Além disso, a perspectiva inusitada do argumento de *Os estados unidos...*, crítico da falta de reação do Brasil à violência racial nos Estados Unidos, também contraria essa hipótese.

Uma entrada em uma ficha nos arquivos da Biblioteca da Universidade de Howard levou-me a uma nota publicada em uma coluna social do jornal *The Crisis* em dezembro de 1916. A nota referia-se a um tal James Bertram Clarke, formado na Universidade Cornell, que estava de partida ao Brasil como representante de "um interesse comercial dos Estados Unidos".⁶ A lista de ex-alunos de 1922 da Universidade Cornell continha um registro para James Bertram Clarke (Cornell, 1912), em referência cruzada com Jaime Clarana Gil.⁷ De posse dessa nova informação, descobri que, em 1923, sob o nome de Jaime Clarana Gil, Clarke publicara "America the Peacemaker" [América, a Pacificadora], uma avaliação da Liga das Nações. Na entrada para a cópia deste livro no Centro Schomburg, havia uma nota local dizendo: "Em manuscrito, de James B. Clarke, indivíduo de cor". Durante a busca pelo manuscrito indicado na nota, encontrei uma referência à peça de William Edgar Easton *Christophe: A Tragedy in Prose of Imperial Haiti* (1911).⁸ A informação para a peça de Easton no catálogo de fichas do arquivo, incluindo a de que havia anexados a ela dois ensaios de James B. Clarke — "A Job for Uncle Sam" [Um trabalho para o tio Sam] e "An Hour with Harriet Tubman" [Uma hora com Harriet Tubman] —, estava riscada. O nome de Clarke estava datilografado acima do de Easton, com a seguinte anotação abaixo: "Autor negro estadunidense". Um exame do livro mostrou que ele incluía não apenas esses dois textos, mas também uma fotografia de Clarke e uma biografia dele escrita por Easton.

Deduz-se que Clarke acaba por encarnar o "negro estadunidense", uma vez que "negro" é traduzido de formas muito contraditórias entre nações e línguas. Nascido em 1888 em St. Vincent, Índias Ocidentais Britânicas, Clarke foi educado na St. Vincent Grammar School. Em seus escritos, ele diz que veio para os Estados Unidos em 1905, provavelmente partindo do Brasil, pois o registro de matrícula da Universidade Cornell indica seu endereço como "Rua Municipal, 9, Rio de Janeiro, Brasil". Fluente em francês, espanhol e italiano, e professor dessas línguas, sem dúvida ele também era falante de português e inglês. Quando Clarke entrevistou Harriet Tubman, pouco antes da morte dela, esta observou que a fala de Clarke era uma prova das origens dele nas Índias Ocidentais.[9]

Como estudante entre 1908 e 1912, Clarke ganhou fama em Cornell. Em 1910, tornou-se um dos primeiros membros da fraternidade negra Alpha Phi Alpha, fundada em Cornell cinco anos antes. Quando estava na universidade, publicou um artigo no *Cornell Era*, intitulado "Preconceito de raça em Cornell", e divulgou "uma carta endereçada ao Presidente e ao Conselho de Curadores apelando a eles para não estabelecerem discriminação racial em Cornell, excluindo meninas de cor do dormitório feminino".[10] Esse posicionamento e seu resultado bem-sucedido — uma declaração pública do presidente da universidade proibindo a discriminação no campus — renderam-lhe ampla atenção, e certamente solidificaram sua conexão com Jessie Redmon Fauset, que viria a ser a editora literária do *The Crisis* de 1919 a 1926. Ela se formou em Cornell em 1905, especializando-se em idiomas, assim como Clarke, que havia incluído as experiências dela com o racismo, sem nomeá-la, em seu artigo sobre o preconceito racial em Cornell. Clarke também foi editor associado do *Cosmopolitan Student*, publicação do Cosmopolitan Clubs of America, uma organização de estudantes internacionais de todo o mundo fundada e ativa em Cornell de 1904 a 1958. Após sua formatura em Cornell, em 1912, Clarke trabalhou como professor de espanhol nas escolas públicas do Brooklyn, junto a Arthur Schomburg, e escreveu para o *The Crisis* e outras publicações, antes de se mudar para o Brasil em 1916, conforme indicado na nota da coluna social do *The Crisis*. Provavelmente esse interesse profissional estava associado a um dos sindicatos negros da colonização, que ganharam impulso no período. Esses sindicatos buscavam promover a imigração de profissionais negros — médicos, advogados, dentistas, empresários — ao Brasil, onde presumivelmente poderiam exercer suas profissões sem medo de discriminação. As dedicatórias em *Os estados unidos...* mostram que Clarke retornou ao Brooklyn em 1919, e depois disso continuou a publicar artigos, o livro sobre a Liga das Nações e cartas sobre questões prementes da época.[11] A última referência que tenho dele é em uma carta de 1923, assinada por Jaime Gil, ao *New York Times* sobre "Race Feeling in France"[12] [O sentimento de raça na França].

Além dos artigos sobre o Brasil, Clarke, assinando como Clarana, escreveu para o *The Crisis* sobre Plácido,[13] poeta e revolucionário cubano do século 19, sobre educação[14] e sobre a identidade racial dos crioulos da Louisiana, a quem ele tinha visitado.[15] Também escreveu extensivamente sobre o Haiti e Cuba, talvez até tendo residido nessas duas nações. Coletou e publicou documentos relacionados à Proclamação da Emancipação e arrecadou fundos para Harriet Tubman transformar sua casa em um lar de idosos. Foi membro da Sociedade de Ciências Sociais e Políticas. Seu artigo sobre aspectos internacionais do problema da cor apareceu na edição de setembro de 1913 do jornal daquela sociedade, comemorando cinquenta anos de progresso negro ao lado de artigos de Kelly Miller, W. E. B. Du Bois e Booker T. Washington, entre outros estudiosos proeminentes.[16] Em suma, os contatos de Clarke/Clarana/Gil nos Estados Unidos são um verdadeiro "quem é quem" do início do século 20: Harriet Tubman, Booker T. Washington, Arthur Schomburg, W. E. B. Du Bois, Jessie Redmon Fauset, Kelly Miller, William Edgar Easton e certamente muitos outros, dada sua propensão para viagens e redes de comunicação. Ele aparentemente tinha bons contatos tanto no Brasil quanto no Caribe. A vida e a obra de Clarke/Clarana/Gil — seus escritos em inglês e em português (e não tenho dúvidas de que pesquisas futuras mostrarão que ele publicou também em francês e espanhol), seu envolvimento com questões de raça e democracia, suas publicações em instâncias altamente respeitadas e seu complexo trânsito internacional — reforçam de maneira particularmente significativa a realidade da rede transnacional examinada neste *Democracia canibal*. O uso de pseudônimos e o fato de alguns aspectos dos argumentos de Clarke não se traduzirem plenamente de um idioma ou país para outro é um indicador da tensão entre o nacional e o transnacional. Meu trabalho sobre James B. Clarke sugere que a tensão entre o nacional e o transnacional representada pelo problema da tradução nem sempre precisa ser vista como uma barreira a ser superada. Em alguns casos, a impossibilidade de traduzir conclusivamente o termo *negro* (ainda que o termo tenha significados diferentes em inglês, espanhol e português) foi usada estrategicamente para fazer avançarem agendas nacionais e transnacionais que "falavam" de forma diferente em diferentes contextos, em deferência a questões locais. Em outras palavras, os negros no Brasil precisavam de sua imagem dos Estados Unidos tanto quanto os negros nos Estados Unidos precisavam de sua imagem do Brasil para articular e negociar as contradições inerentes à representação da negritude em sociedades democráticas.

Em seu artigo amplamente citado — e do qual a epígrafe deste meu texto foi tirada —, Carolyn Porter sugere que mudar o terreno dos Estudos Americanos do nacional para o transnacional requer não apenas uma mudança de acervo documental, mas também de metodologia. Por essa razão, *Democracia canibal* organiza-se de um modo que pode ser tido como não convencional. Em um primeiro nível, a organização deste livro encerra uma genealogia residual, que, em muitos aspectos, corresponde à reorientação da última década não apenas dos estudos americanos, mas também da diáspora afro-americana/ africana, da América Latina e dos estudos de literatura comparada. Originalmente, *Democracia canibal* seria sobre literatura brasileira, o tema de minha tese de doutorado. Ao iniciar o processo de revisão de minha tese para publicação, eu estava dando aulas sobre o "Renascimento do Harlem" e sobre literatura latino-americana e caribenha. Logo comecei a notar, nos textos que eu utilizava nas aulas, não apenas referências persistentes a outras nações nas Américas, particularmente quando questões de raça e cidadania estavam em jogo, como também que ressonâncias da metáfora do canibalismo e seus resíduos ecoavam em diferentes tempos e lugares. Acabei por compreender a metáfora do canibalismo como uma metáfora móvel, inerente às tentativas de conceituar a relação entre raça e democracia, que se estende muito além do Brasil, de modo que o foco no nacional se tornou insuficiente. Embora a ideia de resíduo seja derivada do modelo teórico de canibalismo elaborado pelos modernistas brasileiros durante a década de 1920, percebi que as narrativas de formação de identidade predominantes em toda a América do século 20 compartilham uma dependência da metáfora da incorporação. Coletivamente, essas narrativas apresentam o indivíduo, o social e o político como um corpo que ingere; e, a partir da posição do corpo incorporador, a construção de uma identidade nacional/racial por meio de um processo de assimilação pressupõe resíduos.

À medida que meu projeto se desenvolvia, percebi também que qualquer discussão sobre o conteúdo da metáfora do canibalismo no que se refere à raça e à democracia deve levar em conta a própria estrutura da metáfora. No inovador *Metaphors We Live By*, de 1980, George Lakoff e Mark Johnson desafiam a visão tradicional da metáfora expressa na equação A é B. Eles argumentam que as metáforas estão enraizadas em conceitos e não apenas nas palavras que usamos; que as metáforas contribuem e estruturam a compreensão e, portanto, constituem um aspecto inevitável dos processos do pensamento humano. Eles também sustentam que a definição convencional de metáfora obscurece o fato de que "a estruturação metafórica [...] é parcial, não total".[17] A interminável luta — interminável justamente porque a fonte e o alvo da metáfora não podem ser a mesma coisa, ou seriam a mesma coisa — inerente a esse processo exige, nos termos de meu estudo, um resíduo. As metáforas funcionam, segundo Lakoff e Johnson, porque os aspectos semelhantes — ou, ainda nos termos do meu estudo, os aspectos incorporados da fonte no alvo — são destacados, e o resíduo permanece oculto. A metáfora, portanto, é a própria figura sobre a qual a discussão da relação entre raça e democracia deve logicamente se basear, já que todas as tentativas de definir um conceito de raça se baseiam em metáforas de cor, sangue ou mácula. Além disso, a estrutura da metáfora espelha a estrutura do canibalismo, que, por sua vez, estrutura a relação entre raça e democracia. Significativamente, todos compartilham um resíduo resistente, que é negado no interesse da coerência e da estabilidade.

Em um segundo nível, a organização do livro deriva da necessidade de "repensar" questões ainda não resolvidas relacionadas à representação da diferença na democracia. Essas velhas questões ainda não resolvidas — questões que se tornaram mais e não menos urgentes — ecoaram pelas Américas desde o fim do século 19. Ao abordá-las, não quis argumentar por acréscimo. Eu queria ir além de uma coleção de leituras avulsas de textos de regiões distintas e também evitar produzir um estudo de influência ou que endossasse um modelo nacional em detrimento de outro. Na introdução de *The Black Atlantic: Modernity and Double Consciousness*, Paul Gilroy aborda a dupla consciência e a mistura cultural que, para ele, distinguem-se daquelas da diáspora africana. Ele olha para os pensadores afro-estadunidenses a fim de desafiar o que chama de "estreiteza de visão que se contenta com o meramente nacional". De acordo com Gilroy, esses pensadores "estavam preparados para renunciar às reivindicações fáceis do excepcionalismo afro-estadunidense em favor de uma política global de coalizão, na qual o anti-imperialismo e o antirracismo pudessem interagir, se não se fundir". Meu exame das interações entre escritores e artistas do Caribe e das Américas do Norte e do Sul indica quão complexas podem ser essas políticas de coalizão. Nossa compreensão de sua complexidade, no entanto, requer uma nova abordagem, que se ocupe das dimensões metodológicas, teóricas, históricas e éticas da relação transnacional. Acredito que somente olhando para todos esses aspectos juntos, trazendo cada um deles à tona em diferentes pontos para analisar seu significado, é que se torna possível uma nova contabilização dos riscos e resultados dessas políticas de coalizão.

A introdução a este *Democracia canibal* delineia os parâmetros históricos e geográficos, bem como a metodologia do meu argumento, apresentando os dois temas centrais do estudo que inspiram o título do meu livro: canibalismo e democracia racial. Nos capítulos seguintes, examino esses temas em relação a textos e imagens do Brasil e dos Estados Unidos.

O capítulo 1, "Unidos pela Antropofagia", e o capítulo 2, "Incluindo os mortos: a nostalgia e a recusa da perda na obra de Gilberto Freyre *Casa-Grande & Senzala*", elaboram juntos, em relação ao Brasil, o modelo teórico derivado da metáfora do conceito de canibalismo. O capítulo 1 concentra-se no romance *Macunaíma*, de Mário de Andrade, e em "A medicina dos excretos", segundo ensaio de sua coletânea *Namoros com a medicina*. Argumento que os textos de Mário de Andrade tentam, mas não conseguem, encontrar um lugar neste mundo para seus personagens negros e indígenas, sugerindo que a identificação com um ideal de democracia (racial) brasileira requer uma escolha que relega a negritude a um marcador de uma posição social e política viável. A obra de Andrade encena as contradições de ser representado, ao mesmo tempo, como negro e brasileiro.

O capítulo 2 examina como a confiança de Freyre em metáforas de incorporação, para descrever a relação de povos e culturas negras e indígenas com a história e a identidade brasileiras, tanto assegura quanto resiste à noção de democracia racial. Eu argumento que essa resistência é veiculada pela persistência de resíduos de excrementos na prosa de Freyre. Os resíduos transmitem a tensão não resolvida entre os termos constituintes da democracia racial.

O capítulo 3, "O estrangeiro e o resíduo", analisa as referências ao Brasil em obras selecionadas de W. E. B. Du Bois e Charles Chesnutt, à luz da metáfora do conceito de canibalismo e o resíduo de uma perspectiva psicanalítica. Argumento que os textos desses autores chamam a atenção para a violência da identificação, permitindo-me explorar a ética de uma relação com o resíduo.

A associação estrita do nome de Freyre ao conceito de democracia racial obscureceu a circulação anterior desse conceito nos Estados Unidos e no Brasil. O capítulo 4, "O novo negro e a virada para a América do Sul", analisa as representações do Brasil e dos Estados Unidos na imprensa negra de cada nação na década anterior e posterior à Primeira Guerra Mundial, bem como o debate de valores que eventualmente seria retomado na ideia de democracia racial. Esse capítulo termina com uma análise dos romances *Passing*, de Nella Larsen, e *Plum Bun*, de Jessie Redmon Fauset. Nessas obras, o Brasil (ou a América Latina) desempenha um papel significativo na exploração do que fica para trás ou sobra como resíduo quando da passabilidade racial e/ou do cruzamento de fronteiras.

O último capítulo, "Resíduo é memória: canibalizando os resquícios do passado" avança sessenta anos para passar de uma análise da política de comparação para uma análise da política de identidades diaspóricas. Deve estar claro que *Democracia canibal* não pretende ser uma história contínua do uso da metáfora do conceito de canibalismo nem é uma história contínua de raça e relações raciais. Seu foco é o rastreamento de uma metáfora à medida que ela se desenvolve nas discussões sobre raça e democracia no início e no fim do século 20. Embora fosse possível construir um argumento histórico que corrobore a lacuna de sessenta anos entre o capítulo 4 e o capítulo 5[18] — argumento que justificaria a cronologia do meu livro —, esta seção, ainda que reconhecendo a continuidade das questões relativas à cidadania negra, está mais interessada em abordar diretamente as questões éticas que obscureceram meu argumento até aquele ponto. O capítulo 5 é, portanto, mais especulativo do que os anteriores. Os romances e as imagens que nele analiso sugerem uma forma de pensar a díade incorporação/introjeção em favor de um processo que possa reconhecer, sem abarcar ou superar interminavelmente, o resíduo. Como demonstro nesse capítulo, a díade necrofilia/necrofagia, que deriva dos trabalhos de John Akomfrah, Kobena Mercer, Nicholas Abraham e Maria Torok, parece oferecer possibilidades mais criativas para a relação do resíduo com o *demos*.

O epílogo não sugere uma resolução — ou melhor, um "fora" — das questões dos modelos metafóricos de conhecimento, do sujeito cidadão liberal, ou dos fundamentos psicossexuais do racismo moderno que este *Democracia canibal* aborda. Meu argumento enfatiza que as metáforas de incorporação que estruturam os objetivos aparentemente benignos da integração e da "democracia racial", por um lado, e os objetivos do separatismo, muitas vezes experimentado como menos benigno, por outro, implicam, logicamente, um resíduo. Proponho que é mais proveitoso pensar no que sobra do que no que fica de fora ou alheio a um processo de unificação ou incorporação.[19] Em meu epílogo, sugiro que a flauta de ossos caribenha, descrita por Wilson Harris, é uma imagem para essa possibilidade. No trabalho que se segue, proponho que desloquemos o campo da investigação cultural de um projeto que busca uma nova ou autônoma modalidade de inclusão (o qual, consolidado quer dentro quer fora, estaria fadado a repetir, na tentativa de unificar, o próprio ato de exclusão que ele contesta) para um projeto que articula uma relação com o resíduo como tal, uma relação que não exigiria identificação ou compreensão completas.*

---

* O emprego das palavras "mulato", "moreno" e "escravo" é tão problemático em inglês quanto em português. Deste modo, a terminologia que adoto no livro reflete usos dentro dos textos e durante os períodos em consideração, visto que são expressões históricas, contextuais, e fazem parte da análise em questão. (N.A.)

Introdução

> *Instamos no Brasil e na América Central que os afrodescendentes não mais se satisfaçam com uma solução para o problema do negro que implique sua absorção em outra raça, sem permitir que os negros, como tal, reconheçam plenamente sua humanidade e seu direito de ser.*
>
> W. E. B. Du Bois,
> "The Negro Takes Stock"

> *Enfim: precisa-se brasileiros! Assim está escrito no anúncio vistoso de cores desesperadas pintado sobre o corpo indeciso do nosso Brasil, camaradas.*
>
> Mário de Andrade, "Cartaz"

Em 1989, a atenção de um transeunte no Rio de Janeiro teria sido atraída para um cartaz impressionante, afixado num muro. Esse cartaz, um dos muitos colados nos bairros mais pobres da cidade, mostrava três torsos nus de pele morena — um, o mais claro, aparentemente de uma mulher, conforme indicado pela saliência dos seios; os outros dois eram menos facilmente categorizados. Os três corpos estavam dispostos da esquerda para a direita, estando a mulata mais próxima, em termos de perspectiva, do primeiro plano e, portanto, do observador da fotografia. No centro do retrato, sobreposta ao torso no meio, havia uma caixa branca contendo classificações raciais, cada uma seguida de um ponto de interrogação: "branco? preto? pardo? amarelo? indígena?".

O cartaz, resposta à síntese dos dados censitários então recentemente divulgados, trazia duas frases: "Não deixe a sua cor passar em branco" e "Responda com bom s/Censo". Além da referência a uma "passabilidade" familiar aos falantes de inglês, essa primeira frase também chamava a atenção para a então iminente primeira eleição presidencial direta em três décadas. Os candidatos eram Fernando Collor de Mello, o candidato apoiado pelos ricos e pelos interesses empresariais da direita, e Luís Inácio Lula da Silva, líder trabalhista eleito presidente pela primeira vez em 2002, apoiado pelos sindicalistas e pela esquerda. Logo após a eleição de Fernando Collor, a *Folha de S.Paulo* publicou uma resposta de um conhecido jornalista e ensaísta a uma denúncia de racismo que este havia recebido de um leitor. O leitor reclamava de comentários feitos em uma matéria anterior, em que o jornalista descrevia o novo presidente como "alto, bonito, branco — branco à moda ocidental". O jornalista se defendeu alegando que, ao valorizar a brancura de Collor, não fazia nada diferente do que a grande maioria dos brasileiros. De fato, quando, como parte de uma pesquisa de opinião, os entrevistados foram solicitados a descrever o presidente ideal, 89% disseram que ele deveria ser branco. O jornalista afirmou que as pessoas de cor eram tão "palatáveis" para ele quanto quaisquer outras, mas que considerar o Brasil um país do Terceiro Mundo e buscar estabelecer vínculos com a África (como havia proposto o outro candidato, Luís Inácio da Silva) exigiria que "nós [brasileiros] nos afastássemos da nossa herança cultural que é o Ocidente [...] e os Estados Unidos". Ao destacar o status do Brasil como nação ocidental, o jornalista faz uma distinção entre *herança* como aquilo que é forjado e garantido pela lei e pelos costumes, e *o resto* (no caso, o vínculo com a África) como aquilo que é renegado para fazer a identidade forjada parecer natural. O contexto da eleição evidencia outro aspecto significativo da frase "Não deixe a sua cor passar em branco". No Brasil, o voto nas eleições nacionais é obrigatório para todos os cidadãos adultos. A única maneira de optar por não participar da eleição é "votar em branco", que significa, coloquialmente, deixar o voto sem preenchimento (em branco) ou, mais literalmente, escolher votar branco.

A segunda frase, "Responda com bom s/Censo", joga com a homologia em português entre "senso" e "Censo". Uma ampla coalizão de organizações respeitadas[1] endossou essa campanha em resposta ao censo de 1980, no qual 5,8% da população se declarou negra, 38,6% parda (mestiça) e 55% branca. De acordo com o panfleto que acompanhava o cartaz, os objetivos da campanha deveriam transmitir uma mensagem positiva aos afrodescendentes, em relação à cor e à etnia, aumentar seu perfil cultural e político e coletar dados relativos à condição socioeconômica dos afrodescendentes em um esforço para combater os efeitos da "ideologia do embranquecimento".[2] Thomas Skidmore, em seu influente *Black into White: Race and Nationality in Brazilian Thought*, chama isso de ideologia, baseado na teoria de que, por meio da miscigenação, a nação acabaria se tornando branca, uma nação exclusivamente brasileira. Ele afirma que essa ideologia foi aceita, com poucas exceções, pela elite, após a abolição da escravatura em 1888 e a Proclamação da República em 1889.[3] Uma breve revisão da história brasileira ajudará a contextualizar essa ideologia.

Em 1500, Pedro Álvares Cabral partiu de Lisboa com destino à Índia com uma frota de treze navios e 1.300 tripulantes. Ele desembarcou perto da atual Porto Seguro, na Bahia, na costa nordeste do território que se tornaria o Brasil. Reivindicada pela Coroa portuguesa, essa terra era então ocupada por uma população indígena cultural e linguisticamente diversa e descentralizada, estimada em 6 milhões de pessoas. Os primeiros colonizadores portugueses chegaram em 1531, desalojando os indígenas. Três anos depois, o rei João III de Portugal, em resposta às ameaças britânicas, holandesas, francesas e espanholas ao controle português da costa, dividiu a área em capitanias hereditárias e as distribuiu entre seus apoiadores para facilitar a administração. Em 1549, a cidade de Salvador, na Bahia, tornou-se a sede do governo colonial. As plantações de cana-de-açúcar foram formadas, e a mão de obra escrava foi obtida dos povos indígenas que viviam na área. A resistência deles ao trabalho forçado e a perda de suas vidas devido às duras condições tornaram o tráfico interno de escravos um negócio lucrativo, administrado por fazendeiros portugueses e realizado por bandeirantes ou exploradores, geralmente filhos de mães indígenas e pais portugueses. Os bandeirantes invadiam cada vez mais o interior do território em busca de gente para escravizar e, nesse processo, garantiram áreas distantes do litoral para a Coroa portuguesa. O comércio interno de escravos foi suplementado e, no século 17, em grande parte, mas não completamente, substituído pelo comércio transatlântico de escravos. Africanos escravizados, povos indígenas e, ocasionalmente, mulheres e trabalhadores europeus, rebelaram-se contra a violência e a opressão do sistema de trabalho nas plantações fugindo e fundando comunidades chamadas quilombos, que resistiram à ameaça de militares organizados pelas forças de interesse da Coroa.

Durante o tráfico de escravos (o primeiro carregamento é geralmente datado de 1538), o Brasil recebeu 40% do número total de africanos trazidos à força para as Américas (em comparação com os 7% da América do Norte).[4] Nas últimas décadas do século 17, a taxa de importação de escravos aumentou com a descoberta de ouro em Minas Gerais, atraindo especuladores e grande número de africanos escravizados que eram forçados a trabalhar em condições brutais nas minas. Essa mudança da economia do Nordeste para o Sudeste foi acompanhada por uma mudança política semelhante, à medida que o Rio de Janeiro se tornou a sede do poder não apenas do Brasil (o governo colonial havia se mudado para lá em 1763), mas também de todo o Império português. Em 1807, para escapar da invasão do exército de Napoleão, o príncipe regente português mudou-se de Lisboa para o Brasil e estabeleceu o Rio de Janeiro como capital, tornando o Brasil a única colônia americana a servir como centro de uma monarquia europeia. Em 1822, o filho do príncipe, que havia permanecido no Brasil para governar a colônia quando seu pai retornou a Portugal, declarou independência e se autodenominou Dom Pedro I, o primeiro imperador do Brasil.

Durante o século 19, após a independência, o café substituiu o açúcar como a exportação mais significativa do Brasil. Os produtores de café exigiam grande número de trabalhadores escravizados. As lavouras de café estavam localizadas principalmente em São Paulo, e o poder econômico e político novamente se deslocou, desta vez para a aristocracia desta região. Em 1850, a Lei Eusébio de Queirós aboliu o tráfico transatlântico de escravos, que extraoficialmente continuou junto a um comércio interno legal. Em 1871, a Lei do Ventre Livre, de aplicação desigual, libertou todas as crianças nascidas de mulheres escravizadas, e a Lei Saraiva-Cotegipe, ou Lei dos Sexagenários, de 1885, libertou todos os escravos que chegassem aos sessenta anos. Em 1888, o Brasil tornou-se a última nação do hemisfério ocidental a acabar com a escravidão, quando a princesa regente Isabel assinou a Lei Áurea, provocando uma reação dos proprietários de escravos, principalmente entre a aristocracia do café, reação que resultou no fim da monarquia e na instauração da república em 1889.

A presença de grande parte de africanos e seus descendentes, visivelmente engajados em uma ampla gama de ocupações nas esferas pública e privada anteriores à Abolição, afetou significativamente as relações sociais. Como Mary Karasch apontou, muitas pessoas escravizadas trabalhavam não apenas em ambientes rurais, mas também em ambientes urbanos como gerentes, vendedores, trabalhadores qualificados, artesãos e prostitutas.[5] Em alguns casos, essas ocupações permitiam a acumulação de capital e mobilidade social e econômica para mulheres escravizadas ou livres e para homens mestiços.

Em meados do século 19, segundo Emília Viotti da Costa, a população do Brasil era de 1 milhão e 350 mil brancos e 4 milhões de negros e mulatos. O fato de os brancos constituírem menos de 30% da população causou muita preocupação entre a elite que antecipava o fim da escravidão. Refletindo essa preocupação, Frederico Leopoldo Cezar Burlamaqui, abolicionista e doutor em matemática e ciências naturais, propôs o retorno dos africanos e afrodescendentes em seu estudo de 1837 intitulado *Memória analítica acerca do comércio d'escravos e acerca dos males da escravidão doméstica*. Preocupado com "a segurança da raça branca", constantemente ameaçada por uma populosa raça de "inimigos domésticos" e com a impossibilidade e o desejo simultâneo de construir "uma Nação homogênea", Burlamaqui questiona:

> Seria apropriado que uma população tão grande de escravos libertos, de uma raça absolutamente diferente daquela que a dominava, permanecesse no país? Não haverá grandes perigos a temer pelo futuro se os abusos anteriores forem lembrados [e] se os escravos libertos preferirem as pessoas de sua própria raça, como é natural? Poderia uma nação prosperar, ou mesmo existir, se for composta de raças estrangeiras que de forma alguma poderiam ter qualquer ligação entre si?[6]

Enquanto observadores europeus e estadunidenses do Brasil consideravam a miscigenação um mal insuperável, intelectuais brasileiros, cientistas sociais e funcionários do governo acabaram por sugerir que a miscigenação se constituía como a melhor possibilidade de estabelecer uma identidade nacional homogênea. Esse pensamento forneceria as raízes para elaborações posteriores da ideologia do embranquecimento e da democracia racial. O processo de miscigenação acabaria por conferir ao Brasil, nas palavras de Silvio Romero, importante estudioso da literatura do século 19, um "espírito, um caráter original" que o país ainda não tinha, mas que "virá com o tempo".

> Minha ideia, então, é que a vitória na batalha por nossa vida pertencerá no futuro ao branco [raça], mas o branco [raça], consciente da aspereza desse clima, deve aproveitar tudo o que é útil que as outras duas raças podem oferecer, especialmente [raça] negra, com a qual mais cruzou para garantir essa mesma vitória. Depois de ter recebido a ajuda necessária, a raça branca, através da seleção natural, aumentará continuamente até se mostrar tão pura e bela quanto no Velho Mundo. Isso acontecerá quando [a raça branca] estiver completamente aclimatada a este continente. Dois fatores contribuirão fortemente para esse resultado: de um lado, o fim do tráfico de escravos e o constante desaparecimento dos índios e, de outro, a imigração europeia.[7]

Notável nessa passagem é que a miscigenação com negros é tratada como uma inoculação que ajudará os brancos a se adaptarem e superarem o ambiente tropical das Américas, contrariando assim visões pessimistas de miscigenação amplamente difundidas. Um estímulo adicional para a tese do branqueamento foi fornecido por cálculos que especulavam que a raça branca incorporaria o preto e o índio dentro de quatro ou cinco gerações.[8] Essa incorporação garantiria o retorno ao tipo racial (branco) imaginado por Romero — "tão puro e belo como no Velho Mundo" —, no qual se basearia a nação brasileira. A tentativa de produzir o brasileiro ideal, incorporada pela ideologia do branqueamento, se daria como uma repetição, mas com uma diferença — uma repetição do que viria a constituir o brasileiro ideal (branco) e a eliminação de elementos ameaçadores, definidos como negros. Como a negritude era vista como uma barreira para a conquista da modernidade pelo Brasil, os negros necessariamente seriam "o remanescente destinado a ser deixado para trás na marcha [do Brasil] em direção ao progresso" — em outras palavras, um resíduo.[9]

No parágrafo anterior, coloquei "branco" entre parênteses para enfatizar que estou analisando como a raça é definida, idealizada, representada. As citações anteriores sugerem que, no discurso racial público, a branquitude é um desejo, adiado para o futuro e claramente construído; é nomeado e identificado com sua promessa. Muitos historiadores e cientistas sociais, baseados tanto nos Estados Unidos quanto no Brasil, discutiram extensivamente a ideologia do branqueamento. Seus estudos comparam implicitamente, se não diretamente, a história da racialização nesses dois países, conforme os principais textos que eles analisam.[10] Minha intenção aqui é investigar a *representação* racial no Brasil — num esforço de analisar como essa representação funciona e muda à medida que circula nacional e internacionalmente, e explicar por que ela se repete de forma tão persistente. Como veremos, apesar de esferas nacionais e momentos históricos muito diferentes, a lógica pela qual "os resíduos" são produzidos em cada tentativa de projetar uma integração racial parece incontornável.

Para me ajudar a elucidar esse ponto, volto à minha discussão sobre o Censo. Em 1911, João Baptista de Lacerda, diretor do Museu Nacional, que representou oficialmente o Brasil na Primeira Conferência Universal das Raças, calculou que até 2012 os negros não existiriam mais no Brasil e que os mulatos representariam apenas 3% da população.[11] Por um lado, a afirmação de Lacerda parece absurda. Ao longo do século 20, existiram, na verdade, espaços para promover e afirmar os negros como negros; durante as primeiras décadas daquele século, só em São Paulo, havia mais de uma dúzia de jornais negros publicados regularmente, e organizações e movimentos culturais, sociais e políticos ativos, como o Movimento do Negro Unificado, Black Rio, movimentos de reparação e ação afirmativa, Teatro Experimental do Negro, Quilomboje (um coletivo de escritores), escolas de samba, blocos afro e assim por diante, que ajudavam a organizar as comunidades. *Por outro lado, no nível da representação, onde raça e democracia estão vinculadas e abordadas pela campanha censitária, as previsões de Lacerda foram cumpridas.*

Quando os dados do Censo foram divulgados em 1996, apenas 5% dos brasileiros se identificavam como negros; aqueles que se identificaram como pardos aumentaram em número, de 38,8% para 42%, e os que se identificaram como brancos foram 52% (1% a menos em relação ao Censo de 1980, que demonstrou um declínio em relação aos censos anteriores). Melissa Nobles, uma cientista política que examinou esses dados, propôs que a autoidentificação com qualquer categoria que não fosse a negra tornava o formulário do Censo uma maneira de escapar da estigmatização da qual não se pode escapar na vida cotidiana.[12] Eu estenderia esse ponto de vista e argumentaria que o Censo e o fracasso da campanha em realizar seus objetivos podem ser vistos como um sintoma da história do desaparecimento oficial dos negros e um cumprimento da previsão de Lacerda em relação à negritude, em nível discursivo e representacional. Essa história mostra que os afrodescendentes, como condição de pertencimento, devem consentir em ter um papel voluntário e participativo na identidade nacional brasileira produzida discursivamente — ou seja, no plano da representação, devem deixar sua negritude para trás, como um resíduo. Uma ilustração familiar disso seria o exemplo do autor oitocentista Machado de Assis. À medida que a fama e o prestígio dele cresciam, tornando-o um dos maiores escritores do Brasil, os pintores de retratos começaram a minimizar sua aparência de "mulato".[13]

A campanha do Censo sugere que tanto a representação política quanto a representação discursiva dentro de um ideal de democracia racial requerem uma escolha que relega a negritude a um marcador viável de posição social e política. A resposta ao Censo de 1990 demonstra que a adesão à democracia (racial) exige, para que se participe dela, uma escolha que relegue a negritude, ao mesmo tempo que produz a negritude como um resíduo que persiste e, ao persistir, resiste. A constituição do Brasil como uma democracia racial, uma unidade baseada em um conceito de mistura, exige que "um conjunto de instituições possa ser tão bem — e tão sutilmente — concebido e tão bem organizado que se ajuste, sem excesso, aos eus que ela pressupõe e aos sujeitos que ela engendra. [Com isso] supõe-se que [...] instituições bem organizadas produzirão sujeitos bem organizados que se sentem à vontade (e não oponham resistência) para aceitarem práticas de autocontenção e autoencobrimento".[14] Em relação à constituição da democracia, então, os resíduos são tão necessários (quando percebidos como resultado de uma exclusão) quanto ameaçadores (quando percebidos como resultado de uma resistência).

Meu foco no processo de extinção e na figura dos resíduos pode parecer uma sutil mudança de ênfase, mas é de fato decisivo e articula uma perspectiva diferente sobre o insolúvel problema da inclusão em sociedades democráticas multirraciais. A exclusão é quase sempre entendida como o que é deixado de fora de uma determinada política e visto como incompatível com as formações democráticas. No entanto, como Carl Schmitt propôs, a democracia requer exclusões:

> Toda democracia real se baseia no princípio de que não apenas os iguais são iguais, mas de que os desiguais não serão tratados igualmente. A democracia requer, portanto, primeiro a homogeneidade, e depois — se for necessário — a eliminação ou erradicação da heterogeneidade [...]. Uma democracia demonstra seu poder político ao saber recusar ou manter afastado algo estranho e desigual que ameaça sua homogeneidade. A questão da igualdade não é exatamente uma questão lógico-aritmética de jogos abstratos. Trata-se da substância da igualdade. Desde o século 19, ela existe sobretudo na pertença a uma nação particular, na homogeneidade nacional. A igualdade só é interessante e valiosa politicamente enquanto tem substância e, por isso mesmo, enquanto traz ao menos a possibilidade e o risco da desigualdade. Finalmente, deve-se dizer que uma democracia — porque a desigualdade sempre pertence à igualdade — pode excluir uma parte de seus governados sem deixar de ser uma democracia, uma vez que, até hoje, todos aqueles que de alguma forma ficaram total ou parcialmente sem direitos e que foram impedidos de exercer o poder político, sejam eles chamados de bárbaros, incivilizados, ateus, aristocratas, contrarrevolucionários ou mesmo escravos, todos pertenceram à democracia.[15]

Schmitt observa que a heterogeneidade deve ser erradicada somente se houver necessidade. Uma vez que os estrangeiros, como desiguais, podem ser tolerados ou "pertencer" ao povo, eles são intimados[16] e, portanto, reconhecidos como "bárbaros" ou forasteiros. Notadamente ausentes do catálogo de estrangeiros de Schmitt estão as minorias raciais; nenhum dos listados precisou estar associado a um grupo racial específico.

Como argumentarei mais detalhadamente no capítulo 3, o discurso da estrangeiridade não é compatível com o discurso da raça, que é mais bem entendido em termos daquilo que é um resíduo do que o estrangeiro. Em sua análise sobre *A crise da democracia parlamentar*, Chantal Mouffe afirma que, para Schmitt, a oportunidade de traçar uma linha divisória entre "nós" e "eles" é mais importante do que a natureza da semelhança que essa linha garante.[17] Ela observa que, na teoria dos arranjos democráticos de Schmitt, a semelhança que funde a identidade de um povo poderia ser produzida "reduzindo-a a uma de suas muitas formas de identificação". Essa identificação cria a linha que "inclui alguns na cidadania democrática enquanto exclui outros".[18] Argumentarei aqui que a fusão do excluído com o estrangeiro, por um lado, e a negação do excluído, por outro, oculta as operações subjacentes que exigem a identificação com um ideal semelhante de democracia racial como condição de pertencimento. A democracia racial oferece a promessa de inclusão, cordialidade[19] e ausência de ressentimento por meio da identificação com o conceito de *embranquecimento*. Em outras palavras, a identificação giraria em torno do desejo de branquitude, e aqueles que se recusam a essa identificação ficam relegados a resíduos. Mesmo quando a ênfase na branquitude não está mais em primeiro plano, como no discurso sobre a democracia racial, suas raízes nesse modo de pensar são aparentes quando se trata do excluído.

A autorrepresentação na esfera pública impacta e se sobrepõe às "vidas vividas" dos afrodescendentes no Brasil de maneiras significativas. Há, no entanto, uma lacuna que ocorre quando as "vidas vividas" dos negros ultrapassam a vontade ou mesmo a capacidade do Estado de representá-los como brasileiros. Essa lacuna fala da tensão entre os discursos de raça e a democracia. Cabe ressaltar que a democracia tem dois aspectos — como forma de governo, fundada na autodeterminação do povo, por um lado, e, por outro, um quadro simbólico dentro do qual esse governo democrático se realiza. Por exemplo, pode haver uma democracia real na qual os negros votam e que existe paralelamente e em contradição com a esfera de representação em uma democracia racial.

Em *Democracia canibal*, exploro essa contradição em relação tanto ao conceito de democracia racial, que depende de um ideal de inclusão, quanto à metáfora do canibalismo que a explica e estrutura. Os textos que examino ao longo do meu estudo, extraídos principalmente do Renascimento do Harlem e do modernismo brasileiro, mas também da literatura contemporânea de outras áreas das Américas, interpretam o canibalismo em muitos níveis diferentes, tanto temática quanto estruturalmente, e, além disso, encontram, na lógica desse processo, a inspiração para explorações teóricas de questões de identidade (individual, social e política), democracia, raça, estética e linguagem. As questões abrangentes — quem está comendo quem?, o que resta desse processo e por quê? — justificam este estudo.

O canibalismo é um modelo útil para a democracia.[20] A metáfora do canibalismo aparece repetidamente em conceituações de democracia, particularmente onde estas se relacionam a questões de raça. A metáfora é especialmente notável em discussões sobre "democracia racial". Uma descrição da sociedade brasileira cordial, baseada na mistura harmoniosa de raça e cultura — a noção de democracia racial —, é frequentemente associada a Gilberto Freyre, autor do influente *Casa-Grande & Senzala*. As ideias que explicariam a democracia racial como um conceito, se não como um termo, não são peculiares à obra de Freyre; e já interessaram a muitos escritores nas Américas —

incluindo os modernistas brasileiros e os escritores do Renascimento do Harlem, mas não se limitando a eles — e também a teóricos de política, comentaristas e jornalistas da imprensa negra do Brasil e dos Estados Unidos, muitos dos quais conversavam entre si. Para esses escritores, a democracia como forma política e como cultura é capaz de acolher a todos em seu espaço conceitual e territorial, sem deixar ninguém como resíduo.[21] A "democracia racial", além disso, apresenta-se como o ideal da democracia; no entanto, a democracia racial parece ao mesmo tempo uma redundância e uma contradição em termos. É como se, nesta relação, a democracia na "democracia racial" desfizesse de alguma forma a relevância e a importância da raça; no entanto, a própria ideia de raça como modificadora da democracia implica que sem ela a democracia não seria tão visível.

Esses dois conceitos — canibalismo como metáfora cultural e democracia racial como ideal cultural — podem ter sido mais explicitamente articulados no Brasil durante as primeiras décadas do século 20, mas também sustentam os discursos estadunidenses sobre raça e democracia no mesmo período. Neste livro, examino a circulação desses conceitos e suas consequências. Uma das minhas questões é a de que a imagem do resíduo, que deriva da metáfora do canibalismo, é ubíqua e persistente, indicando que a contradição entre os discursos de raça e democracia não foi resolvida. Precisamente por isso, a metáfora do resíduo perdura e supera qualquer momento histórico específico.

Fui atraída pela primeira vez pela metáfora do canibalismo por causa de sua centralidade nas considerações da cultura brasileira. O projeto dos modernistas, como delineado por Oswald de Andrade no *Manifesto Antropófago*, implicava engolir e absorver o que é útil em uma cultura. O canibalismo atribuído à população indígena do Brasil serviu de modelo para uma relação cultural redefinida entre o Brasil e o mundo exterior (definido em grande parte como Europa) — uma relação em que as influências estrangeiras não seriam copiadas, mas digeridas e absorvidas como pré-condição para a criação de uma nova civilização nacional mais independente. Esse aspecto do modernismo brasileiro tem sido interpretado como produção de obras pós-coloniais exemplares. A criação de uma identidade nacional brasileira, no entanto, ocorre em duas frentes. Em relação à Europa, previa um questionamento radical e uma reformulação das hierarquias engendradas pelo colonialismo. Em relação às populações negras, mulatas e indígenas do Brasil, o modelo de canibalismo forneceu os meios para criar (mesmo que apenas em teoria e adiada para o futuro) uma identidade nacional homogênea e estável.

Em 1928, Oswald de Andrade publicou o *Manifesto Antropófago*.[22] O manifesto deu expressão teórica às várias práticas artísticas que antecederam sua publicação e se seguiram a ela. O manifesto de Oswald apareceu seis anos depois da Semana de Arte Moderna (de fevereiro de 1922), que lançou oficialmente o movimento modernista. Assim como Oswald, a maioria dos participantes da Semana de Arte Moderna eram membros da elite paulistana, filhos e filhas dos ricos fazendeiros e industriais. Eles estudavam e viajavam para o exterior, principalmente para a França, mas também para a Alemanha e os Estados Unidos, e tanto exploravam quanto repudiavam os movimentos de vanguarda europeus — primitivismo, dadaísmo, surrealismo — que lhes forneceram as ferramentas para forjar a especificidade do Brasil. Voltando-se para o suposto canibalismo do povo Tupinambá do Brasil, Oswald pergunta (em inglês): "*Tupy or not Tupy?*"; e decide que o canibalismo seria o modelo adequado para definir uma relação propriamente brasileira com o mundo.

Oswald de Andrade divide o crédito pela criação do movimento modernista no Brasil com Mário de Andrade (sem parentesco). Mário é único entre os modernistas, pois era de uma família mestiça com mais pretensões a um status de classe média do que a dinheiro ou propriedade. Mário atuou como professor de música, poeta, romancista, teórico, jornalista, etnomusicólogo, folclorista e fotógrafo. A relação entre Mário e Oswald de Andrade foi produtiva, embora conflituosa. Em 1928, Mário publicou uma indiscutível obra-prima da literatura brasileira, *Macunaíma: o herói sem nenhum caráter*. O romance traça as aventuras de Macunaíma, uma figura trapaceira do folclore taulipangue, que se desloca da floresta para a cidade e de volta para a floresta lutando contra um canibal gigante pela posse de um amuleto simbólico da identidade nacional do Brasil. Mário diz:

> Resolvi escrever [*Macunaíma*] porque fui tomado por uma comoção lírica quando, lendo Koch-Grünberg [o etnógrafo que coletou os contos originais], percebi que Macunaíma era um herói sem qualquer caráter, seja moral ou psicológico; achei isso extremamente comovente — não sei por quê — talvez por ser um fato tão incomum, ou talvez porque esteja muito alinhado com nossos tempos.[23]

Enquanto o romance girava em torno de atos de canibalismo, Mário mesmo ficou chateado com a coincidência com o manifesto de Oswald. Ele lamentou, usando a linguagem do canibalismo, o fato de que era azar o seu que os manifestos "saem sempre no momento em que fico *malgré moi** incorporado neles".

É claro que o apelo de Oswald de Andrade ao modelo do canibalismo foi uma provocação contra um *establishment* conservador, e calculado para ofender os padrões burgueses de bom gosto e conformismo. Seu gesto foi, necessariamente, ambiva-

---

* Em francês na frase original de Mário de Andrade, "*malgré moi*" significa "contra a minha vontade". (N.T.)

lente não só porque, como sugere Mário, muitas vezes as provocações da burguesia são ambivalentes, sobretudo quando feitas por um de seus membros, mas também porque o canibalismo é, em si, uma prática marcada pela ambivalência. Essa ambivalência está relacionada ao fato de que o canibalismo opera a posse apenas através da perda. O acolhimento de um outro para preservá-lo exige paradoxalmente que ele seja permanentemente perdido como outro. Enquanto a incorporação pode ser concebida como uma estratégia contra a perda (como na melancolia) ou para homenagear as qualidades desejadas em um adversário, ela exige violência a um objeto amado ou desejado e temido, levando à sua destruição.[24] Não pretendo rever os debates sobre a existência histórica da prática real do canibalismo, pois me interessa, como os escritores que discuto, suas ocorrências simbólicas; no entanto, quero salientar que, em relatos de canibalismo simbólico e real, o processo só é visível através de seus resíduos: os ossos (não consumidos) e outros restos.[25]

Uma análise das primeiras décadas do século 20 revela uma notável constelação de usos da metáfora do canibalismo em várias esferas. Freud desenvolveu uma teoria psicanalítica baseada em um modelo de canibalismo que descreveria suas descobertas sobre relações objetais, identificação e a constituição do superego. Em *Totem e tabu* (1913), obra que influenciaria abertamente o manifesto de Oswald, Freud afirma: "Ao incorporar partes do corpo de uma pessoa através do ato de comer, quem come adquire ao mesmo tempo as qualidades que aquela pessoa possui". Freud considerou a compreensão antropológica predominante para a lógica do canibalismo — aquela de que a motivação era o desejo de incorporar as qualidades do outro — ao descrever as ações da horda primitiva: "Um dia os irmãos se reuniram, mataram e devoraram o pai e assim acabou com a horda patriarcal [...]. No ato de devorá-lo, eles realizaram sua identificação com ele, e cada um adquiriu uma parte de sua força".[26] Em *Três ensaios sobre a teoria da sexualidade*, Freud empregou a metáfora do canibalismo para qualificar as relações objetais e identificar um estágio no desenvolvimento psicossexual: "O primeiro desses [estágios] é o oral ou, como poderíamos chamar, canibal".[27]

Para Oswald de Andrade, um ato de canibalismo marcou o primeiro contato entre os indígenas e os portugueses no território que viria a ser o Brasil, instituindo o momento inaugural do Brasil. Em seu manifesto e nas várias e variadas práticas dos modernistas brasileiros, o canibalismo explica a relação do Brasil com a Europa, sua relação com sua grande população de descendência africana e indígena e seu senso de informidade decorrente da falta de uma identidade nacional coerente. Os artistas que eu abordo, porém, do mesmo modo que os teóricos da antropologia e da psicanálise, não perseguem conscientemente a lógica excremental do modelo que seguem: a de que ele deve, necessariamente, produzir resíduos.[28]

Do ponto de vista daquele que come, do devorador, a construção de uma identidade por meio de um processo de assimilação pressupõe um resto, um resíduo. Enquanto esse resto pode ser protelado para o futuro como insolúvel, ou reprimido como um passado que vai emergir feito uma ameaça à estabilidade e integridade desejadas do reiterável presente, o resíduo indigesto impede uma sensação de completude e assombra o discurso da e sobre a unidade nacional, minando a ideologia da democracia racial, mesmo quando a torna visível. Embora a linguagem desta passagem possa lembrar o uso que Raymond Williams faz do termo "residual" em *Marxism and Literature*, o uso que faço é diferente. Para Williams, há pedaços residuais da história que sobrevivem no presente.[29] Não estou usando o termo "resíduo" para sugerir sobrevivências de qualquer tipo que existiriam antes ou independentemente de um momento ou sistema. Sugiro que o modelo do canibalismo elucida até que ponto o resíduo é efeito de um processo. No que se refere a quem é comido (ou devorado), esse resíduo pode ser visto ou tido como uma rejeição daquele que é comido pelo de quem come (o corpo nacional devorador) ou como resistência à assimilação por parte daquele que é comido. Assim, o poder do resíduo é que ele não é (ou não somente) nem uma ausência constitutiva nem um "outro", na medida em que é produzido pelo sistema em vez de precedê-lo.[30] A ética da relação do resíduo para com o corpo que o produz é um ponto ao qual voltarei em breve.

O período modernista brasileiro e as figuras a ele associadas — Oswald de Andrade, Mário de Andrade, Anita Malfatti, Paulo Prado e Tarsila do Amaral — serviram de referência para estudiosos e artistas nas décadas seguintes. Há um consenso, que alcançou o status de senso comum, sobre o impacto do movimento modernista, especificamente onde ele coincidiu com a antropofagia. Desse ponto de vista, o movimento, em um afastamento radical das visões elitistas de arte e cultura, encenou e promoveu a mistura cultural, senão racial, uma mistura democrática em que todos podiam ser acomodados, até representados, sem sobrar ninguém. Essa mistura é a expressão cultural da democracia racial. Neste estudo, ao tratar do que de fato sobra, o resíduo — o que resiste à incorporação ou é expulso —, argumentarei que o modelo canibal revela muito mais ansiedade e conflito do que sua recepção indicaria, com implicações de longo alcance para ideias de raça e democracia.

Embora existam diferenças significativas entre a obra dos modernistas e a de Gilberto Freyre — os modernistas estão associados ao futuro do Brasil sulista, urbano, industrial, internacionalista; e Freyre está associado ao norte, rural, escravocrata, ao passado regionalista, nostálgico, patriarcal do Brasil —, meu interesse em aproximá-las, no que poderia parecer um encontro surpreendente, é motivado pela implacável confiança em metáforas de incorporação no trabalho desses autores.

Muito antes de Gilberto Freyre descrever o Brasil da maneira que posteriormente foi associada à democracia racial, jornalistas e acadêmicos nos Estados Unidos do século 19 e início do século 20 promoveram a visão do Brasil que se identificou com ele. As referências ao Brasil disseminavam-se e, devido às inevitáveis discussões sobre miscigenação, tornavam complexos, em seus efeitos e implicações, os programas de resposta ao racismo. Artigos sobre o Brasil apareceram no *Amsterdam News*, no *Baltimore Afro-American*, no *Chicago Defender*, no *The Crisis*, no *Crusader*, no *Tulsa Star*, no *Atlanta Independent* e em outras publicações de escritores como Alexander Crummell, Charles Chesnutt, W. E. B. Du Bois, Alain Locke, Booker T. Washington, Carter Woodson, Roy Nash e Kelly Miller. Embora eu discuta muitos desses escritores e suas obras com mais detalhes no terceiro e quarto capítulos deste livro, quero antecipar aqui um pouco dessa discussão para transmitir uma noção da persistência com que o Brasil, e mais especificamente a ideia do Brasil, foi e continua sendo um ponto de referência duradouro para os afro-estadunidenses que avaliam a natureza da cidadania negra em uma sociedade democrática.

Democracia canibal examina o discurso de raça e democracia nos Estados Unidos e no Brasil, e um em relação ao outro. Howard Winant argumentou que "a comparação entre a democracia *herrenvolk** dos Estados Unidos e a 'democracia racial' brasileira justifica-se [...] porque em ambos os países a alegação de que o sistema era democrático serviu para negar a grupos racialmente definidos seus direitos democráticos". Ao afirmar

---

* Em alemão no original, "raça superior". (N.T.)

isso, Winant adverte contra a degeneração das histórias de racialização em ambas as nações.[31] Não estou interessada em desmantelar essas histórias, mas em destacar seus momentos de convergência e divergência enquanto dão forma aos discursos da democracia. Estou interessada em explorar como, junto com a metáfora do canibalismo que está sempre embutida nele, o conceito de democracia racial migra entre os Estados Unidos e o Brasil. Nesse sentido, *Democracia canibal* é um trabalho comparativo que persegue o movimento do conceito de democracia racial, e as metáforas do canibalismo e do resíduo, por meio dos discursos culturais sobre raça nesses dois países que se definiram um como contramodelo do outro. Enquanto cronologicamente alguns dos textos que abordo na segunda parte deste livro precedem os textos brasileiros nos dois capítulos iniciais, minha motivação para discutir primeiro o material brasileiro é dupla: ajuda a apresentar os termos da discussão e tira do centro os Estados Unidos, evidenciando a extensão dessas discussões sobre cidadania negra nas primeiras décadas do século 20. Essas discussões ocorreram na imprensa negra, em reuniões e em obras de literatura que geralmente têm sido lidas apenas em termos de uma tradição nacional, negligenciando aspectos críticos desses textos. *Democracia canibal* explora a emaranhada rede de alusões à imagem do resíduo, que é sinalizada na escrita afro-americana dos Estados Unidos com surpreendente frequência por meio de referências ao Brasil (ou à América do Sul em geral) e/ou à metáfora do canibalismo.

Nos Estados Unidos, as ideias que corroboram o conceito de democracia racial foram introduzidas por meio de debates sobre cidadania e representação negra após o fim da Guerra Civil e os fracassos da Reconstrução. Confrontados com o "problema racial", os líderes negros lutaram contra as barreiras à cidadania plena — barreiras que incluíam a barreira da cor e a violência racista — e por soluções para superá-las. Alexander Crummell perguntava, em seu discurso de 1888, "The Race Problem in America": "Quais são, então, as possibilidades para o futuro? As indicações apontam para o amálgama ou para a absorção como resultado da vida racial na América?".[32] Como demonstrarei, vários intelectuais negros recorreriam ao exemplo da mistura racial no Brasil para responder a essa pergunta, na esperança de mitigar ou eliminar a diferença racial, ou ao menos a aparência da diferença racial, como fonte de conflito ou como justificativa para a barreira da cor.

Crummell, no entanto, antecipa e ao mesmo tempo rejeita essa posição: "O problema da raça, como veremos, não pode ser resolvido pela extinção da raça. Nenhum processo de fusão pode eliminá-lo. Não é uma questão carnal — uma questão de estirpes, sangue ou linhagem. É uma questão de ideias, inteiramente". Além disso, nessas citações e no artigo como um todo, Crummell distingue entre amálgama e absorção, mostrando que esses dois termos expressam mais do que duas palavras para a mesma ideia. Ele observa que "*amálgama*, em sentido exato, significa a aproximação de afinidades. A palavra aplicada a seres humanos implica vontade e consentimento de duas partes. Nesse sentido, não houve amálgama das duas raças. A mistura das duas raças tem ocorrido não por amálgama, que implica consentimento, mas através da vitimização de mulheres negras". Nas décadas seguintes, outros pensadores, como Kelly Miller, reitor da Universidade de Howard, levariam essa questão do consentimento para um cálculo da possibilidade da mistura racial.

Em novembro de 1927, Miller escreveu a continuação do artigo "A América pode absorver o negro?", no qual revisou o debate entre Alain Locke e Lothrop Stoddard sobre o assunto. No artigo, Miller afirma que, ao contrário da maioria das discussões sobre "amálgama", o limite da mistura racial entre negros e brancos já havia sido alcançado. Miller data na pós-escravidão o surgimento dessa raça parda, destacando o uso eufemístico de casamentos inter-raciais para descrever a miscigenação. Ele dissocia os dois conceitos, argumentando que se o amálgama implicar consentimento, a reprodução legal por meio do casamento e do escurecimento aconteceria apenas entre negros, não entre negros e brancos. Como resultado desse processo, "o branco e o pardo serão os elementos residuais em nossa população americana. Os outros grupos não brancos, como índios [sic], mexicanos e mongóis vão minguar ou ser absorvidos pelas duas grandes raças" — eventualmente produzindo, por um lado, "um homem mestiçado que passaria por branco" e, por outro, fazendo com que os pretos variegados se misturem e resultem em uma cor marrom uniforme.[33] No curso de sua discussão sobre amálgama, Miller relembra a seus leitores o relato de Theodore Roosevelt de sua viagem ao Brasil em 1913, na revista *Outlook*, no qual ele descreve (sem endossar) os argumentos de um brasileiro para os méritos relativos da mistura de raças como uma solução melhor para o "problema racial". Para Miller, a natureza especulativa dessa solução a torna tão impraticável quanto o retorno à África, defendido mais publicamente por Marcus Garvey.

O artigo de Roosevelt, em especial a frase — "Esta diferença entre os Estados Unidos e o Brasil é a tendência do Brasil de absorver o negro" —, foi amplamente citado na imprensa negra e branca dos Estados Unidos após sua publicação inicial na revista *Outlook*, em 1913. Roosevelt repetiu para seus leitores o que havia sido delineado para ele como a solução brasileira para "o problema racial". Se, explicou seu interlocutor brasileiro, os Estados Unidos e o Brasil haviam herdado uma grande população negra como resultado da abolição da escravatura, a solução do Brasil, baseada na absorção do negro, era melhor e menos perigosa do que a trajetória segregacionista que os Estados Unidos estavam empreendendo.[34] Essa absorção ou assimilação não envolve mistura racial ou cultural, mas sim o consumo do outro. Como disse Roosevelt: "Minha observação me leva a acreditar que em 'absorver' usei exatamente a expressão correta para descrever esse processo. É o negro que está sendo absorvido e não o negro que está absorvendo o homem branco". A miscigenação, então, como descrita por Roosevelt, é de fato um processo hierárquico de branqueamento no qual os negros, como tais, desaparecem na mistura. O tropo recorrente para esse processo de absorção é o canibalismo, uma metáfora que explica o processo de ingestão, a assimilação do que é ingerido e a reafirmação da identidade daquele que ingere.

A insistência de Roosevelt na palavra "absorção" em vez de "amálgama" elucida a política dessa estratégia de incorporação. A seguir, discutirei a questão do consentimento que corrobora tanto a democracia quanto o branqueamento. O consentimento caracteriza o amálgama e o distingue da absorção. A distinção entre amálgama e absorção, no entanto, é estrategicamente rompida no discurso sobre democracia racial, tornando a democracia racial menos uma contradição em termos do que um reforço mútuo, uma vez que a democracia também deriva sua legitimidade do consentimento.[35] A democracia racial é capaz de manter o que parece ser uma política racial contraditória de absorção (branqueamento) ao democratizar esse processo exigindo consentimento. Para defender essa afirmação, recorrerei a dois exemplos que mostram como a absorção e a democracia na América estão ligadas para preparar a base de uma discussão sobre o que está em jogo nesse argumento.

Em 1919, o antropólogo Philip Ainsworth Means, de Harvard, fez uma ligação entre absorção e democracia. Depois de viajar extensivamente pela América do Sul e Central, Means recebeu seu diploma de bacharelado (1915) e de mestrado (1916) de Harvard. Tornou-se membro da Expedição Peruana de Yale de 1914-1915 e, em 1917, retornou ao Peru como representante do Museu Smithsonian do Índio Americano. Foi ainda diretor do Museu Nacional de Arqueologia de Lima de 1920 a 1921, antes de se tornar antropólogo associado do Museu Peabody de Harvard.

Na introdução de seu livro *Racial Factors in Democracy*, que escreveu em resposta à Primeira Guerra Mundial, Means questiona as relações entre as nações europeias e os Estados Unidos e suas colônias. Ele pergunta se, no rastro da guerra, a parte do mundo que se configurou como moderna e como epítome do progresso não proporciona "a chineses e a indianos, e a outros povos em relação aos quais temos o hábito de nos considerarmos superiores, todo o direito de sorrir ironicamente [...]. Os chineses e os indianos podem se perguntar também se a guerra europeia deve ser considerada mais uma prova daquela civilização que estamos ansiosos para que eles adotem. Quantos de nós podemos ter certeza de que o mundo horrorizado não responderá rejeitando como falso aquele progresso do qual a Europa tanto se orgulhava?".[36] Apesar dessas interrogações, Means não questiona seriamente a superioridade "daquela parte do mundo", mas ele teme pela estabilidade da posição da sua região no futuro, especialmente se a guerra (e o comunismo) fosse evitada. Means sugere, como solução para essa preocupação, a instituição da democracia internacionalmente, tanto entre as nações quanto entre os povos.

Em uma articulação que faz eco com a democracia racial, essa democracia se constituiria por meio de um processo que Means chama de "valorização racial":

A maioria de nós perdeu de vista o fato de que a civilização, sobretudo a nossa, é sempre um mosaico de elementos reunidos de fontes amplamente separadas para formar um todo coerente. Como isso foi verdade no passado, está fadado a se tornar mais profundamente necessário no futuro. Dificilmente existe algum aspecto da nossa cultura europeia que não seja melhorado por uma criteriosa mistura de ingredientes derivados de outras culturas e de outras raças. A civilização futura, para ser permanente, benéfica e lógica, se fará entre país e país e entre continente e continente, e, ao mesmo tempo, tornar-se-á mais rica e variada em sua composição, pois elementos agora peculiares a uma região e a uma raça, se forem considerados merecedores, serão difundidos por todo o mundo, e espalhados por toda parte pelas máquinas de viajar e de difundir o conhecimento que são nossa contribuição especial.

Means declara sua dívida ao antropólogo mexicano Manuel Gamio pelo conceito de "valorização racial". Gamio era um defensor do indigenismo, uma política oficial de recuperação do indígena do passado, muitas vezes com, apesar das pretensões, pouca consideração pelo indígena do presente. De 1909 a 1910, Gamio (como Freyre na década de 1920) estudou com Franz Boas, que orientou seu doutorado. Em reconhecimento ao trabalho de escavação realizado sob a direção de Boas, Gamio o sucedeu como diretor do Departamento de Arqueologia da Escola Internacional de Arqueologia e Etnologia da Cidade do México e, em 1915, tornou-se o diretor geral de toda a instituição. Em uma de suas obras mais influentes, *Forjando patria*, Gamio afirmava que o México não estava à altura das nações modernas do mundo porque não tinha uma língua comum, um caráter definido, uma raça homogênea e uma única história compartilhada. Ele argumentava que a formação de "uma pátria poderosa e uma nacionalidade coerente e definida" ocorreria através de "aproximação racial, fusão cultural, unificação linguística e equilíbrio econômico".[37] Segundo David A. Brandig, "não há dúvida de que seu *indigenismo* [...] foi estimulado por um nacionalismo modernizador, que promoveu a incorporação e a assimilação das comunidades indígenas na população hispânica urbana. O objetivo final e paradoxal do *indigenismo* oficial no México era, portanto, libertar o país do peso morto de um passado nativo, ou, para tratar o caso com mais clareza, finalmente destruir a cultura nativa que emergiu durante o período colonial".[38]

Para Gamio, citado por Means, a valorização da raça implicaria o esvaziamento das energias até então "agressivas" dos povos indígenas do México, "ao atrair seus membros individuais para o outro grupo que sempre consideraram hostil, incorporando-os, misturando-os com ele com o propósito de tornar a nação coerente e homogênea e de fazer com que a língua se unificasse e a cultura tendesse a uma forma". O discurso da democracia está vinculado a isso, como em outros lugares: à incorporação, mestiçagem ou mistura racial e cultural, e a uma ideia de totalidade e singularidade, condição *sine qua non* da paz. De fato, a democracia como forma de governo e a paz como ausência de conflito tornam-se inextricavelmente ligadas no discurso democrático tal qual uma estrutura simbólica. Articulada como uma forma ora nacional, ora cosmopolita, a democracia produz "um todo coerente" por meio de um processo de acolhimento. Nesse caso, "nossa própria" civilização (presumivelmente os Estados Unidos, onde Means morava e onde escrevia) e a da Europa incorporam o que é bom e benéfico para criar um todo belo, ético e sem conflitos.[39] Na valorização racial democrática, como em alusões mais ostensivas a um modelo canibal, o foco está no que é incorporado. Mas o que acontece com o que sobra?

A ideia de que a representação em uma democracia implicaria deixar para trás a negritude foi uma preocupação levantada por Du Bois em relação ao Brasil e à América Central. Em um artigo de 1924 publicado no *New Republic*, W. E. B. Du Bois descreveu para os leitores estadunidenses o resultado do Terceiro Congresso Pan-Africano realizado dois meses antes, em Londres. Ele informou que o Comitê Executivo havia aprovado uma "Carta dos direitos", que identificava oito pontos "irredutíveis" que "abarcam as necessidades legítimas e imediatas dos afrodescendentes". Esses pontos gerais, relativos à autodeterminação, aplicáveis a todos os afrodescendentes do mundo, eram seguidos de uma lista que detalhava alguns casos específicos da África e das Américas, considerados dignos de atenção especial. Entre essas demandas, estava uma de particular interesse para meu estudo: "Instamos no Brasil e na América Central que os afrodescendentes não mais se satisfaçam com uma solução para o problema do negro que envolve sua absorção por outra raça, sem conceder aos negros, *como tais*, pleno reconhecimento de sua humanidade e de seu direito de ser".[40] Du Bois não diz o que o levou, e aos outros participantes da conferência, a incluir a demanda aqui descrita. Colaboradores da imprensa negra no Brasil, no entanto, também haviam articulado no mesmo ano a preocupação de que "seu valor [do negro] é desafiado a cada passo pelo desejo de fazê-lo desaparecer".[41]

Enfatizei "como tais" na citação da "Carta dos direitos" porque essa frase lembra uma questão formulada por Du Bois em seus primeiros escritos e que fornece a base para sua concepção de dupla consciência. Ele havia se perguntado em *Conservation of Races* se seria possível ser um negro, ou seja, um negro *como tal*, e um estadunidense ao mesmo tempo.[42] Como mostrarei em detalhes no capítulo 3, Du Bois usa uma metáfora de canibalismo para sugerir que a resposta é não, porque tornar-se estadunidense requer uma escolha que relega a negritude. Por meio de Du Bois, é possível ver como essa questão persistente e aparentemente estadunidense ressoa em relação ao contexto sul-americano.

Quero oferecer mais um exemplo antes de resumir como as questões de consentimento, assimilação como ato de incorporação ou canibalismo e democracia estão conectadas. Esta história é extraída de um relato de uma comunidade de confederados estadunidenses, conhecidos como "os Confederados" em português, que foram para o Brasil após a Guerra Civil:

> Para horror absoluto dos Confederados de primeira geração (muitos dos quais lutaram furiosamente em Manassas, Gettysburg e Chickamauga pelos direitos dos estados, incluindo o direito de possuir escravos negros), alguns de seus filhos começaram a se casar com brasileiros, alguns dos quais tinham obviamente sangue negro. Impuseram um forte tabu aos casamentos com brasileiros, insistindo que seus filhos se casassem com estadunidenses, de preferência da comunidade confederada. Um dilema parecido foi introduzido em 1920, quando a filha de uma das famílias confederadas mais importantes, fiel ao código Confederado, casou-se com um estadunidense, um estadunidense negro, que tinha sua própria plantação de cana-de-açúcar na área de Santa Bárbara. O ato dessa jovem pareceu dar um curto-circuito no complexo viés cultural dos colonos estadunidenses. Não houve protesto — nenhum. O homem, afinal, era estadunidense, e o casal foi recebido calorosamente na colônia, agora dominada por Confederados de segunda e terceira geração. Os estadunidenses, como seus vizinhos brasileiros, aprenderam a transformar uma pessoa preta em branca.[43]

Essa história elucida como a presença do marido atendeu ao requisito de que ele se tornasse branco, cumprindo os termos de um "contrato racial" que Charles Mills define como um "conjunto de acordos ou meta-acordos formais ou informais" que embasam um estado racial que beneficia os brancos. "Será óbvio", de acordo com Mills, "que o Contrato Racial não é um contrato no qual um subconjunto não branco de humanos pode ser uma parte genuinamente anuente (embora, dependendo novamente das circunstâncias, às vezes possa ser político fingir que este é o caso)".[44] Eu gostaria de expandir a formulação de Mills para incluir a possibilidade de que a representação dentro do estado racial (branco) signifique aceitar os termos do contrato racial como condição para entrar nele.

Do ponto de vista da comunidade Confederada, que representa simultaneamente o Brasil e os Estados Unidos, a comunidade deles ainda é branca, consolidada pelo marido transformado em homem branco. A história destaca que o marido não pode estar na comunidade a menos que seja branco. A questão não é que o marido seja negro e esteja na comunidade. A existência do estado racial branco que essa comunidade exemplifica torna isso uma impossibilidade lógica, tão impossível quanto ser *negro como tal* e estadunidense ao mesmo tempo. Deixou de ser negro, tornou-se estadunidense. O exemplo brasileiro, em vez de resolver o "problema racial" ou a barreira da cor criando um espaço de mistura ou amálgama, reconstrói a branquitude e reafirma a supremacia branca. A presença do marido, portanto, porque — e não a despeito disso — a cor de sua pele tem o efeito de tornar a comunidade mais — e não menos — branca, deixando intacta a sensação de privilégio branco e a desejabilidade da brancura, relega a negritude a um resíduo. Em uma nota de rodapé reveladora de seu próprio estudo sobre a emigração sulista para o Brasil, Cyrus B. Dawsey e James M. Dawsey observam que, em 1987, um Museu da Imigração foi construído na cidade em que se passa a história de Harter. A exposição permanente, a única dentro do prédio, é intitulada "Americanos no Brasil", enquanto uma exposição temporária sobre a herança "negra" foi montada do lado de fora do prédio, em um ambiente desprotegido.[45]

A questão, então, não é que "o Brasil não foi e nunca será uma democracia racial", como Howard Winant sugeriu,[46] mas sim que tem sido precisamente uma democracia muito eficaz. Esse é um ponto enfatizado fortemente na anedota anterior. Do mesmo modo que no Censo, mostra-se aí que o importante não é tanto tornar-se realmente branco, mas manifestar ao menos uma aparência do desejo como condição para aderir ao contrato racial e alcançar a representação. Essa observação pode contribuir para uma compreensão do que exatamente, na ideologia do branqueamento tal como é expressa através da democracia racial, teve tanto impacto na organização em torno de questões de justiça racial.[47] Howard Winant pergunta: se os negros brasileiros não foram enganados para participar da democracia racial — o que ele diz ser muito improvável —, então por que não há uma maior mobilização em favor da democracia? Eu sugeriria que a categoria "democracia" precisa ser repensada, se por democracia pensarmos apenas em termos de inclusão. Como mostrarei, a solução para a exclusão pode não ser mais inclusão ou uma forma diferente de inclusão. As obras que examino em *Democracia canibal* sugerem uma reconsideração da inclusão, especialmente porque, como a lógica do resíduo deixa claro, os negros estadunidenses nunca estiveram realmente de fora.

O tropo para o processo de inclusão é o canibalismo. O peso dessa metáfora, excessivamente averiguada em suas associações com a violência, o primitivo, o tabu e o sagrado, revela a ambivalência generalizada sobre a assimilação de ex-escravos africanos. O Brasil é frequentemente apresentado — em contraste com os Estados Unidos segregacionistas — como um modelo de democracia multirracial fundada em um ideal de mistura racial. Faz toda a diferença para a noção de mistura quem está comendo quem; e que a miscigenação tenha sido vista historicamente como um processo (hierárquico) de branqueamento. Assim, entende-se que os afrodescendentes desaparecem na mistura, de modo que os negros realmente existentes ocupam a condição de resíduos. Ainda na atualidade, os negros são submetidos a uma espécie de desaparecimento oficial na democracia brasileira e são obrigados, no plano da representação, como exemplificado pelo Censo, a deixar para trás sua negritude como um resíduo. A atenção às metáforas de incorporação pode estimular uma reconsideração dos objetivos aparentemente benignos da integração e da democracia racial, e pode proporcionar acesso a como os entendimentos liberais de harmonia democrática se baseiam na eliminação dos resquícios da violência sobre a qual essa harmonia não realizada repousa.

A metáfora do canibalismo e do resíduo, que se repete nas discussões sobre raça e democracia para as quais a questão da assimilação continua sendo central, também foi de muitas maneiras crucial e perturbadora para os escritores negros, impossibilitando qualquer resolução satisfatória e duradoura para o problema de sua própria inclusão democrática. Como demonstrarei adiante, embora os Estados Unidos e o Brasil tenham contribuído para os diferentes discursos de racialização, seguir a trilha do resíduo mostra o trabalho que cada um faz pelo outro ao revelar as contradições internas ou nacionais da inclusão democrática e ao negociar as inquietantes tensões e incongruências intrínsecas ao próprio ideal de democracia.

Os escritores que examino neste estudo parecem ter atitudes ambivalentes em relação à inclusão baseada na incorporação. Alguns defenderão a inclusão; mas essa inclusão não pode fazer mais do que reincorporar continuamente os resíduos.

Há outra possibilidade — a do resíduo resistente, que resiste à reincorporação e, portanto, à degradação, mesmo enquanto o corpo incorporante resiste a ele como um resíduo. Esse resíduo resistente, modelado neste livro por meio de exemplos amplos, incluindo o romance de Charles Chesnutt, *The Marrow of Tradition* (1901), do início do século 20, e a obra de María Magdalena Campos-Pons, do fim desse mesmo século, sugere uma saída para além do binarismo — inclusão ou exclusão, assimilação ou separatismo — que tanto dominou a forma como pensamos sobre a americanidade.

Unidos pela antropofagia

> *A Antropofagia é o princípio da nacionalização intelectual e moral da nossa tribo.*
>
> Oswald de Andrade, "Da antropofagia"
>
> *La conception d'une culture fondée sur ce qu'on appellerait l'anthropophagie métaphorique nous paraît guidée par le projet d'une assimilation parfaite de la totalité à l'être, avec abolition de tout conflit.*
>
> P. F. de Queiroz-Siqueira, "Un Singulier manifeste"*

Segundo análises convencionais, a Semana de Arte Moderna inaugurou o movimento modernista no Brasil. Foi um evento que um dos organizadores chamou de "o primeiro sintoma espiritual da transmutação de nossa consciência".[1] De 11 a 18 de fevereiro de 1922, o Theatro Municipal de São Paulo foi palco de exposições de arte, apresentações de dança e música, palestras e leituras recebidas com escárnio, mais do que com aplausos. O irmão mais velho de Mário de Andrade lembra-se de ter ficado surpreso com a recepção ao discurso de seu irmão no teatro. A plateia, chocada — segundo sua descrição, conservadores que seguiam modelos classicistas em arte e música —, vaiou Mário, como fez com outros participantes, e nele atirou ovos e tomates.[2]

---

* A concepção de uma cultura baseada no que chamaríamos de canibalismo metafórico parece-nos guiada pelo projeto de uma perfeita assimilação da totalidade do ser, com a abolição de todo conflito. (N.A.)

O ano de 1922 representou, porém, o clímax, e não o início, das discussões e debates que vinham ocorrendo no Brasil por muitos anos. Wilson Martins afirma: "Foram os modernistas que criaram a Semana de Arte Moderna e não a Semana de Arte Moderna que criou o modernismo".[3] De fato, Mário de Andrade insistia que o movimento modernista brasileiro, consciente de si como tal, havia começado anos antes, com o retorno de Anita Malfatti a São Paulo.[4]

Em 1917, Anita Malfatti, pintora nascida na capital paulista em 1889, filha de pai italiano e mãe estadunidense de ascendência alemã, apresentou seu trabalho em uma exposição individual intitulada *Exposição de pintura moderna Anita Malfatti*. Essa exposição incluía as pinturas que ela havia concluído em Nova York depois de uma turnê de cinco anos pela Europa e pelos Estados Unidos, durante a qual ela desenvolveu um estilo caracterizado pelo uso surpreendente de cores (incluindo os brilhantes amarelo e verde da bandeira brasileira) e a descontinuidade de forma e perspectiva. Essas pinturas causaram sensação em São Paulo e deram início a um debate polêmico. Entre elas, estão *O japonês*, *O homem amarelo*, *A boba*, *A estudante russa* e *A mulher de cabelos verdes*.

Em outubro de 1917, Monteiro Lobato[5] promoveu um concurso de representações artísticas do Saci, entidade da mitologia indígena brasileira que é ao mesmo tempo boa e má. Na iconografia popular brasileira, o Saci é representado como um homem negro de uma perna só, que usa capuz vermelho e fuma cachimbo. Figura trapaceira, diz-se que o Saci assovia misteriosamente para assustar os viajantes e o gado durante a noite, quando, por causa de sua cor, é quase impossível encontrá-lo.[6] O concurso, baseado nesse personagem popular, que mais tarde apareceria em *Macunaíma*, marcou a ruptura do modernismo com a temática da pintura acadêmica conservadora voltada para a Europa, em favor da exploração de temas nacionais. A inscrição de Malfatti foi apresentada junto com as de outros finalistas e atraiu a atenção de vários jornalistas influentes, que a incentivaram a montar uma exposição de seu próprio trabalho. A exposição foi inaugurada em 12 de dezembro de 1917. A princípio, a exposição atraiu muita atenção positiva, e várias das pinturas foram vendidas. Em 20 de dezembro, porém, Monteiro Lobato publicou uma crítica contundente à exposição e a Anita Malfatti, crítica que foi reforçada por um artigo intitulado "Paranoia ou mistificação?".[7] A diatribe de Lobato motivou outros artigos críticos à artista e a sua obra, e muitas das pinturas que haviam sido vendidas foram devolvidas à pintora. Em resposta, Oswald de Andrade publicou um artigo em janeiro de 1918 defendendo Anita Malfatti, e assim começou uma amizade entre os dois que se ampliaria em 1922 para o "grupo dos cinco", composto por Mário de Andrade, Oswald de Andrade (que haviam se conhecido em 1917),[8] o famoso poeta, romancista e jornalista Menotti del Picchia, Anita Malfatti e Tarsila do Amaral, outra artista recém-chegada de Paris e que acabaria se casando com Oswald. As energias do grupo seriam direcionadas para a promoção de "liberdade formal e ideias nacionalistas".[9]

A data da Semana de Arte Moderna coincidiu com as comemorações nacionais do centenário da Independência do Brasil de Portugal. Muitos dos organizadores usaram o palco para dar continuidade à análise do caráter nacional brasileiro, realizado em seus trabalhos anteriores, incluindo *Juca Mulato* (1917), de Menotti del Picchia, e *Urupês* (1918), de Monteiro Lobato. Graça Aranha, membro da Academia Brasileira de Letras, que voltara da Europa em outubro de 1921 e imediatamente se juntou aos modernistas em sua luta pela modernização da forma e da linguagem, fez o discurso de abertura da Semana de Arte

Moderna. Intitulado "O espírito moderno", esse discurso propunha a publicação de um dicionário brasileiro da língua portuguesa, a rejeição das formas literárias acadêmicas e o apoio apenas à literatura que se valesse do folclore brasileiro tratado em estilo moderno.[10] Incluía, ainda, os temas que explorou de forma mais sistemática em um ensaio sobre o caráter nacional brasileiro intitulado *Metafísica brasileira*.

Para Graça Aranha, a característica definidora do brasileiro era uma imaginação que brotava das crenças e do ambiente mágicos dos indígenas e dos negros "primitivos", em harmonia com a saudade do colonizador português. Nessa caracterização, Graça Aranha repetiu as convenções do século 19, mais notadamente expressas na versão poética de Olavo Bilac sobre as "três raças tristes" do Brasil. Segundo Graça Aranha, os brasileiros não conseguiram superar os efeitos degenerativos de seu ambiente. Seu futuro não seria assegurado pelo antitropicalismo ou pela rejeição absoluta de todas as coisas tropicais. O triunfo só viria pela incorporação consciente e ativa das forças primitivas que, segundo os intelectuais brancos e aqueles que com eles se identificavam, haviam subjugado a nação.[11]

As questões de raça e identidade nacional que preocupavam os intelectuais e estadistas desde o século 19 também preocupavam os modernistas. Oswald de Andrade afirmou em artigo publicado em maio de 1921:

> A questão racial entre nós é uma questão paulista. O resto do país, se continuar conosco, mover-se-á, como o *corpo* que obedece, empós do nosso caminho, da nossa vontade. E a questão paulista é uma questão futurista. Nunca nenhuma aglomeração humana esteve tão fatalizada a futurismos de atividades, de indústria, de história e de arte como a aglomeração paulista. Que somos nós, forçadamente, iniludivelmente, se não futuristas [...]?[12]

O cosmopolitismo urbano e a modernidade paulistana ofereciam, portanto, uma alternativa otimista àquela "velha lenda da trindade racial formadora".[13] A solução que os modernistas previam não estava ligada ao passado, numa união mítica de três raças, mas no futuro ditado pelo presente de São Paulo, com seus telégrafos, aviões, automóveis, fábricas e, principalmente, seus imigrantes brancos. Menotti del Picchia escreve:

> [...] as levas imigratórias para aqui vindas modificaram visceralmente nossa ambiência étnica. E o país com esses contingentes variados e fortes, começou a representar no mundo um papel mais vasto, num crescendo de atuação e prestígio, até chegar aos nossos dias como uma das nações de maiores possibilidades de todo o universo.[14]

Menotti del Picchia alegava que os novos imigrantes haviam vencido as três raças tristes. Do índio "não ficou mais que uma vaga memória nos compêndios de história do Brasil e nos museus [e] o negro ficou também ilhado dentro da raça caucasiana".[15] Menotti del Picchia concordava, como os modernistas em geral, com a crença de que a "raça" brasileira estava em processo de formação e se concretizaria no futuro devido ao efeito benéfico de:

> [...] todas as universais virtudes positivas dos povos imigrados — força de adaptação, ânsia de inédito, instinto de conquista. Essa, sim, será a raça brasileira. [...] O Brasil está ainda nesse período em que todos os contingentes étnicos são absorvidos.[16]

A maneira como os modernistas agenciavam, por um lado, o desejo aparentemente contraditório de uma especificidade da identidade nacional brasileira e, por outro, de uma universalidade que ligaria o Brasil à Europa com base na igualdade e não na base da dependência colonial, estabeleceria os termos nos quais (ou contra os quais) artistas, escritores, músicos e críticos brasileiros definiriam seu trabalho e continuam a fazê-lo até hoje. De acordo com Roberto Reis, estudiosos abordam o período modernista de uma forma que reflete uma visão institucionalizada do movimento como uma ruptura radical com o passado delineado pelo valor que os modernistas brasileiros atribuíam à cultura nacional. Ele observa que esse apego à ideia de ruptura mascara as continuidades que dão conta dos muitos elementos contraditórios dentro do movimento.[17] Em seu apelo à reavaliação do período, o crítico Silviano Santiago argumenta que:

> Acho que o caráter impiedoso da reavaliação será mostrar que todos os modernistas estavam mais ou menos comprometidos com o projeto de modernização do Brasil, todos tinham mentalidade desenvolvimentista, para todos eles atualizar-se era de importância capital, e todos queriam fazer o Brasil entrar na História, uma História que seria pura industrialização.[18]

De fato, segundo Celia de Azevedo, desde a Abolição, a transição de uma economia baseada no trabalho escravo para uma economia incipiente baseada no trabalho assalariado foi deslocada e ofuscada pela ênfase na industrialização, no desenvolvimento, na urbanização e na formação de classes. Nesse processo de deslocamento, os negros subitamente desapareceram da cena.[19]

No espírito dessa reavaliação, comprometo-me a examinar neste capítulo, sobretudo através da obra de Mário de Andrade, uma relação ambivalente dos modernistas com o seu projeto, tal como descrito por Silviano Santiago. No desenrolar da minha argumentação, abordarei o desaparecimento dos negros a partir da perspectiva do modelo canibal tão proeminente na obra dos modernistas brasileiros em sua primeira fase (1922-30). É importante ter em mente que o modernismo e a antropofagia brasileira não podem corresponder exatamente um ao outro; a antropofagia é apenas uma das muitas articulações do modernismo brasileiro. Os pontos em que eles se encontram, no entanto, têm um significado particular para minha discussão.

Além disso, essa reavaliação levará em conta a biografia de Mário de Andrade. Embora claramente um líder no movimento, ele diferia substancialmente de seu grupo de elite. Embora muitas vezes referido como o "Papa" ou "Papa do Modernismo", a relação de Mário com o privilégio tido como natural por muitos de seus íntimos era bastante precária, e ele nunca experimentou a segurança financeira e social partilhada pelo restante do grupo. Mário de Andrade nasceu na cidade de São Paulo em 9 de outubro de 1893. O pai de sua mãe, Joaquim Leite Moraes, casou-se em circunstâncias inusitadas para a época. Enquanto cursava a faculdade de direito em São Paulo, apaixonara-se por Ana Francisca Gomes da Silva, descrita como mulata, pobre e um pouco mais velha que ele. Quando ela engravidou, eles se voltaram contra o costume que exigia que o filho de uma rica família branca abandonasse a mãe e a criança. Apesar do escândalo e da consequente ruptura familiar, casaram-se, e a segunda filha dessa união, Maria Luísa, seria a mãe de Mário. Joaquim Leite Moraes tinha um colega de escola que se envolveu com uma parente de Ana Francisca, também mulata e pobre. Quando ela engravidou, o pai de seus filhos, seguindo as expectativas da sociedade, os abandonou. O filho mais velho deles, Carlos Augusto de Andrade, nascido em 1855, casaria com Maria Luísa e viria a ser o pai de Mário. Segundo Mário, Carlos Augusto começou a trabalhar aos doze anos como tipógrafo para sustentar a mãe e a irmã, e orgulhava-se de ser um *"self-made man"*. Apesar da falta de escolaridade formal, Carlos Augusto aprendeu italiano e francês, escrevia um português impecável, era muito versado em matemática e contabilidade, amava a música clássica italiana e o romance realista francês. "Mário herdou de ambos os lados, pelas duas avós, seus traços de mestiço, diferente dos pais e dos irmãos, que tinham branqueado."[20]

Moacir Werneck de Castro, amigo de Mário de Andrade, lembra que o escritor costumava abordar questões de discriminação racial com visitantes estrangeiros, mais do que com brasileiros. Ele observa que a jornalista argentina María Rosa Oliver lembra em suas memórias que Mário insistia em ter recusado convites para visitar os Estados Unidos "simplesmente por ser mulato" e porque "tenho sangue negro". Ele disse a ela que não temia tanto ser discriminado pessoalmente, uma vez que sua carteira de identidade o registrava como branco, "mas outros iguais a mim sofrem [pela discriminação], e isso eu não poderia tolerar".[21]

Werneck de Castro insinua que essa discussão não poderia ter ocorrido no círculo brasileiro de Mário, porque o bom gosto e o medo de ofender a teriam impedido. Ele sugere ainda que a consciência de Mário sobre o poder das categorias encontra sua expressão mais concreta na recusa dele a se categorizar publicamente, especialmente em termos de raça e sexualidade. "Improviso do mal da América", poema escrito em 1928, é frequentemente lido como exemplo dessa recusa de categorias:

> Mas eu não posso não me sentir negro nem vermelho!
> De certo que essas cores também tecem minha roupa arlequinal.
> Mas eu não me sinto negro, mas eu não me sinto vermelho,
> Me sinto só branco, relumeando caridade e acolhimento,
> Purificado na revolta contra os brancos, as pátrias, as guerras, as posses, as preguiças e ignorâncias!

Me sinto só branco agora, sem ar neste ar-livre da América!
Me sinto só branco, só branco em minha alma crivada de raças.[22]

Segundo uma das principais estudiosas da obra de Mário de Andrade, Telê Porto Ancona Lopez, a categoria racial "branco" fornece uma síntese das categorias raciais que precedem o verso final, uma síntese que reflete as ideologias raciais vigentes. Ela sugere que o poema é uma alegoria do Brasil e de sua identidade.[23]

Em 1928, no mesmo ano em que escreveu esse poema, Mário de Andrade publicou um romance que abordava de forma semelhante o sentimento de ausência de um formato racial e cultural de seu país. *Macunaíma: o herói sem nenhum caráter* é considerado uma obra-prima da literatura brasileira. O "mal" do título do poema "Improviso do mal da América" lembra o "mal" do dístico repetido ao longo do romance: "Pouca saúde e muita saúva, os males do Brasil são". Como demonstrarei aqui, o romance compartilha várias palavras importantes com o poema: "preguiça", "mal", e também o fato de o herói, Macunaíma, se tornar branco. *Macunaíma* chegou às livrarias logo após a publicação do *Manifesto Antropófago*, de Oswald. Irritado com a ideia de que o público pensasse que ele tinha apenas copiado o tema do canibalismo de Oswald, Mário tentou distanciar sua obra do *Manifesto* e reivindicou precedência para seu romance.[24] No entanto, o canibalismo do romance e o canibalismo do *Manifesto* podem ser proveitosamente lidos juntos.

Como afirmei na introdução, o projeto dos modernistas traçado por Oswald de Andrade no *Manifesto Antropófago* implica engolir e absorver o que há de útil em uma cultura. O canibalismo atribuído à população indígena do Brasil serviu de modelo para a redefinição de uma relação cultural entre o Brasil e o mundo exterior (definido em grande parte como Europa) — uma relação em que as influências estrangeiras não seriam copiadas, mas digeridas e absorvidas como uma pré-condição para a criação de uma nova civilização nacional mais independente.

O foco no canibalismo como modelo para a formação da identidade nacional suscita muitas questões: quais são as implicações de definir uma identidade nacional de acordo com o conceito de mistura? Isso é necessariamente uma posição subversiva? Implica uma postura radical em relação às estruturas binárias? Oferece uma alternativa às identidades essencialistas? Quais são as implicações de insistir em uma identidade reconhecida como ficcional, dividida e contaminada em um contexto filosófico e político que valoriza a identidade como unitária, estável e coerente? Qual é a relação do interno com o externo ou do incorporado com o inassimilável ou indigerível — ou seja, com o resíduo ou o excremento?

INCORPORAÇÃO E CORDIALIDADE

A descrição dos modernistas sobre a formação da identidade brasileira compartilha muito dos relatos psicanalíticos da formação da identidade individual. Mário de Andrade e Oswald de Andrade eram ávidos, embora idiossincráticos, leitores de Freud. O *Manifesto Antropófago* faz referências explícitas a *Totem e tabu*. A biblioteca de Mário de Andrade contém uma coleção de obras de Freud que ele leu no original alemão e nas traduções para o francês e o inglês. Entre os textos, está *Três ensaios sobre a teoria da sexualidade*, demasiadamente anotado com comentários de Mário nas margens, revelando seu interesse particular pela repressão e pela sublimação.

Segundo Sigmund Freud, a tendência à unidade é a característica particular do ego. Para Freud, a oralidade fornece o paradigma básico para os processos psíquicos — introjeção, incorporação, identificação e internalização — que definem o ego e contribuem para os primeiros estágios do desenvolvimento libidinal. Por meio desses processos, o ego se protege contra a perda ou a destruição, assimilando o objeto perdido ou ameaçador. Na teoria psicanalítica, os limites do corpo fornecem um protótipo para todas as separações entre o dentro e o fora. A incorporação depende literalmente de uma noção de corpo limitado. Freud compara esses processos aqui mencionados (ou aspectos desses processos) ao canibalismo.

Na edição de 1915 de *Três ensaios sobre a teoria da sexualidade*, Freud introduz a ideia de uma organização oral da psique, que será importante para o desenvolvimento de suas teorias do ego. Segundo Freud, a autoconstrução implica "a assimilação de um ego em outro, tendo-se como resultado que o primeiro ego se comporta como o segundo em certos aspectos, o imita e, de certo modo, o incorpora a si mesmo. A identificação não seria inadequadamente comparada com a incorporação oral e canibal da outra pessoa".[25]

O encontro oral com o mundo é, para Freud, o encontro mais fundamental no sentido de que está ligado ao que há de mais infantil e primitivo no desenvolvimento dos seres humanos, individual ou coletivamente. A atividade de nutrição fornece o modelo ou protótipo para compreender e organizar a relação do indivíduo com o mundo. Uma característica física, a boca, determina o modo de relação com um objeto, a incorporação. É preciso realçar o aspecto relacional deste protótipo, uma vez que ele permite a transposição para outras formas, como a incorporação pela pele, respiração, visão, audição etc. A incorporação

> é o processo pelo qual o sujeito, mais ou menos no nível da fantasia, faz um objeto penetrar em seu corpo e o mantém "dentro" de seu

corpo. A incorporação constitui-se em uma meta pulsional[26] e em um modo de relação objetal que são característicos da fase oral; embora tenha uma relação especial com a boca e com a ingestão de alimentos, também pode ser vivida em relação a outras zonas erógenas e outras funções. A incorporação fornece o modelo corporal para a introjeção e a identificação.[27]

Segundo as definições freudianas, a incorporação pode significar: 1) receber (no sentido de penetração) um objeto por prazer; 2) absorver um objeto para apropriar-se de suas qualidades, propriedades ou atributos; 3) conservar e/ou destruir um objeto.

O primeiro aspecto da incorporação relaciona a alimentação ao sexo. No português brasileiro, essa relação fica muito clara no fato de "comer" (alimentar-se) também significar "ter relações sexuais". Mas quem está comendo? E está clara também na discussão sobre o canibalismo: quem está comendo quem? O corpo comedor, como veremos demonstrado com frequência, não é apenas racialmente identificado como branco, mas também identificado como macho. É importante notar que a "mulata" tem papel muito significativo na relação entre raça e nação, pois é por meio de seu corpo que ocorre o embranquecimento. Que está ocorrendo um "branqueamento" e não um "escurecimento" é reforçado pelo exemplo de um samba clássico e muito popular do fim dos anos 1920. O cantor, identificado como branco na letra, persegue a mulata que, apesar da evidência contrária de seus cabelos, é identificada como mulata pela cor de sua pele. O cantor declara com alegria que, "como a cor não pega" (não contagia), ele pode cortejá-la com segurança.[28]

O segundo aspecto da incorporação (a assimilação das qualidades do comido), na qual a identificação é experimentada e simbolizada de forma corporal, é desenvolvido em *Totem e tabu*, de Freud.²⁹ Freud revisou a literatura sobre canibalismo, bem como as interpretações antropológicas desse material em autores como J. G. Frazer, A. Lang, Franz Boas, J. J. Atkinson e outros, ao desenvolver sua interpretação psicanalítica das teorias de Darwin sobre a horda primitiva, com a qual pretendia explicar o advento da organização social, das restrições morais e da religião. O ponto de partida de Freud é a descrição de Darwin da horda primitiva dominada pelo pai violento e ciumento que, a fim de manter para si as mulheres, expulsava seus filhos quando eles cresciam o suficiente para representarem uma competição. De acordo com o cenário de Freud, chegou o dia em que os irmãos que haviam sido expulsos da horda se uniram, mataram e, por serem canibais, devoraram o pai. Seguindo a lógica do canibalismo expressa em relatos etnográficos, os irmãos que tanto temiam quanto invejavam o pai, realizavam sua identificação com ele no ato de devorá-lo, adquirindo assim uma parcela de sua força:

> Eles odiavam o pai, que representava um obstáculo tão formidável para seu desejo de poder e seus desejos sexuais: mas eles também o amavam e o admiravam. Depois que se livraram dele, satisfizeram seu ódio e concretizaram seu desejo de se identificar com ele; a afeição que sentiam por ele estava fadada a se manifestar [...]. Um sentimento de culpa surgiu. O pai morto tornou-se mais forte do que o vivo.

Os irmãos resolveram sua culpa proibindo a morte do animal totêmico, que era um substituto do pai,³⁰ e a refeição totêmica seria uma "repetição e comemoração desse ato criminoso e memorável".³¹ A eliminação do pai primitivo foi reprimida como uma memória ativa, mas deixou marcas indeléveis na história da humanidade.³²

Tendo como guia a descrição freudiana da refeição totêmica, Oswald de Andrade desenvolveu uma teoria da identidade nacional brasileira que tinha como momento inaugural a canibalização do pai, uma referência ao bispo Sardinha, enviado de Portugal e supostamente canibalizado pelos indígenas Tupinambás. Oswald data o manifesto como tendo sido redigido no ano 374, em um calendário que reforça o ato como o início do tempo especificamente brasileiro. Os Tupinambás a que se refere Oswald eram sinônimo de canibalismo no imaginário europeu, embora tenham sido de fato os Caribes (ou Caraíbas) que deram nome ao ato da antropofagia.[33] Uma das primeiras, se não a primeira, representações de nativos da América data de 1505 e mostra um Tupinambá mastigando um braço enquanto o resto do corpo assa no fogo. Essa visão dos Tupinambás foi reforçada pelas narrativas quinhentistas muito lidas do marinheiro alemão Hans Staden (viagem de 1554), dos viajantes franceses André Thevet (1555)[34] e Jean de Léry; bem como pelos escritos dos missionários jesuítas José de Anchieta, Manuel da Nóbrega, Juan Navarro, Fernão Cardim e Francisco Soares,[35] entre outros.

Em seu *Manifesto Antropófago*, Oswald de Andrade clama pela volta do reprimido, o canibalismo. Ele defende um retorno ao tempo anterior ao fortalecimento do poder do pai através da internalização e antes que as instituições fossem construídas para reforçar o respeito ao tabu: "Antropofagia. A transformação permanente do tabu em totem".[36] Muitos críticos veem o *Manifesto Antropófago* como uma rejeição da lei internalizada do pai e, portanto, como um gesto anticolonialista e um grito de protesto contra a influência portuguesa. Eles observam que a longa história de colonização e opressão pelos portugueses inclui o conluio da Igreja e da Coroa para erradicar o suposto canibalismo dos povos indígenas do Brasil a fim de impor o domínio colonial.³⁷ Essa é uma interpretação válida na medida em que aborda a relação do Brasil com Portugal e com o passado colonial. No entanto, não aborda a questão da construção da identidade brasileira, especialmente no que diz respeito à raça e às questões de progresso e desenvolvimento, aludidas por Silviano Santiago no início deste capítulo.

Além disso, quando Paris abraçou o primitivismo, os modernistas brasileiros puderam se voltar com mais confiança para as populações negras e indígenas "primitivas" do Brasil sem a insegurança expressa pela geração anterior. No *Manifesto Antropófago*, Oswald de Andrade utiliza o culto ao primitivo entre os artistas europeus para fazer do Brasil ponto de referência para a Europa. Em uma clara reescrita dos esquemas usuais de progresso e desenvolvimento que persistem nas discussões sobre "Primeiro Mundo" e "Terceiro Mundo", Oswald coloca o Brasil à frente da Europa, transformando a América na fonte da democracia e, portanto, cada vez mais "civilizada" do que a Europa:

> Queremos a revolução Caraíba. Maior que a Revolução Francesa. A unificação de todas as revoltas eficazes na direção do homem. Sem nós a Europa não teria nem mesmo sua pobre declaração dos direitos do homem.³⁸

O modernismo brasileiro pode ter sido cronologicamente tardio, mas seu modelo, o canibalismo, marcou, de fato, o verdadeiro início do mundo moderno.

A relação modernista com o "primitivo" permanece, no entanto, ambivalente, como expressa em uma das marcas do *Manifesto Antropófago*: o desejo de conciliar opostos percebidos (o primitivo e o civilizado, o corpo e a mente, o negro e o branco). Na passagem a seguir, Oswald registra a ansiedade das elites brancas de sua geração sobre o papel do negro na nação que busca um lugar avançado no futuro tecnológico (representado como um trem no trecho a seguir):

> Uma sugestão de Blaise Cendrars: — Tendes [vós] as locomotivas cheias, ides partir. Um negro gira a manivela do desvio rotativo em que estais. O menor descuido vos fará partir na direção oposta ao vosso destino.[39]

O antigo medo de que os negros (que claramente não estão entre os "vós") atrapalhem a marcha do Brasil rumo ao progresso é reiterado no *Manifesto da Poesia Pau-Brasil* de Oswald, ainda que nas palavras do poeta francês e amigo dos modernistas. No *Manifesto Antropófago*, a junção do que se poderia chamar de diversos elementos se expressa hierarquicamente através da metáfora do canibalismo (um come e o outro é comido) e, como em todas as metáforas, um termo é sublimado no outro para estabelecer identidade.

O terceiro aspecto da incorporação, que envolve a destruição do objeto consumido, é desenvolvido por Freud em *Além do princípio do prazer*: "Durante a fase oral, a organização da libido, o ato de obter o domínio erótico sobre um objeto, coincide com a destruição daquele objeto".[40] Karl Abraham[41] e Melanie Klein[42] partiram dessa ideia, chamando a atenção para o caráter ambivalente e o aspecto sádico da fase oral, que associa a atividade de morder à destruição. Implícito em todos os significados de incorporação está o desejo (por razões de saúde ou prazer) de manter o bem dentro do corpo e o mal fora do corpo: "O ego-prazer original quer introjetar tudo o que é bom e expelir tudo o que é 'ruim'".[43] Em *A casca e o núcleo*, Nicholas Abraham e Maria Torok argumentam contra a confluência entre introjeção e incorporação. Eles distinguem a introjeção, uma resposta boa/saudável à perda de um objeto de amor, da incorporação, uma resposta ruim/patológica. A incorporação é uma introjeção fracassada.[44] A introjeção nomeia e reconhece a perda, permitindo que o ego se reorganize para acomodar essa perda. A incorporação é orientada para a preservação da integridade do ego. Ela silencia e criptografa a perda, permitindo que o ego aja como se a perda nunca tivesse ocorrido. O canibalismo depende da incorporação.

Comer, no entanto, tem seus riscos. Nem sempre é possível manter fora do corpo o que é percebido como prejudicial. Há sempre o perigo de uma entrada inadvertida de algo no corpo — por contágio, por exemplo —, que pode levar à destruição do corpo. Para minha discussão sobre a ideia do resíduo, no que se refere a questões de raça e democracia, uma abordagem produtiva seria por meio da elaboração do *pharmakon* de Jacques Derrida, aquele que, após a ingestão, pode funcionar tanto como remédio quanto como veneno.[45] Ao discutir os fundamentos lógicos do *pharmakon*, Derrida destaca o fato de que a mistura ou mescla é percebida como uma impureza. O *pharmakon* penetra nos limites do corpo, introduzindo um elemento estranho.

Em sua peça de 1857, *O demônio familiar*, José de Alencar descreve a ansiedade da elite que estimulava as discussões sobre a cidadania negra na época da Abolição. Alencar retrata o escravo Pedro como a fonte de todas as intrigas e confusões que ameaçam a segurança moral, física e emocional de uma família carioca. A fim de restabelecer o bem-estar de sua família, o senhor liberta o escravo e o expulsa de seu meio, afastando assim o perigo que ele representa.[46] Na peça, os africanos escravizados são retratados como agressores e arrombadores de casas que ameaçam a pureza e a segurança da nação brasileira e que, portanto, devem ser expulsos do corpo da nação. Essa narrativa do século 19 é substituída, no início do século 20, pela narrativa pós-escravista de assimilação implícita no canibalismo. Os negros devem ser incorporados como um "bom remédio" — como uma vacina contra os efeitos debilitantes do ambiente tropical —, e a integridade do corpo nacional branco é agressivamente reconstituída através de uma ideologia de embranquecimento. Após a invasão do *pharmakon*, o *dentro* tem de ser restabelecido como *dentro*, e o *fora* como *fora*, e os limites do corpo têm de ser reafirmados. No Brasil, o desejo de uma identidade fixa foi ameaçado pela realidade da miscigenação. Diante da impossibilidade — decorrente da miscigenação generalizada — de manter as oposições raciais binárias que se consolidaram no pós-guerra nos Estados Unidos e na Europa, a elite foi obrigada a encontrar outro mecanismo de formação de uma identidade nacional que lhe conviesse. Tanto sua profunda angústia pelo fato de o Brasil não ter conseguido produzir uma nação homogênea (ou, ao menos, uma fundada na divisão entre negros e brancos) quanto seu medo de que a degeneração racial ameaçasse a nação foram mitigados pela possibilidade de que a mistura racial pudesse ser vista de forma positiva, em vez de por um prisma negativo.[47] Essa reinterpretação deu origem a um modelo de formação de identidade que resolveu a questão da diferença por meio da incorporação e assimilação daquela diferença, garantindo assim a identidade do branco dominante (socialmente, economicamente, politicamente). É este último ponto que devemos ter em mente ao ler as primeiras linhas do *Manifesto Antropófago*: "Só a antropofagia nos une. Socialmente. Economicamente. Filosoficamente".

A possibilidade de *construir* a branquitude tornou-se atraente para uma elite preocupada com a própria existência. Além disso, a altíssima taxa de imigração branca para o Brasil durante as duas primeiras décadas do século 20 desempenhou um papel importante ao assegurar à elite que a negritude poderia e seria transformada em branquitude. Essa garantia era fortalecida pela alta taxa de mortalidade que "consumia" grande parte da população negra e mulata.[48] Incapaz de superar a sensação de ameaça à nação por meio da separação das raças, a elite branca brasileira recorreu a outro tipo de defesa: a assimilação do elemento estranho no corpo da nação, uma assimilação que manteve a integridade do comedor em detrimento do comido e preservou uma relação de poder vantajosa para o comedor. Contudo, a lógica da incorporação baseada no modelo de nutrição é a de que a incorporação não pode ser total; deve sobrar um resíduo, um excremento. Esse resto pode ser visto como algo rejeitado pelo corpo, mas também pode ser visto como algo que se recusa a ser incorporado, como sinal de resistência.

A atenção ao resíduo nos permite refletir sobre várias teorizações acerca de um *fora* constitutivo. Essas teorizações explicam a visibilidade da identidade como uma definição do que ela, a identidade, não é. O exterior constitutivo (seja descrito como um "outro", seja descrito como o que foi expulso para manter a pureza da identidade) é frequentemente associado ao "estrangeiro". Como discutirei em detalhes no capítulo 3, o ativismo negro pela plena cidadania e representação no Brasil e nos Estados Unidos gira em torno de uma recusa da "estrangeiridade". Em outras palavras, os africanos são produzidos como negros justamente no momento em que deixam de ser estrangeiros pela experiência da escravidão.[49] A experiência da escravidão incorporou os africanos e fez algo novo, que não pode ser compreendido adequadamente segundo nenhum paradigma de estrangeiridade. O estrangeiro é uma relação; o resíduo, no entanto, é rejeitado.

ANTROPOFAGISMO/CANIBALISMO

A relação dos modernistas brasileiros com a vanguarda europeia é mais complexa ali mesmo onde ambos tomam o canibalismo como metáfora. Para os modernistas brasileiros, as raízes de sua apropriação do antropofagismo estão no futurismo, no surrealismo e no dadaísmo a que Oswald de Andrade foi exposto durante sua permanência em Paris, onde frequentou os mesmos ateliês que Fernand Léger, Pablo Picasso e Jean Cocteau. Foi por intermédio de seu amigo Blaise Cendrars, poeta francês e autor da influente *Anthologie Nègre*, que o *Manifesto da Poesia Pau-Brasil*, de Oswald de Andrade, foi publicado em Paris, em 1924. Foi durante essas viagens que Oswald familiarizou-se com as revistas de vanguarda *Le Coq*, *Cannibale*, *Le Coeur à Barbe*, *Proverbe* e *Littérature*. Ele conheceria também Francis Picabia, autor do *Manifeste Cannibale*, que foi publicado na *Dadaphone* de março de 1920 e serviu de inspiração para o manifesto de Oswald de Andrade. De fato foi Paris que fez Oswald e os demais modernistas considerarem a possibilidade de uma identidade nacional brasileira vinculando o que haveria de mais moderno à noção deles do primitivo: "Nunca se pode sentir tão bem, na ambiência de Paris, o encontro sugestivo do tambor negro e do canto indígena. Essas forças étnicas estão em plena modernidade".[50] Quando Blaise Cendrars veio ao Brasil, como convidado de Oswald de Andrade em 1924, ele acompanhou Oswald, Mário de Andrade, Tarsila do Amaral e dona Olívia Guedes Penteado (rica mecenas dos modernistas) em viagem a Minas Gerais em busca da obra de Aleijadinho (artista mulato que esculpiu a estatuária das igrejas do interior de Minas Gerais no século 18). Para Mário de Andrade, essa foi sua primeira viagem ao interior do Brasil, que deixaria uma impressão duradoura e marcaria sua obra ao reavivar seu interesse pela etnografia e pelo folclore.

Oswald de Andrade esteve em Paris durante a moda do exotismo etnográfico que estava por toda parte e podia ser visto em museus, como no Musée de l'Homme; em ateliês de artistas como Léger e Picasso; e em galerias, como a Galérie Devambez, que organizou a Primeira Exposição de Arte Africana e Asiática em 1919.[51] Embora a figura do canibal tenha sido adotada como parte da moda, na Europa, ela já tinha seu pedigree estabelecido há muito tempo. O canibal havia sido um emblema do humanismo de Montaigne no século 16, fora incluído no *Dicionário filosófico* (1764) de Voltaire e aparecera no *Discurso sobre a origem e os fundamentos da desigualdade entre os homens* (1754) de Rousseau. Localizado por antropólogos em um remoto passado pré-histórico, o canibal ganhou forte valor simbólico. Segundo Benedito Nunes: "Abriu-se, de Nietzsche a Freud, o caminho que fez do canibalismo o signo de uma síndrome ancestral, ou, para usarmos a linguagem de Oswald, uma semáfora da condição humana".[52]

Embora a vanguarda europeia já tivesse feito bom uso da metáfora do canibalismo, na época em que Oswald de Andrade escreveu seu manifesto, sua encarnação brasileira não se reduz ao canibalismo europeu. Para a vanguarda europeia, o canibalismo estava associado a motivações psicológicas e sociais e era expresso por meio de imagens e metáforas violentas que contribuíam para a estética do choque e da agressão dadaísta e surrealista. O *Macunaíma* de Mário de Andrade[53] é, no entanto, emblemático da antropofagia brasileira, na medida em que é uma prática de canibalismo em muitos níveis. O romance representa o canibalismo em: 1) nível textual, incorporando outros textos por meio do plágio; 2) nível linguístico, pela incorporação de outras línguas ao português; 3) nível temático, através das atividades canibais de seus personagens; e 4) nível formal, pela incorporação de vários gêneros ao romance, produzindo o que Mário chamou de "rapsódia", uma composição improvisada sem forma fixa.[54] Esses atos de canibalismo trabalham juntos para produzir o brasileiro ideal, mesmo que eles atestem a impossibilidade desse projeto.

PLÁGIO OU CANIBALISMO TEXTUAL

Em um prefácio inédito de *Macunaíma*, Mário de Andrade afirma que seu objetivo ao escrever o romance foi explorar a questão da identidade nacional brasileira:

> O que me interessou por *Macunaíma* foi incontestavelmente a preocupação em que vivo de trabalhar e descobrir o mais que possa a identidade nacional dos brasileiros. Ora, depois de pelejar muito verifiquei uma coisa que parece certa: o brasileiro não tem nenhum caráter.[55]

Essa constatação é que fornece o título completo ao romance de Mário, *Macunaíma: o herói sem nenhum caráter*. Para Mário, é apropriado que o herói brasileiro não tenha caráter, "além do incaracterístico de uma raça ainda em formação".[56] Essa falta de caracter[ística] em relação a uma raça e a uma nacionalidade ainda em formação se reflete no nascimento de Macunaíma, de pai negro e mãe indígena, e a milagrosa transformação dele de homem negro em homem branco.

Entre as muitas respostas à publicação de Macunaíma, está um verbete de Raimundo Moraes no *Dicionário de cousas da Amazônia* de julho de 1928. Moraes defende Mário de Andrade contra a sugestão de que ele plagiara sua história de um livro de Theodor Koch-Grünberg:

Os maldizentes afirmam que o livro *Macunaíma*, do festejado escritor Mário de Andrade, é todo inspirado no *Vom [sic] Roraima zum Orinoco*, do sábio (Koch-Grünberg). Desconhecendo eu o livro do naturalista germânico, não creio nesse boato, pois o romancista patrício, com quem privei em Manaus, possui talento e imaginação que dispensam inspirações estranhas.[57]

Mário rejeita sua defesa e responde admitindo não só o plágio de Koch-Grünberg como de muitos outros autores:

Copiei, sim, meu querido defensor. O que me espanta e acho sublime de bondade, é os maldizentes se esquecerem de tudo quanto sabem, restringindo a minha cópia a Koch-Grünberg, quando copiei todos. E até o sr., na cena da Bioúna. Confesso que copiei, copiei às vezes textualmente.[58]

Os riscos da incorporação imaginados por Moraes em sua defesa de Mário de Andrade sugerem preocupação com a real possibilidade de superar as influências estrangeiras e utilizá--las em benefício do incorporador. No caso de *Macunaíma*, esses receios, numa primeira abordagem, parecem infundados na medida em que os textos incorporados não podem superar as atitudes predominantes em relação à raça. Os canibais são machos e brancos, e a narrativa preserva uma estrutura hierárquica em que é melhor comer do que ser comido.

Embora admita a cópia — ou o que chama de plágio —, Mário de Andrade o faz com sutileza. Em certa ocasião, escreveu uma carta de palavras duras para sua aluna e assistente, Oneyda Alvarenga, na qual a acusava de usar seu trabalho sem dar o devido crédito, acusação que quase acabou com a amizade:

Não sou de forma alguma contra o plágio em trabalhos de qualquer natureza [...]. O plágio tem qualidades ótimas: enriquece a gente, desentorpece uma explicação intelectual do excesso de citações, permite a gente melhorar ideias alheias boas, mas mal expressas incidentalmente etc. etc. Porém o plágio tem de ser consciente, porque só a consciência do roubo permite atingir a melhoria da coisa roubada [...].[59]

Ele continua, na carta, a explicar que, embora substitua a palavra "roubar" pela palavra "plagiar", "roubar" não é muito preciso por causa de sua conotação negativa. Segundo Mário, plagiar é simplesmente apropriar-se do que é de domínio público e, portanto, de todos. O plágio "ruim" implica uma apropriação inconsciente e passiva. Esse plágio pode estar associado ao contágio. O "bom" plágio implica uma apropriação ativa e consciente, na qual, em benefício próprio, o incorporador se apodera da força do incorporado. O "bom" plágio adota a estrutura do canibalismo, um canibalismo que absorve ativamente o material que pode ser digerido e transformado no material do corpo do comedor e, neste caso, do seu corpo de trabalho. Assim, Mário de Andrade antecipa a observação de Cocteau: *"Notre esprit digère bien. L'objet profondément assimilé [...] provoque un réalisme superieur à la simple copie infidèle"* [Nossa mente digere bem. O objeto profundamente assimilado (...) produz um realismo superior à simples cópia infiel].[60] Deduz-se que Mário usa um modelo canibal para criar uma identidade mais autêntica. A incorporação se dá nos textos do autor não para produzir uma mistura que seria um fim em si, mas como um processo de assimilação que produzirá o brasileiro.

O romance, ou "rapsódia", para usar o termo de Mário de Andrade, descreve as origens de Macunaíma na floresta amazônica, sua viagem a São Paulo e seu retorno à floresta antes de ascender aos céus para se tornar a Ursa Maior. No "Epílogo", ficamos sabendo como a história de Macunaíma passa a ser contada:

> Então o homem descobriu na ramaria um papagaio verde de bico dourado espiando pra ele. Falou: Dá o pé, papagaio. O papagaio veio pousar na cabeça do homem e os dois se acompanheiraram. Então o pássaro principiou falando numa fala mansa, muito nova, muito! que era canto e que era caxiri, com mel-de-pau, que era boa e possuía a traição das frutas desconhecidas do mato. A tribo se acabara, a família virara sombras, a maloca ruíra minada pelas saúvas e Macunaíma subira pro céu, porém ficara o aruaí do séquito daqueles tempos de dantes em que o herói fora o grande Macunaíma imperador. E só o papagaio no silêncio do Uraricoera preservava do esquecimento os casos e a fala desaparecida. Só o papagaio conservava no silêncio as frases e feitos do herói. Tudo ele contou pro homem e depois abriu asa rumo de Lisboa. E o homem sou eu, minha gente, e eu fiquei pra vos contar a história.[61]

Ironicamente, esse papagaio não é um papagaio brasileiro, mas um alemão. Mário de Andrade chegou à sua história sobre o "passado indígena do Brasil" e sobre o herói do Brasil via Europa, na forma de lendas coletadas pelo etnógrafo alemão Theodor Koch-Grünberg. Mário não escondia sua dívida para com Koch-Grünberg, que havia viajado pelo Brasil entre 1911 e 1913. Mário se baseava principalmente no volume 2 de *Von Roraima zum Orinoco*, que continha os mitos e as lendas dos povos Taulipang e Arekuna. Os textos que foram incorporados a *Macunaíma*, entretanto, não foram incorporados de forma simples e total, mas seletivamente e de acordo com um determinado padrão. O nome Macunaíma (Makunaíma) foi tirado de Koch-Grünberg.[62] Na coletânea de mitos e lendas atribuída a Koch-Grünberg, Makunaíma é o herói da tribo e o criador do povo Taulipang. Segundo Koch-Grünberg, o nome Makunaíma é formado por duas palavras que se unem para significar o "Grande Mal" (maku = mal, ima = grande).[63] O Makunaíma de Koch-Grünberg é o caçula de cinco irmãos, dois dos quais, Ma'nape e Zigue, aparecem com mais frequência com Makunaíma. Esses dois irmãos, com nomes grafados também de modo diferente, são mantidos no romance de Mário. Um exame do material de origem mantido mostra um padrão de manipulação em relação à raça. O nascimento de Makunaíma não é descrito na coleção de Koch-Grünberg. Na narrativa de Mário de Andrade, Macunaíma nasce no meio da floresta, filho de uma velha da tribo Tapanhuma. No romance, afirma-se que o nome da tribo significa "negro". Importante notar que Mário não tenha adotado o nome do povo de Makunaíma oferecido por Koch-Grünberg, preferindo, ao invés disso, encontrar o nome de outra tribo que, correta ou incorretamente, significa "negro". Macunaíma, ao contrário do Makunaíma de Koch-Grünberg, é um "preto retinto" e uma "criança feia". Como resultado de um encontro com um animal/espírito na floresta, Macunaíma cresce com corpo de homem, mas mantém a cabeça de uma criança. As manipulações importantes do relato de Koch-Grünberg são, portanto, que Makunaíma se torna negro, feio, preguiçoso e um adulto com cabeça de criança. Após a morte da mãe, os três irmãos viajam pela floresta. Eles conhecem Ci, Mãe do Mato, que Macunaíma estupra com a ajuda de seus irmãos. Macunaíma, que neste momento ainda é negro, e Ci têm um filho, o único filho das muitas relações inter-raciais da narrativa. Ci tem um dos seios enrugado, sinal, segundo o texto, de que ela pertence à tribo das mulheres sozinhas, também conhecidas como amazonas. Uma Cobra Preta morde o outro seio de Ci, e seu filho é envenenado durante a amamentação. Em carta a Manuel Bandeira, Mário salienta que escolheu por acaso a cor preta para a cobra, pois poderia muito bem ter escolhido a cor verde. A escolha dificilmente parece uma coincidência, uma vez que Mário é muito apegado a superstições associadas à cor preta, assunto que ele tinha estudado.[64] Maanape e Jiguê, por exemplo, adoecem de lepra e morrem. Contaminado por eles, Macunaíma, tendo se tornado um homem branco, adoece, mas supera a doença. No último terço do livro, todo personagem marcado visualmente como negro, mestiço ou indígena adoece e/ou morre. Suas doenças devem ser vistas no contexto do dístico que Macunaíma repete ao longo do livro: "Pouca saúde e muita saúva, os males do Brasil são".

Ao longo do romance, Macunaíma luta pela posse do muiraquitã, amuleto representativo da identidade nacional.[65] Assim que captura o muiraquitã, ele o perde novamente e sucumbe às forças que ameaçam a identidade brasileira:

> A Ursa Maior é Macunaíma. É mesmo o heroí capenga que de tanto penar na terra sem saúde e com muita saúva, se aborreceu de tudo, foi-se embora e banza solitário no campo vasto do céu.[66]

LÍNGUA MISCIGENADA

A incorporação ocorre em nível linguístico, bem como nos níveis textual e formal descritos anteriormente. Os modernistas estavam interessados em descobrir uma linguagem brasileira que transmitisse (se não criasse) a especificidade da identidade brasileira. No capítulo de *Macunaíma*, intitulado "Pauí-Pódole", Mário lança mão de uma das lendas da coletânea de Koch-Grünberg. A história retirada de Koch-Grünberg descreve como os seres humanos e os animais passaram a ter ânus. Antigamente, seres humanos e animais não tinham ânus e defecavam pela boca. Nessa época existia um bicho, "ânus", conhecido como Puíto, que, para se divertir, soltava gases na cara dos outros bichos e depois fugia. Um dia, os bichos, muito irritados, se juntaram e resolveram pegar Puíto e fazê-lo pagar pela brincadeira. Eles o perseguiram por toda a floresta, mas não conseguiram pegá-lo até que dois papagaios, voando à frente, quase na fronteira da Guiana com o Brasil, pegaram Puíto, amarraram-no e esperaram que os outros animais os alcançassem. Todos os animais da floresta cortaram Puíto, que era muito grande, e pegaram seus pedaços. A anta, na pressa, pegou um pedaço grande, sem esperar que fosse dividido; e o papagaio, o veado e as pombas pegaram pedaços menores, mais adequados. O sapo teve de implorar por um pedaço, então os papagaios jogaram um pedaço para ele, que caiu em suas costas. Segundo a lenda, foi assim que todo ser vivo passou a ter ânus. Caso contrário, teríamos que evacuar pela boca ou explodir.[67]

Em *Macunaíma*, a história de Koch-Grünberg se reduz a uma palavra, *puíto*. Na versão de Mário, Macunaíma, agora em São Paulo, resolve aumentar sua compreensão do português brasileiro falado e escrito, distinção também satirizada na carta de Macunaíma aos amazonenses: "Macunaíma aproveitava a espera se aperfeiçoando nas duas línguas da terra, o brasileiro falado e o português escrito".[68] Enquanto ele perambula pela cidade no Dia das Flores, uma jovem se aproxima, coloca uma flor na botoeira de sua lapela e pede uma moeda de dez centavos. Macunaíma fica constrangido porque não conhece a palavra "botoeira". Ele pensa na palavra "orifício", mas rejeita, porque pertence ao português escrito. Pensa em "buraco", mas rejeita essa palavra por ser muito vaga. Fixa-se em *puíto*: "A senhora me arrumou com um dia-de-judeu! Nunca mais me bote flor neste... neste puíto, dona!".[69]

A tradução de Goodland é equivocada porque, no original português, a palavra "puíto" é deixada como uma palavra estrangeira, não compreendida por seus leitores de português, da mesma forma que não é compreendida pela florista. Ou seja, a tradução elucida um ponto que o texto brasileiro obscurece, que é o fato dessa palavra, puíto, ser um palavrão, uma palavra "suja", e que entra tanto na língua falada quanto na escrita do português brasileiro sem que ninguém (os brasileiros) entenda seu resistente significado de "sujo". Em um nível, isso poderia ser visto como exemplo de uma língua "miscigenada", ou, em termos bakhtinianos, heteroglossia;[70] mas, neste caso, a "miscigenação" linguística (na qual uma palavra de uma língua indígena é misturada à língua brasileira) produz um resíduo excremental que resiste não só à assimilação, mas também a ser conhecida.

Não por acaso, em um texto que se vale de uma metafórica do corpo, essa determinada palavra incorporada à língua brasileira tem a ver com o corpo. Ao reduzir a uma palavra, *"puíto"*, a história de que as pessoas eram obrigadas a evacuar pela boca, Mário faz Macunaíma dizer palavrões, faz com que ele literalmente fale merda. Dessa forma, segundo Eneida Maria de Souza, o órgão, na palavra indígena, e a palavra, em *Macunaíma*, são incorporados ao ser humano e à língua brasileira.[71] Assim como na famosa afirmação de Freud de que a civilização começou quando o ser humano ficou ereto, levando assim a uma separação entre o nariz (e a boca) e o ânus, a incorporação, na história de Macunaíma, que marca a separação entre boca (com sua função alimentar) e ânus (com sua função defecadora), pode ser vista como um movimento rumo à civilização, movimento reforçado não só pela retirada do sentido "sujo" da palavra, uma vez incorporada ao português, mas também pela respeitável etimologia que Mário lhe confere ao dotar *"puíto"* de um (falso) ancestral em latim: "[...] a palavra 'botoeira' viera a dar em 'puíto', por meio de uma palavra intermediária, a voz latina 'rabanitius' (botoeira-rabanitius-puíto), sendo que rabanitius embora não encontrada nos documentos medievais, afirmaram os doutos que na certa existira e fora corrente no sermo vulgaris".[72]

MACUNAÍMA, O CANIBAL

O canibalismo que ocorre no nível temático também produz resíduos resistentes. Em *Macunaíma: ruptura e tradição*, Suzana Camargo afirma que o *Gargântua*, de Rabelais, é um intertexto de Macunaíma. Tendo como base teórica Bakhtin, ela analisa as relações de *Gargântua* e *Macunaíma* entre si e com o corpo. Um aspecto que ambas as obras compartilham é que o corpo grotesco e o comer estão inscritos em ambas as narrativas. Segundo Bakhtin:

> O caráter mais distintivo do corpo [grotesco] é sua natureza aberta e inacabada, mais plenamente revelada no ato de comer, onde o corpo transgride seus limites. O encontro do homem com o mundo, que se dá dentro da boca aberta, mordendo, dilacerando, mastigando, é um dos mais antigos e importantes objetos do pensamento e do imaginário humano. Aqui o homem experimenta o mundo, o introduz em seu próprio corpo, torna-o parte de si mesmo. O encontro do homem com o mundo no ato de comer é alegre, triunfante; ele triunfa sobre o mundo, devora-o sem ser devorado. Os limites entre o homem e o mundo são apagados, em benefício do homem.[73]

Se essa incorporação funciona em benefício do homem, não funciona em benefício de todos os "homens" — ou mulheres.

O que é visto como subversivo em Bakhtin, no entanto, torna-se suspeito quando a raça ou mesmo o gênero são levados em conta. Se lembrarmos que "comer" significa tanto "alimentar-se" quanto "ter relação sexual", a forma como os registros escatológico, alimentar e sexual são associados merecem atenção. No romance, quase todas as cenas sexuais são abertamente ligadas ao canibalismo e/ou à incorporação de alimentos. No início da novela, Macunaíma engana a esposa de seu irmão Jiguê, Sofará, para que o leve para a floresta, onde ele se transforma no Príncipe Encantado. Os atos sexuais deles envolvem o consumo das extremidades do herói por Sofará. Em São Paulo, Suzi, amante de Jiguê com quem Macunaíma tem um caso, tira mandioca da vagina para Macunaíma comer. Assim que Vei, a Sol, oferece sua filha a Macunaíma com um dote de "Europa, França e Bahia", sob a condição de permanecer fiel à moça, ele imediatamente se envolve com as brancas da cidade, incluindo uma vendedora de peixes portuguesa: "Logo topou com uma que fora varina lá na terrinha do compadre chegadinho-chegadinho e inda cheirava no-mais! um fartum de peixe".[74]

A associação da vendedora de peixes com o peixe e suas experiências anteriores com Vei a vinculam a outra cena que repete esses dois elementos, uma cena que é uma alegoria do brasileiro consumido pela cultura europeia. Ao final da novela, Vei, revoltada por Macunaíma não ter se casado com a filha dela, ligando-se assim à civilização dos trópicos, o castiga. Ela faz o herói pular nas águas frias do Uraricoera (a temperatura fria representando a civilização europeia) para perseguir a imagem inatingível de uma mulher branca (evocativa da vendedora de peixes portuguesa que ele escolheu quando rejeitou a filha indígena) que ondula na água. Ele é atacado, mutilado e destruído e, nesse processo, perde o muiraquitã, amuleto que lhe foi dado por Ci, a Mãe da Floresta. A busca por encontrar e manter uma identidade nacional (representada pelo muiraquitã) falha em relação à Europa, que supera Macunaíma, mas não em relação aos negros e indígenas, que foram efetivamente superados pelos (brancos) canibais do romance, incluindo Macunaíma. Para apreciar a complexidade dessa relação com o exterior e o interior do Brasil, é preciso ter em mente as implicações da transformação racial de Macunaíma. No discurso europeu/estadunidense de racialização (ensaiado com desespero pela elite brasileira), Macunaíma é mestiço, mulato (se não negro) segundo a lei e a tradição. No discurso do embranquecimento, Macunaíma ficou branco, e só quando ele é branco é canibal.

Mário de Andrade dedica *Macunaíma* a Paulo Prado, membro de uma rica e tradicional família paulistana, apoiador financeiro e intelectual dos modernistas. Publicado no mesmo ano que *Macunaíma*, de Mário, *Retrato do Brasil*, de Prado, é uma reflexão sobre a história do que ele chama de tristeza e melancolia características do Brasil, que Prado (como muitos historiadores antes dele) associa a uma história de preguiça e sensualidade resultantes das influências do clima, da terra e das mulheres indígenas e africanas. A frase que Macunaíma diz ao longo do romance — "Ai, que preguiça" — associa o nome indígena de um animal, *aig*, cuja tradução em português é "preguiça",[75] ao atributo de "preguiçoso", mais característico, segundo Prado, do brasileiro.[76] O próprio título da obra de Prado, *Retrato do Brasil*, bem como seu conteúdo, inserem esta obra diretamente na tradição dos escritores brasileiros do fim do século 19 e início do século 20, escritores que buscavam determinar o caráter nacional do Brasil. Os escritores e políticos que discuti na introdução eram pessimistas quanto à capacidade do Brasil de formar uma identidade nacional estável em face da miscigenação. Assim como Euclides da Cunha, Prado discute em termos negativos o impacto da miscigenação na formação de um tipo nacional:

O mestiço brasileiro tem sido fornecido indubitavelmente à comunidade exemplares notáveis de inteligência, de cultura, de valor moral. Por outro lado, as populações oferecem tal fraqueza física, organismos tão indefesos contra a doença e os vícios, que é uma interrogação natural indagar se esse estado de coisas não provém do intenso cruzamento das raças e sub-raças... No Brasil, se há mal, ele está feito, irremediavelmente: esperemos, na lentidão do processo cósmico, a decifração do enigma com a serenidade dos experimentadores de laboratório.[77]

Essa associação do Brasil com um laboratório será transportada para *Macunaíma* em forma de dístico repetido ao longo do romance: "Pouca saúde e muita saúva, os males do Brasil são".[78] Esse dístico se junta à célebre frase do médico brasileiro Miguel Pereira, "O Brasil é um vasto hospital", e à frase do viajante francês Auguste de Saint-Hilaire, "Ou o Brasil acaba com a saúva, ou a saúva acaba com o Brasil".[79] Ambas as frases fazem referência às noções vigentes sobre a mazela do corpo político[80] e se relacionam com o *Retrato do Brasil* por meio de uma cantiga popular citada por Paulo Prado: "São desgraças do Brasil [...] preguiça, / Ferrugem, formiga e mofo".[81] A obra de Prado fornece um intertexto importante para o romance de Mário, especialmente no que diz respeito às questões raciais e sobre como a raça está ligada à saúde e à estabilidade do corpo político, vínculo reforçado pelo caráter reiterativo do refrão.

Como observei antes, o corpo miscigenado é visto como portador da ameaçadora marca de uma instabilidade racial, uma fluidez racial que pode se mover "para a frente" na direção "adequada", em direção à branquitude, ou "para trás" em direção à negritude. Em *Macunaíma*, a instabilidade racial permanece no reino do primitivo, da selva. Será coincidência que as raças dos três irmãos se fixem no momento em que passam da selva para a cidade? Uma raça aparentemente fixa é um requisito para cruzar a fronteira para a cidade e a modernidade? Mário de Andrade sugere que a própria modernidade fixa em vez de dissipar a raça.

> Uma feita a Sol cobrira os três manos duma escaminha de suor e Macunaíma se lembrou de tomar banho. [...] Então Macunaíma enxergou numa lapa bem no meio do rio uma cova cheia d'água. E a cova era que nem a marca dum pé gigante. Abicaram. O herói depois de muitos gritos por causa do frio da água entrou na cova e se lavou inteirinho. Mas a água era encantada porque aquele buraco na lapa era marca do pezão do Sumé, do tempo em que andava pregando o evangelho de Jesus pra indiada brasileira. Quando o herói saiu do banho estava branco loiro e de olhos azuizinhos, água lavara o pretume dele. E ninguém não seria capaz mais de indicar nele um filho da tribo retinta dos Tapanhumas.
> Nem bem Jiguê percebeu o milagre, se atirou na marca do pezão do Sumé. Porém a água já estava muito suja da negrura do herói e por mais que Jiguê esfregasse feito maluco atirando água pra todos os lados só conseguiu ficar da cor do bronze novo. Macunaíma teve dó e consolou: Olhe, mano Jiguê, branco você ficou não, porém pretume foi-se e antes fanhoso que sem nariz.
> Maanape então é que foi se lavar, mas Jiguê esborrifara toda a água encantada pra fora da cova. Tinha só um bocado lá no fundo e Maanape conseguiu molhar só a palma dos pés e das mãos. Por isso ficou negro bem filho da tribo dos Tapanhumas. Só que as palmas das mãos e dos pés dele são vermelhas por terem se limpado na água santa. Macunaíma teve dó e consolou: Não se avexe, mano Maanape, não se avexe não, mais sofreu nosso tio Judas!
> E estava lindíssima na Sol da lapa os três manos um louro um vermelho outro negro [...].[82]

Em sua coletânea de lendas taulipangue, Koch-Grünberg conta como Makunaíma criou seres humanos, mas não faz alusão a raça. Boddam-Whetham, escrevendo em 1879, registra, entretanto, em sua coletânea etnográfica da mesma região, o seguinte mito de origem das raças:

> Os caribes, em seu relato da criação, dizem que o Grande Espírito se sentou em uma amoreira e, arrancando pedaços da casca, jogou-os em um riacho e eles se tornaram animais diferentes. Então o Grande Espírito — Makanaima [sic] — fez um grande molde e dessa argila limpa e fresca surgiu o homem branco. Depois que ele ficou um pouco sujo, o índio foi formado, e tendo o Espírito sendo chamado a negócios por um longo período, o mofo tornou-se preto e impuro, e dele saiu o negro.[83]

J. R. Swanton também registra uma história que segue o mesmo padrão (branco, índio, negro). Ele registra, porém, uma variante em que a hierarquia é índio, branco, negro.[84] Todos os contos indígenas começam com brancos que se transformam em pessoas de outras raças. Na versão de Mário, porém, todos os irmãos são negros antes do banho. Esse relato é consistente com as atitudes das elites brasileiras em relação à raça e ao embranquecimento.

Quando lembramos a observação de Celia Maria Marinho de Azevedo de que, com o advento da industrialização urbana, os negros (vistos como incapazes de lidar com a tecnologia) desapareceram do cenário econômico, é de se notar que Macunaíma se torne branco antes de entrar na cidade de São Paulo, onde participa da civilização tecnologicamente avançada. Na cidade, o inimigo de Macunaíma é o gigante canibal Piamã, um imigrante italiano. No período em que *Macunaíma* foi escrito, o governo brasileiro tinha como política incentivar a imigração de países europeus a fim de acelerar o processo de embranquecimento. Em 1921, os deputados Fidélis Reis e Cincinato Braga elaboraram uma legislação para barrar a imigração de não brancos, a fim de proteger a formação étnica (leia-se, racial) de uma nação que já havia sofrido com a introdução dos negros. Esse projeto teve o apoio da Academia Nacional de Medicina.[85] Significativamente, no romance, o presente temporal de São Paulo não inclui os negros que lá viviam. Como veremos nos capítulos 3 e 4, as décadas de 1920 e 1930 viram um aumento acentuado no número de organizações políticas, culturais e sociais negras. Apesar das pressões sociais e econômicas, as organizações cresceram e se expandiram durante esse período. No romance, porém, o passado é o tempo dos negros e indígenas, não o passado da escravidão, mas um passado pré-colonial "primitivo". A separação entre os dois tempos é marcada espacialmente pelo fato de que a comitiva de animais de Macunaíma o acompanha apenas até a beira da mata, deixando-o (recém-branco) entrar na cidade acompanhado de seus irmãos, que lhe serviriam de ajudantes.

Mário de Andrade afirmou em um inédito prefácio a *Macunaíma* que ele desejava "conceber literalmente o Brasil como entidade homogênea".[86] Essa homogeneidade equivaleria a estabelecer um único tipo étnico nacional.[87] O romance falha totalmente nesse aspecto — talvez um reflexo da ambivalência de Mário com relação a esse objetivo. Somos tentados a ver a relutância do autor em publicar qualquer um dos vários prefácios como sintomático dessa ambivalência. O romance não consegue manter o foco no interior de um corpo que ingere; extravasa com os da incorporação.

Na primeira fase do modernismo brasileiro, a ideia de ruptura com o passado estava ligada a uma visão de coesão nacional futura. Como explica Marilena Chaui na citação a seguir, as sementes de um movimento autoritário que marcaria o fim do modernismo haviam sido lançadas muito antes.

Em termos gerais, de 1920 a 1937 [data da instalação do governo corporativo autoritário e altamente centralizado do Estado Novo] os intelectuais se preocuparam com dois grandes problemas que constituem elementos de seu nacionalismo: o desconhecimento dos brasileiros sobre a realidade brasileira e a necessidade de se libertarem de modelos políticos, teóricos e culturais importados. Tanto à esquerda quanto à direita, os intelectuais se atribuem a tarefa de criar ou despertar uma consciência nacional, de demonstrar a disjunção entre as instituições e a realidade, de produzir uma política científica e racional e de empreender uma revolução social, política e cultural. O tema da revolução é constante, mas seu significado, obviamente, nem sempre é o mesmo, dependendo da forma como se diagnostica a "crise brasileira", da forma como se concebe a "salvação nacional" e dos agentes designados para a tarefa. De qualquer modo, uma coisa é comum a todos: o pressuposto de que o entendimento e a superação da crise, e da própria revolução, dependem exclusivamente de uma elite intelectual ou de uma vanguarda política. Os progressistas falam da necessidade de "civilizar o Brasil"; os conservadores, da necessidade de restabelecer as tradições, a ordem e a disciplina que a modernidade liberal destruiu. Ambos os casos, no entanto, têm um ponto em comum: tanto a "civilização" quanto a tradição exigem uma concepção orgânica da sociedade e da política, uma organicidade que depende da recriação da Nação e da instalação de um Estado centralizado, mesmo à custa de ter um governo autoritário.[88]

A revolução, seja como for concebida, prometia um futuro utópico. A visão de futuro em *Macunaíma* é, no entanto, decididamente distópica.

Depois de contar sua história ao papagaio em uma língua na qual, depois dele, não haveria mais falantes humanos, Macunaíma se vê ferido e sozinho. Para se vingar de Macunaíma por se recusar a casar com uma de suas filhas, Vei, a Sol, obriga-o a pular em um lago queimando-o com seu calor. Quando ele retorna à margem, está ensanguentado e sem nariz, orelhas, testículos, uma perna e o muiraquitã. Ele junta as partes de seu corpo e as costura novamente; decidindo que não pode viver neste mundo sem o muiraquitã, sobe ao céu onde, transformado, brilhará "inutilmente" no céu como a Ursa Maior. Em sua jornada entre a terra e o céu, ele sofre novas rejeições. Aqueles que ele encontra e a quem pede abrigo o afastam porque se lembram da ocasião de seu último encontro, quando Macunaíma foi coberto de excrementos como castigo por uma de suas aventuras. Na verdade, o romance se deleita com excrementos. Além da história escatológica de Puíto, o romance descreve como o primeiro fogo partiu do ânus de uma velha. Macunaíma urina e urinam nele. Os personagens vomitam e defecam. As formigas pretas, distintas da saúva vermelha cortadora do dístico, aparecem regularmente e aparentemente sem razão, sempre e onde quer que haja desperdício. O romance de Mário de Andrade é farto na atenção dada aos resíduos da incorporação não reconhecidos em outras práticas de antropofagia literária durante o período modernista. Sua obra sabota implicitamente qualquer tentativa de apreensão do Brasil como um todo pacífico.

MEDICINA EXCREMENTAL

O fascínio de Mário de Andrade pelo excremento não se esgota em *Macunaíma*. Em 1937, ele publicou *Namoros com a medicina*, resultado de décadas de pesquisa. Esse pequeno volume contém dois ensaios. O primeiro ensaio aborda os efeitos terapêuticos da música e foi publicado numa revista médica da qual Mário de Andrade era colaborador regular. Mário, rindo, garante ao leitor que o segundo ensaio, "A medicina dos excretos", nunca apareceu em lugar nenhum. O ensaio reúne material que o autor registrou em fichas ao longo de sua carreira e salvou nos extensos arquivos pelos quais ficou conhecido. O ensaio cataloga tipos de cura do Brasil e de outras regiões do mundo que se utilizam de excrementos. Muito do material escatológico que entra em *Macunaíma*, incluindo a história de Puíto que analisei anteriormente, é encontrado aqui com mais detalhes. O ensaio também apresenta uma forma de ler o que poderia ser chamado de lógica excremental do poema "Improviso do mal da América", que já discuti neste capítulo.

Em vários pontos de "A medicina dos excretos", Mário se refere à prática de usar esterco de vaca para purificar o açúcar: "Com o excremento o açúcar *se purifica* e aperfeiçoa. O açúcar se limpa. O excremento adquire assim um conceito de elemento lustral, purificador".[89] Poucas páginas depois, Mário volta ao tópico:

> Aludindo ao costume de refinarem o açúcar com bosta de vaca, lembrei que muito provavelmente esse poder purificador do excremento teria contribuído, por associação de imagens, para a persistência do uso de excretos na cura das moléstias que de alguma forma se manifestam na pele. Com efeito são bem numerosos os exemplos que posso produzir, provando que os excretos são sistematicamente empregados em vários casos de alteração epidérmica.[90]

Esses tratamentos incluem o uso de urina para "'branquear a tez' (que é exatamente o caso da refinação do açúcar)"; o uso de fezes para clarear a pele; a aplicação de esterco para diminuir os quadris de mulheres negras.[91]

Essa ação purificadora do excremento, seu poder de branquear, deriva da complexa relação com o exterior e o interior. Mário conclui seu ensaio observando que o excremento está associado ao que se sacrifica para se obter saúde. Em "Improviso do mal da América", o vermelho e o preto ("Não posso não me sentir negro nem vermelho! [...]/ Me sinto só branco, só branco em minha alma crivada de raças"), cores popularmente utilizadas para designar grupos raciais, são sacrificados e lamentados. De forma semelhante à campanha censitária que analisei na introdução, esse poema (e *Macunaíma* em seu fracasso em encontrar um lugar neste mundo para seus personagens negros e indígenas) sugere que a representação dentro de um ideal de democracia racial requer uma escolha em que a negritude[92] restaria como marcador viável de uma posição social e política, resultando (no plano da representação) na impossibilidade de alguém ser ao mesmo tempo negro e brasileiro. A recusa de Mário a abraçar a ilusão de um todo pacífico sem resíduos é também uma recusa a abraçar a lógica que trataria o resíduo como abjeto, como aquilo que foi rejeitado e que é uma fonte de vergonha. Sua obra modela uma visão mais complexa do resíduo, tratado como resultado da resistência.

Incluindo os mortos

A nostalgia e a recusa da perda na obra de Gilberto Freyre
Casa-Grande & Senzala

> A ama negra fez muitas vezes com as palavras o mesmo que com a comida: machucou-as, tirou-lhes as espinhas, os ossos, as durezas, só deixando para a boca do menino branco as sílabas moles.
>
> Gilberto Freyre,
> *Casa-Grande & Senzala*

"TERRA DA BARREIRA DA COR": O MODERNISMO BRASILEIRO E OS ESTADOS UNIDOS

No início da década de 1940, Carleton Sprague Smith, o arquivista da seção de música da Biblioteca Pública de Nova York, visitou o Brasil. Sua estada coincidiu com uma iniciativa de relações públicas de um grupo de intelectuais e empresários brasileiros e do governo dos Estados Unidos — representado por Nelson Rockefeller, então coordenador de Assuntos Interamericanos — para conter a influência da Alemanha nazista no governo do Estado Novo brasileiro durante a Segunda Guerra Mundial. O grupo promoveu seus objetivos por meio de uma série de palestras sobre literatura, cinema, educação, agricultura, medicina e negócios intituladas "Lições de um estilo de vida americano" e proferidas por conhecidas figuras públicas brasileiras. Mário de Andrade fez um discurso de sucesso sobre a música estadunidense, no qual defendeu o reconhecimento das contribuições dos afro-estadunidenses para a estética nacional e uma nova concepção de arte. Embora Mário tenha achado estratégico evitar uma crítica à segregação em uma palestra calculada para fazer dos Estados Unidos um modelo de democracia — em contraste com o governo autoritário do Estado Novo no Brasil —, ele estava bem ciente das contradições do *"American way of life"*. Aliás, logo após ter proferido o discurso, pediu ao amigo Paulo Duarte, antropólogo exilado, então radicado em Nova York, que fizesse circular uma cópia entre seus "amigos ianques" só para "dar uma bronca neles". Duarte respondeu que o discurso de Mário provavelmente não impressionaria muito. Ele acreditava que o então fascínio estadunidense por todas as coisas brasileiras não era sincero, mas um disfarce para a cobiça por recursos naturais.[1]

Apesar de todo o silêncio sobre o tema da segregação, o discurso pode ser visto como uma resposta a um desentendimento que Mário teve com o visitante Sprague Smith. Segundo Mário, que fez questão de se referir aos Estados Unidos como *"Colour Line Land"* [Terra da Barreira da Cor] em sua reportagem sobre o evento, o funcionário da biblioteca tentou convencê-lo de que "na terra da barreira da cor existe liberdade e o exercício verdadeiro da democracia". Mário rejeitou essa afirmação, lembrando Sprague Smith dos meninos de Scottsboro, um caso em que nove jovens negros foram injustamente condenados por estuprar duas mulheres brancas e que recebeu ampla cobertura na imprensa negra brasileira. Mário de Andrade ficou tão marcado pelas afirmações do visitante que, em 1944, publicou o poema "Canção de Dixie", no qual declarava:

> Mas porque tanta esquivança!
> Lá tem Boa Vizinhança
> Com prisões de ouro maciço;

Lá te darão bem bom lanche
E também muito bom linche,
Mas se você não é negro
O que você tem com isso!

No. I'll never never be
In Colour Line Land.

É a terra maravilhosa
Chamada do Amigo Urso,
Lá ninguém não cobra entrada
Se a pessoa é convidada.
Depois lhe dão com discurso
Abraço tão apertado
Que você morre asfixiado,
Feliz de ser estimado.

No, I'll never never be
In Color Line Land.[2]

 Desde a década de 1920, Mário de Andrade vinha repetidamente recusando convites para visitar a "Terra da Barreira da Cor". Independentemente de sua ambivalência ao abordar publicamente sua origem racial, ele foi capaz de se ver pelos olhos de outra pessoa, pelos olhos dos Estados Unidos, e de reconhecer e levar a sério as implicações dessa visão para si mesmo e, como observei no capítulo anterior, para outros como ele que, nos Estados Unidos, sofrem discriminação e violência por causa da cor da pele. Para o compatriota de Mário de Andrade, o sociólogo Gilberto Freyre, porém, a experiência de se ver pelos olhos dos Estados Unidos produziria uma ansiedade inesperada, que percorreria sua obra mais famosa. O desgosto e a vergonha de ver o que, nos Estados Unidos, passava por representativo do tipo brasileiro motivou-o formalmente a estudar questões raciais.[3] Essa vontade de reabilitar a imagem do tipo representativo do brasileiro aos olhos de quem olha o Brasil de fora marcaria o trabalho de Freyre sobre a história brasileira, de modo tal a estabelecer uma comparação implícita e estendida da escravidão brasileira e seu legado com a dos Estados Unidos. Gilberto Freyre publicou *Casa-Grande & Senzala*, que teve 34 edições em português e inúmeras edições em mais de doze idiomas, em 1933, cinco anos depois de Mário de Andrade ter publicado *Macunaíma*.[4]

No fim dos anos 1980, o cineasta brasileiro Joaquim Pedro de Andrade, que havia dirigido a versão cinematográfica de *Macunaíma*, de Mário de Andrade, aceitou uma encomenda para filmar *Casa-Grande & Senzala*, de Gilberto Freyre. Estudo sociológico eclético e idiossincrático da história do Brasil, a obra de Freyre não era uma escolha palpável para um longa-metragem. A morte prematura de Joaquim Pedro de Andrade impediu a conclusão do filme. Seu roteiro de *Casa-Grande & Senzala*,[5] entretanto, reflete uma leitura que desestabiliza a priorização freyreana da hierarquia senhor/escravo (do ponto de vista do senhor), representada pela organização arquitetônica da casa-grande e da senzala do engenho. Em entrevista anexada ao roteiro publicado, Andrade diz que mudou o título para *Casa-Grande e cia.* para indicar a inclusão das perspectivas de mulheres, negros e indígenas. O fim do filme proposto "consistiria em uma série polifônica de celebrações rivais — os quilombolas[6] celebrariam a fundação de uma comunidade de escravos fugidos, os portugueses celebrariam suas vitórias sobre os índios e assim por diante, enquanto o intertítulo final seria para vincular a resistência indígena (na forma de canibalismo) à espiritualidade africanizada dos orixás [...]".[7]

O projeto de Joaquim Pedro de Andrade para o filme de *Casa-Grande & Senzala* corresponde à articulação que faço entre a obra de Mário de Andrade e a de Gilberto Freyre, e à minha análise das estruturas de incorporação compartilhadas pela elaboração que Mário fez da antropofagia e a elaboração de Freyre da miscigenação como percursos para a democracia racial. Como apontei no capítulo anterior, a apropriação paródica de Mário de Andrade da fantasia de uma população indígena canibal para reformular o passado e o presente do Brasil exigia inovações formais. Gilberto Freyre também descobriu que as convenções da escrita sociológica acadêmica eram inadequadas para a história que ele queria contar. Freyre afirma que *Casa-Grande & Senzala* buscou analisar e interpretar as relações entre o europeu e o que ele chama de "duas culturas primitivas" no Brasil tropical. Como modelo para sua tentativa de expressar, por meio da escrita, uma integração que resolveria as contradições, ele buscou Pablo Picasso, o qual, segundo ele, conseguiu isso em sua arte — uma arte que unificou o material antropológico ("primitivo") com a teoria estética e os métodos europeus.[8] Assim como os modernistas, Freyre via sua obra como um marco de ruptura com o passado, especialmente com as antigas interpretações sobre o papel dos negros e dos indígenas na sociedade brasileira. Ele procurou especialmente redimir negros e mulatos e expressar otimismo com o futuro do Brasil. No entanto, suas teorias e interpretações minam essa pretensão de ruptura com o passado, pois mantêm muitas das ideias de seus predecessores do século 19. Apesar de suas afirmações em contrário, Freyre não descreve nem prescreve uma união ou mistura de "elementos contraditórios" ou de diferentes raças igualmente capturadas. Em *Casa-Grande & Senzala*, ele resolve as diferenças sublimando o que chama de "culturas primitivas" por meio de um processo de assimilação que resultaria em uma identidade nacional brasileira. A democracia racial — ideia poderosa, mas contestada, associada à obra de Gilberto Freyre — busca excluir o racismo por meio da promoção da mestiçagem, mistura racial que resultaria da incorporação de negros e indígenas à raça branca.

CORPOS ESTRANGEIROS, TERRAS ESTRANGEIRAS

Casa-Grande & Senzala foi baseado na tese que Freyre havia escrito quando era estudante de pós-graduação na Universidade de Columbia, durante a década de 1920. Para enfrentar o que considerava os problemas mais prementes de sua época, Freyre produziu uma obra que era ao mesmo tempo um diagnóstico e uma receita para o tratamento dos "males" do Brasil. Segundo o autor, o "problema" mais importante do Brasil era a miscigenação. Na introdução, ele afirma que: "Era como se tudo dependesse de mim e dos de minha geração; da nossa maneira de resolver questões seculares. E dos problemas brasileiros, nenhum que me inquietasse tanto como o da miscigenação".[9]

Ele continua:

> Vi uma vez, depois de mais de três anos maciços de ausência do Brasil, um bando de marinheiros nacionais — mulatos e cafuzos — descendo não me lembro se de São Paulo ou de Minas pela neve mole do Brooklyn. Deram-me a impressão de caricaturas de homens. E veio-me à lembrança a frase de um livro de viajante estadunidense que acabara de ler sobre o Brasil: "*The Fearfully Mongrel Aspect of Most of the Population*". [O aspecto terrivelmente mestiço da maioria da população]. A miscigenação resultava naquilo. Faltou-me quem me dissesse então, como em 1929 Roquette-Pinto aos arianistas do Congresso Brasileiro de Eugenia, que não eram simplesmente

mulatos ou cafuzos os indivíduos que eu julgava representarem o Brasil, mas cafuzos e mulatos *doentes*.[10]

A linguagem patologizante de Freyre nessa passagem está firmemente alinhada com as discussões da virada do século, que biologizaram os termos da crise social, econômica e política que se seguiu à abolição da escravatura, em 1888, e ao estabelecimento da República, em 1889. Segundo Jurandir Freire Costa, a elite branca e os que com ela se identificavam acreditavam que as crises não eram precipitadas por fatores históricos ou políticos, mas pelo ambiente tropical do país e pela constituição física e racial de sua população. A opinião dessa elite era de que o Estado brasileiro não era capaz de promover o desenvolvimento harmonioso da nação porque o calor e a mistura com "raças inferiores" haviam tornado a população preguiçosa, indisciplinada e pouco inteligente. A população não branca era vista como biologicamente inferior e, portanto, incapaz de se adaptar a uma sociedade democrática. Era considerada a responsável pela convulsão social que minava o bom funcionamento do regime. Embora nada pudesse ser feito quanto ao clima, o "problema" racial ainda poderia ser resolvido. Costa sustenta que os intelectuais brasileiros da virada do século consideravam impossível que a democracia pudesse ser instituída no Brasil da forma como havia sido nos Estados Unidos e na Europa, por causa das particularidades raciais do país. A ordem republicana não podia e não queria, mesmo sob o pretexto de respeitar o contrato social democrático, aceitar a presença de negros e mulatos em uma sociedade de homens livres. Assim, se a República quisesse salvar a democracia, o primeiro passo seria administrar a "saúde" das pessoas de cor, até que, por meio da miscigenação, fossem dignas de integração à sociedade.

Em síntese, o pensamento destes intelectuais resumia-se em um postulado: enquanto o brasileiro não fosse branco, não teria direito à democracia. Esta advertência, entre outras consequências, deveria induzir os negros e mestiços a procurarem embranquecer a pele e aos brancos, pobres e ricos, exercer a opressão sob o pretexto de defender a democracia.[11]

Conforme Lévi-Strauss, as sociedades se organizam segundo dois modelos. Um dos tipos de organização social compartilha sua estrutura com o canibalismo. Essas sociedades "consideram a absorção de certos indivíduos possuidores de poderes perigosos como o único meio de neutralizar esses poderes e até mesmo de transformá-los em vantagem". Essas sociedades, em outras palavras, são formadas segundo um modelo de incorporação. O segundo tipo de organização societária compartilha sua estrutura com a antropoemia, palavra etimologicamente ligada ao termo grego *émein* — vomitar. Esse tipo de sociedade expulsa os indivíduos perigosos do corpo social e/ou separa-os por meio do exílio ou do encarceramento temporário ou permanente, reforçado pela existência de uma força policial e de prisões.[12]

Embora Lévi-Strauss coloque essas duas sociedades em oposição uma à outra, tanto estrutural quanto temporalmente (as sociedades antropofágicas estão associadas a formações sociais primitivas e as sociedades antropoêmicas a sociedades mais avançadas), elas não são tão opostas quanto o autor faz parecer. As duas formações compartilham uma visão de sociedade cuja integridade e unidade devem ser executadas e protegidas a todo custo. "A unidade sempre se efetua por meio da brutalidade."[13] Essa brutalidade pode assumir a forma de repressão (entendida em todos os seus sentidos, inclusive o esquecimento) ou de exclusão, conforme apresentado na descrição de Lévi-Strauss da sociedade antropoêmica. A lógica da incorporação subjacente à sociedade antropofágica, no entanto, é que deve haver um resíduo excremental. Esse resíduo poderia ser pensado como aquilo que o corpo rejeita porque é inassimilável. Difere, nesse sentido, do *émein* (vômito) porque não é rejeitado por inteiro, mas quebrado em pedaços para remover o que é útil. Outra forma de entender esse resíduo é vê-lo como uma resistência, como aquilo que se recusa a ser incorporado. O resíduo não é mais o que era, mas ele resiste à assimilação no corpo nos termos do corpo. É essa resistência que o corpo social reprime, pois ela não apenas lembra a natureza porosa do corpo (que as coisas podem entrar e sair sem seu controle), como é também um lembrete do fracasso final do corpo como estrutura totalizante.

A participação nas noções de democracia e cidadania[14] cunhadas pelas elites certamente não eram a única opção para os negros que insistiam em seus direitos civis como brasileiros, embora os mitos de democracia racial obscurecessem esse fato. O discurso da democracia racial renegava aqueles que produzia como "negros", ainda que esses negros reivindicassem para si, justamente em nome da democracia, uma posição de resíduo resistente. A Revolta da Vacina de 1904 é um exemplo disso. Foi um dos primeiros testes da democracia que se estabelecera com o advento da República, em 1889. Interessado em equiparar a capital, o Rio de Janeiro, às cidades da Europa, o governo do presidente Rodrigues Alves, assessorado pelo ministro do Interior, o darwinista social Joaquim Murtinho, iniciou, em 1903, um projeto de obras públicas financiado por empréstimos externos. O então diretor do Departamento de Saúde Pública, Oswaldo Cruz, iniciou a construção de amplas avenidas nos moldes das de Paris, contratando 1800 trabalhadores para demolir as casas dos negros e mulatos pobres que ocupavam o centro da cidade. Além disso, Cruz aproveitou a oportunidade para implantar um projeto de saneamento com o objetivo de erradicar a febre amarela e a peste bubônica. Seu método contava com 2500 sanitaristas que, acompanhados pela polícia, entravam nas casas, as limpavam, isolavam e colocavam em quarentena os doentes, condenando ou destruindo casas conforme julgavam necessário. Esse estado de coisas serviu de pano de fundo para a instituição de uma vacina obrigatória. Seguiu-se um protesto imediato por parte dos moradores que viam essa lei como um ataque inconstitucional ao seu direito civil à privacidade. Eles foram às ruas e se chocaram com as tropas do governo vindas de todo o país. O chefe da polícia do Rio insistiu que a rebelião era trabalho "das fezes sociais", compostas por pequenos ladrões, criminosos, negros e mulatos que eram meramente observados pela classe trabalhadora honesta que, segundo ele, ficou à margem da atividade. No entanto, as fileiras de rebelados incluíam claramente um grupo grande e racialmente diverso de sindicalistas e artesãos que protestavam contra a invasão de suas vidas privadas pelo Estado. Para os muitos negros que participaram e lideraram a revolta, no entanto, havia um aspecto adicional na rebelião relacionado à sua especificidade como cidadãos negros. Para um dos participantes negros entrevistados por um jornalista que fazia questão de chamá-lo coloquialmente de "cidadão", o protesto contra o programa governamental de vacinação era secundário à necessidade de "mostrar ao governo que ele não põe o pé no pescoço do povo". A revolta justificava-se no fato de que "não andam dizendo que o povo é carneiro. De vez em quando é bom a negrada mostrar que sabe morrer como homens!".[15]

Essa declaração desafia as tentativas de excluir do contrato social a resistência negra organizada, uma resistência que levou figuras do establishment a reclamar que os negros não conheciam mais seu lugar. Um jornalista da década de 1930, respondendo ao crescente ativismo negro durante aquele período, reclamou que os negros:

> [...] perderam hoje todo o senso de hierarquia. [...] Uma coisa é perfeitamente nítida: o Brasil quer ser um país branco. É o branco que vai absorver o negro e não o negro que, no futuro, vai prevalecer sobre o branco. Ora, o lirismo sociológico, de Gilberto Freyre, aliado à perda de toda a disciplina, permitiu a confusão que hoje se nota e que levou o negro à convicção de que o brasileiro legítimo é ele.[16]

A obra de Freyre, no entanto, tanto estimulou quanto acabou resolvendo as preocupações articuladas por esse jornalista. Na perspectiva de Freyre, o corpo político tem uma doença da qual deve se livrar. O "problema" da miscigenação não é a miscigenação em si, mas a miscigenação como perpetuação de uma doença. Nessa avaliação, os negros mantêm o status de um corpo estranho contagioso, descrito como um *pharmakon*. Um corpo saudável é aquele que supera os efeitos debilitantes de um organismo agressor e retém suas boas qualidades.

> Considerados esses pontos, que nos parecem de importância fundamental para o estudo da influência africana sobre a cultura, o caráter e a eugenia do brasileiro, sentimo-nos agora mais à vontade para o esforço de procurar surpreender aspectos mais íntimos dessa influência e desse contágio.[17]

Deparando-se com a miscigenação como uma ameaça à superioridade dos brancos, Freyre transforma a miscigenação em uma narrativa de assimilação — uma narrativa que tem semelhança homológica com o canibalismo. A miscigenação como processo, entretanto, introduz um elemento de instabilidade no processo de reprodução do brasileiro ideal como brasileiro.

Para Euclides da Cunha, esses são os riscos da miscigenação. No início de *Os sertões* (1902), obra que narra uma batalha épica entre tropas do governo e seguidores de um líder carismático no interior do nordeste brasileiro, o autor insere uma divisão de capítulo intitulada "Um parêntese irritante". A mistura de raças é prejudicial, afirma ele, porque a existência individual resultante, por mais breve que seja, mina séculos de seleção natural e consolidação de uma raça. Mestiços e mulatos são instáveis por natureza, incapazes de se reproduzir como são, e apenas como aproximações de uma ou outra das raças componentes. Na concepção de Euclides da Cunha, o Brasil não pode reivindicar uma unidade de raça e, portanto, viola o que ele chama de leis naturais — em vez de a nação originar-se de uma raça (como nos mitos norteadores da Europa), a nação deve ser construída no intuito de formar uma raça.[18] Sendo assim, ele teme que nunca se possa ter certeza de que a raça brasileira seguirá na direção certa. Uma vez que a teoria hereditária fornece o

> mecanismo contraditório que reproduz o idêntico e ao mesmo tempo produz diferenças. A degeneração aparece como perturbação na reprodução, que pode se restringir à esfera do indivíduo, ou se estender a um grupo étnico ou social, como uma verdadeira patologia.[19]

Para defender a miscigenação, Freyre teve de: 1) mostrar que a miscigenação era uma ação eugênica, fazendo do europeu com uma quantidade insignificante de "sangue" negro o homem ideal para os trópicos, e estabelecendo que esse sangue poderia agir como uma inoculação em vez de um veneno; 2) retirar qualquer ação por parte dos africanos e seus descendentes, tornando-os partícipes voluntários do processo de branqueamento, garantindo assim que o processo continuasse na direção certa; e 3) demonstrar que a miscigenação seria um processo e não um fim em si mesmo. Esse processo ocorreria dentro da arquitetura de casa-grande e senzala, uma arquitetura que aumenta a força da "corrente sanguínea" que deixaria "vestígios idênticos geração após geração".[20]

> Esta força, na formação brasileira, agiu do alto das casas-grandes, que foram centros de coesão patriarcal e religiosa; os pontos de apoio para uma organização nacional.[21]

A arquitetura da casa-grande e da senzala representa o Brasil. Que o "suporte à estrutura organizada da nação" está ameaçado pela miscigenação fica claro pela maneira como Freyre traduz essa ameaça ao Brasil em uma anedota sobre um senhor de escravos que, inspirado por uma lenda, literalmente mistura o sangue de escravos africanos nas fundações da casa-grande, a fim de assegurar a continuidade de seu domínio.

> [As] casas eram a expressão do enorme poder feudal. "Feias e Fortes." Paredes grossas. Fundações profundas, untadas com óleo de baleia. Há uma lenda no Nordeste de que um certo fazendeiro, mais ansioso do que o normal para garantir a perpetuidade de sua habitação, não se contentou enquanto não mandou matar um casal de escravos e enterrá-los sob as pedras dos alicerces. O suor e às vezes o sangue dos negros era o óleo, e não o da baleia, que ajudava a dar às fundações da casa-grande sua consistência de fortaleza.
> A parte irônica disso é, no entanto, que devido a uma falha do potencial humano, toda essa solidez arrogante de forma e material foi frequentemente desperdiçada, e na terceira ou quarta geração enormes casas construídas para durar séculos desmoronariam [...] sendo os bisnetos e mesmo os netos incapazes de preservar a herança ancestral.[22]

Se a arquitetura da *plantation* representa o Brasil, essa anedota serve de alegoria para a degeneração associada à miscigenação. Freyre assume a tarefa de diagnosticar essa decadência — e corrigi-la — ao reinterpretar a miscigenação como um caminho para a preservação da saúde da nação: "Tornou-se, assim, o africano um decidido agente patogênico no seio da sociedade brasileira. O negro foi patogênico, mas a serviço do branco; como parte irresponsável de um sistema articulado por outros".[23]

Freyre afirma que faz uma distinção entre *raça* e *cultura* consoante os ensinamentos de Franz Boas, com quem estudou e que influenciou seu pensamento sobre miscigenação. Boas insistia em distinguir entre fatores que são biológica ou racialmente determinados e aqueles que são social ou culturalmente determinados. Essa distinção foi significativa porque permitiu a Boas sustentar que os fatores ambientais, e não o determinismo biológico, levaram à "degeneração" dos negros, tão discutida pelos cientistas sociais desse período. A prática de Freyre contradiz esse esforço. Seja por fatores raciais ou ambientais, os negros, no esquema neolamarckiano de Freyre, ainda são permanentemente inferiores aos brancos. Sua interpretação da identidade nacional brasileira depende da crença na oposição entre civilização e primitivismo: "Justifica-se associar antropologia e história, folclore e literatura, quando se trata, como no caso do Brasil, de um desenvolvimento humano no qual elementos 'racionais' e 'irracionais', 'civilizados' e 'primitivos' se misturaram intimamente, todos contribuindo para o processo de adaptação à vida em uma área tropical e subtropical de um novo tipo de sociedade e uma nova harmonia entre homens senão antagônicos — brancos e negros, europeus e pardos, civilizados e primitivos".[24] Além disso, essa oposição é baseada em uma hierarquia estrita. Relembrando a *Scala naturæ* (cadeia dos seres), Freyre cita a observação de Adolphe d'Assier de que nas fazendas brasileiras os macacos recebiam sua bênção dos meninos escravos, que eram abençoados pelos negros velhos, que, por sua vez, eram abençoados por seus senhores brancos.

A narrativa de assimilação de Freyre dependia da reprodução heterossexual, o que resultaria na ênfase dada ao sexo e à sexualidade que perpassa *Casa-Grande & Senzala*. Ao descrever as características que distinguiam a colonização portuguesa da colonização inglesa e francesa, Freyre chama a atenção para a localização geográfica de Portugal e para a história das invasões contínuas que sofreu. Ao contrário dos franceses e ingleses, que, segundo Freyre, insistiam em se separar nas colônias, Portugal, ao longo de sua história, incorporou seus invasores. Como Portugal não tinha barreira geográfica para se defender dos godos, celtas, árabes, espanhóis, judeus e outros que penetravam em seu território, os portugueses se valeram de uma "parede de carne"[25] que "digeria"[26] todos os agressores. Freyre demonstra certa ambivalência ao recorrer a essa explicação sobre a predisposição dos colonizadores portugueses para a miscigenação ao identificar a precariedade e a instabilidade da situação de Portugal:

> A singular predisposição do português para a colonização híbrida e escravocrata dos trópicos, explica-a em grande parte o seu passado étnico, ou antes, cultural, de povo indefinido entre Europa e a África. Nem intransigentemente de uma nem de outra, mas das duas.[27]

Além disso, ele associa essa situação geográfica instável à bissexualidade: "Espécie de bicontinentalidade que correspondesse na população assim vaga e incerta à bissexualidade no indivíduo".[28] Essa perigosa vaguidão, na visão de Freyre, pode se transformar em vantagem quando caracteriza a flexibilidade dos portugueses, que, ao contrário dos espanhóis, por exemplo, não temem a mistura e reconhecem sua capacidade de criar unidades. A ordem patriarcal centralizada na casa-grande e na senzala — como um Estado oligárquico forte e centralizado — garantiria que a mistura (e o embranquecimento) poderia prosseguir na ordem correta e que os portugueses e seus descendentes seriam os canibais em vez de os canibalizados.

O processo de *embranquecimento* depende da reprodução de um casal heterossexual, especificamente um homem branco e uma mulher negra ou indígena (paulatinamente mais claras).

> A índia e a negra-mina a princípio, depois a mulata, a cabrocha, quadrona, a oitava, tornando-se caseiras, concubinas, e até esposas legítimas dos senhores brancos, agiram poderosamente no sentido de democratização social no Brasil.[29]

As mulheres são descritas em um movimento em direção à branquitude. À medida que as mulheres ficam aparentemente mais brancas, elas alcançam maior status social: primeiro como criadas, depois como amantes e por fim como esposas dos homens brancos.[30] A miscigenação ajudou os portugueses, transformando-os em "o tipo ideal do homem ideal para os trópicos, europeu com sangue negro ou índio a avivar-lhe a energia".[31] A miscigenação poderia, assim, tornar-se uma força positiva e uma atividade eugênica.

Freyre afirma que, no território que se tornaria o Brasil, o primeiro contato se deu — literal e metaforicamente — entre portugueses e índias, ambos "altamente sexuais",[32] descrição que ele também usa para as mulheres negras. Segundo Freyre, essa característica feminina, além da maior força e estabilidade delas em comparação com os homens, tornava essas mulheres aliadas dos colonizadores portugueses:

A toda contribuição que se exigiu dela na formação social do Brasil — a do corpo que foi a primeira a oferecer ao branco, a do trabalho doméstico e mesmo agrícola, a de estabilidade [...] a cunhã correspondeu vantajosamente.[33]

Freyre compara favoravelmente as mulheres com os homens, que são vistos como sem utilidade na formação do Brasil. Em sua descrição dos homens negros e indígenas, Freyre não mede esforços para provar o desinteresse deles pelas mulheres e sua incapacidade de serem produtivos como pais ou, no caso dos indígenas, de obterem riquezas. Para Freyre, se os homens preferem uma vida doméstica a uma vida de movimento e guerra, é porque devem ser fracos e efeminados, bissexuais, quando não homossexuais. Essa apresentação dos homens tem um significado estratégico na medida em que parece desqualificá-los como pais em potencial:

> Passa por ser defeito da raça, comunicado ao brasileiro, o erotismo, a luxúria, a depravação sexual. Mas o que se tem apurado entre os povos negros da África, como entre os primitivos em geral — já salientamos no capítulo anterior —, é maior moderação do apetite sexual que entre os europeus. É uma sexualidade, a dos negros africanos, que para excitar-se necessita de estímulos picantes. Danças afrodisíacas. Culto fálico. Orgias.[34]

Ao minar a sexualidade do negro, Freyre deixa claro que a reprodução é um projeto de e para o homem branco. A iniciativa da atividade sexual e a própria atividade sexual vêm dos homens brancos, que farão a reprodução da nação através das mulheres brancas e através da mulata. Os homens negros são tão dessexualizados na obra de Freyre que mal conseguem gerar filhos. Segundo Freyre, o poder reprodutivo é aumentado no "homem civilizado" porque, como os animais domesticados, os homens civilizados têm sistemas reprodutivos mais desenvolvidos; porque suas glândulas reprodutivas recebem a nutrição que, não fosse isso, serviria apenas de combustível para a capacidade de caça e de trabalho, como no homem primitivo; e porque os homens civilizados têm tempo livre para agir de acordo com seus impulsos sexuais.[35] Mais importante ainda, na visão de Freyre, no entanto, era que os senhores brancos teriam corpos pequenos em relação a seus *membrum virile*", em contraste com os corpos dos escravos negros, que seriam grandes com órgãos sexuais infantis, reforçando sua condição de "maus reprodutores".[36] O pai da nação é, portanto, o homem branco, o único parceiro sexual apropriado tanto para as mulheres brancas quanto para as mulheres de cor, que, conforme a citação anterior, passam por seu próprio processo de embranquecimento — de "mina" a "mulata", a "quadrarão" e a "oitavão".

Freyre se concentra tão firmemente na parceria entre mulheres negras e indígenas com homens brancos na formação do Brasil que mal se dá ao trabalho de levantar e depois descartar uma reportagem sobre a atividade sexual entre homens negros e mulheres brancas publicada no *América Latina*, de Manoel Bomfim. Ao longo de *Casa-Grande & Senzala*, Freyre recorreu indiscriminadamente a fontes acadêmicas, observações, anedotas e fofocas para construir seu argumento. A ideia de que mulheres brancas pudessem parir filhos miscigenados é tão ameaçadora, entretanto, que ele a rejeita como absurda, fofoca maliciosa e infundada, e critica Bomfim por repeti-la.[37]

Freyre procura demonstrar que "a cultura de que se contagiou e enriqueceu a brasileira"[38] não seria um veneno, mas uma cura. Ele identifica, ao longo de muitas páginas, os vários grupos étnicos dos quais os africanos foram trazidos à força para o Brasil, mostrando que esses africanos eram os mais inteligentes, os mais fortes, "os mais bonitos de corpo", os mais claros na cor da pele e de feições mais próximas do europeu,[39] de modo a demonstrar que o material da vacina era uma forma muito branda da doença e que agia como uma inoculação contra a doença que afetava o corpo político: "A formação brasileira foi beneficiada pelo melhor da cultura negra da África, absorvendo elementos por assim dizer de elite que faltaram na mesma proporção no Sul dos Estados Unidos".[40] Segundo Freyre, os negros brasileiros eram tão dóceis e tão facilmente assimilados à "brancura" que, no que dizia respeito aos *caboclos*, os negros eram uma força *europeizante*.[41]

A história de resistência dos africanos e seus descendentes — que poderia ser vista como uma resistência a um projeto de branqueamento — é em tudo apagada no relato de Gilberto Freyre sobre a assimilação pela miscigenação, que resultaria numa identidade nacional fundada em um corpo branco, exceto em uma circunstância importante. Em um breve trecho destinado a mostrar que a miscigenação não se limitava ao litoral do país, Freyre reconhece que os negros que estavam no interior, na época da escravidão, estavam ali porque fugiam das fazendas e instalavam suas comunidades conhecidas como quilombos. Ele cita Roquette-Pinto: "'Muitos escravos fugiam para aquilombar nas matas, nas vizinhanças de tribos índias. A fuga das mulheres era mais difícil; de sorte que o rapto das índias foi largamente praticado pelos pretos quilombados'".[42] Tinha sido importante demonstrar, em *Casa-Grande & Senzala*, que todos os envolvidos empreendiam de bom grado a mestiçagem que levaria à construção de uma identidade estável e homogênea para a nação. Jamais se faz menção a estupros por parte de colonizadores ou senhores de escravos.[43] Numa obra em que a estratégia é mostrar a utilidade e a inevitabilidade de sua narrativa de assimilação, Freyre destituiu o homem negro e o indígena de qualquer atuação. Portanto, não é surpreendente que um aspecto da resistência deles à escravidão esteja ligado ao estupro. No decorrer de *Casa-Grande & Senzala*, Gilberto Freyre dessexualiza e desempodera negros e indígenas para torná-los "inofensivos" para a incorporação ao corpo político, suprimindo principalmente a história dos quilombos.

O quilombo mais famoso, a República de Palmares, existia no interior do que hoje é o estado de Alagoas. Começou com um grupo de cerca de quarenta escravos da Guiné, que aproveitaram a mata cerrada e o solo fértil para formar uma comunidade. Essa comunidade atraiu muitos outros homens e mulheres que fugiam das fazendas. Atraiu, além disso, indígenas e outros oprimidos pela escravidão, bem como algumas mulheres brancas e foragidos da lei. A população logo cresceu para algo entre 20 e 30 mil habitantes, e seu território se estendia por 27 mil quilômetros divididos em muitas cidades, cada uma especializada em um produto ou atividade (agricultura, produção têxtil, caça, olaria). Segundo um observador do século 17,[44] a principal atividade do quilombo era a agricultura, mas os quilombolas repudiavam o sistema das fazendas, optando pelo cultivo de pequenas roças de culturas diversificadas. A produção excedente era entregue ao governo para sua manutenção. Por volta de 1697, três gerações tinham nascido e crescido nesse sistema. O governo consistia em um rei eleito pelo povo e um conselho formado por chefes de cada cidade. Relações diplomáticas eram estabelecidas a fim de assinar tratados de paz com representantes coloniais. Segundo um artigo em um dos jornais negros da década de 1920, Zumbi, um dos mais importantes governantes de Palmares, "com o perpassar dos anos será glorificado como o sustentáculo da liberdade de sua raça, e de seus descendentes, que somos nós".[45] Para aquele escritor, Palmares era o lar dos ancestrais e fornecia uma história fundamental para os afro-brasileiros. Palmares era também um monumento ao desejo de ser negro e brasileiro.

Estabelecido o quilombo como um organismo estável, Palmares foi percebido pelo poder colonial como uma ameaça significativa ao seu controle do país. O quilombo tinha que ser destruído porque representava uma ameaça à "nossa unidade nacional".[46] Isso não só porque o quilombo, para essas autoridades, funcionava como um corpo estranho, mas também porque apresentava um modelo de coesão nacional muito mais eficiente do que o do governo imperial baseado na escravidão. "Palmares era uma negação, pelo seu exemplo econômico, político e social da estrutura escravagista-colonialista. O seu exemplo era um desafio permanente e um incentivo às lutas contra o sistema colonial no seu conjunto."[47]

Freyre recontou a história da formação racial do Brasil como uma história de incorporação cooperativa e, por meio desse processo, os negros foram transformados em uma "influência europeizante".[48] Isso serviu para reforçar o sentido do processo de embranquecimento como inevitável, coerente e não mais suscetível aos riscos do "retrocesso" expressos por Euclides da Cunha, entre outros. Mulheres negras e indígenas foram recrutadas para esse processo; homens negros e indígenas foram excluídos dele (pela recusa de Freyre de descrever a capacidade ou o desejo deles de se reproduzirem). Em um trecho de *Casa-Grande & Senzala*, em que discutiu a tendência à bissexualidade e à homossexualidade do homem indígena, preparando, assim, seu argumento para sua substituição pelo homem branco, Freyre descreve outra relação cooperativa — agora entre o curumim e o padre missionário.

> No Brasil o padre serviu-se principalmente do curumim, para esconder de sua boca o material que formou a língua tupi-guarani

— o instrumento mais poderoso de intercomunicação entre as duas culturas: a do invasor e a da raça conquistada [...]. Língua que seria, com toda sua artificialidade, uma das bases mais sólidas da unidade do Brasil.[49]

Nessa parceria homoerótica de "relação intelectual",[50] o curumim, que é associado por descrição às mulheres negras e indígenas, desempenha um papel crucial na formação do Brasil: "O curumim tornou-se o cúmplice do invasor na obra de tirar à cultura osso por osso, para melhor assimilação da parte mole aos padrões de moral católica e de vida europeia".[51]

Esse papel implica preparar a cultura indígena como comida para uma criança (voltarei a essa imagem em breve), tornando-a adequada para a fácil incorporação. O curumim, significativamente, não come, mas prepara o que o padre branco vai ingerir.

Ao longo de *Casa-Grande & Senzala*, Freyre defende a formação racial do brasileiro através do corpo da mulata-cada-vez-mais-clara. Nisso ela é apoiada pela labuta das mulheres de pele mais escura:

> Não só para fins amorosos, como em torno ao recém-nascido, reuniram-se, no Brasil, as duas correntes místicas: a portuguesa, de um lado; a africana ou a ameríndia, do outro. Aquela representada pelo pai ou pelo pai e mãe brancos; esta pela mãe índia ou negra, pela ama de leite, pela mãe de criação, pela mãe preta, pela escrava africana.[52]

O seio materno (de mãe branca ou mestiça) na história do Brasil de Gilberto Freyre é substituído pelo seio da mulher negra escravizada. A ama de leite alimenta a criança — que é sempre homem em *Casa-Grande & Senzala* —, dando-lhe a nutrição de que ela necessita para sobreviver, embora, como Freyre se apressa a assinalar, também possa transmitir os "germes das doenças e superstições" que poderiam matar a criança.[53]

Em 1832, a primeira faculdade de medicina do Brasil foi criada em Salvador da Bahia. Entre o fim da década de 1860 e a década de 1880, à medida que as discussões sobre os efeitos da escravidão na saúde geral e na higiene da família brasileira (escravagista) ganhavam importância, um número crescente de estudantes de medicina escrevia teses sobre o assunto. Entre os temas que receberam maior atenção estava o aleitamento materno. Como os cientistas acreditavam, naquela época, que as experiências físicas e emocionais resultavam em mudanças invisíveis e permanentes no organismo, mudanças que, em conjunto com "características hereditárias", poderiam ser transmitidas aos filhos no parto ou através da amamentação, os médicos advertiam as famílias que a confiança delas na *aparente* boa saúde e beleza das amas de leite representava um perigo para as crianças.[54] Implícita nessa advertência está a ideia de que, em um contexto de miscigenação racial, a aparência e a evidência visual, para quem não sabia realmente ler o corpo, era radicalmente insuficiente.[55] Essa advertência também atesta a dificuldade de reafirmar o dentro como dentro e o fora como fora após um ato de incorporação, dificuldade que o discurso da democracia racial minimiza.

Para Freyre, os riscos de ingerir elementos nocivos eram mais do que superados pelos elementos benéficos ingeridos junto com o leite: ou seja, a gentileza e a imaginação enriquecida, bem como a predileção pela mulata, que serviria de função eugênica para a nação brasileira. Freyre cita um viajante francês do século 18 sobre esse ponto: *"Les portugais naturels du Brésil préfèrent la possession d'une femme noire ou mulâtre à la plus belle femme. Pour moi je crois qu'élevés & nourris par ces Esclaves, ils en prennent l'inclination avec le lait"* [Os portugueses nascidos no Brasil preferem ter uma mulher negra ou mulata à mulher mais bonita [...]. Acho que, criados e amamentados pelas escravas, eles absorvem essa inclinação através do leite].[56] Curiosamente, a palavra *femme* (mulher), sem modificador, descreve apenas mulheres brancas como mulheres. Por causa dessa predileção por mulheres de cor, "o intercurso sexual de brancos dos melhores estoques — inclusive eclesiásticos,[57] sem dúvida nenhuma, dos elementos mais seletos e eugênicos na formação brasileira — com escravas negras e mulatas foi formidável".[58]

Quando a criança deixa de ser amamentada, ela, na cronologia de Freyre, aprende com a ama a língua do Brasil. Essa linguagem é totalmente apropriada para a nova nação dos trópicos. Como o "homem ideal para os trópicos, branco com um pouco de sangue negro ou índio para animá-lo", a nova língua é fortalecida e avivada pela incorporação de palavras e pronúncias africanas.

A linguagem se desenvolve a partir de uma boa resposta à perda do seio, resposta que enche a boca de palavras, que, como leite, emanam da ama de leite preta: "A ama negra fez muitas vezes com as palavras o mesmo que com a comida: machucou-as, tirou-lhes as espinhas, os ossos, as durezas, só deixando para a boca do menino branco as sílabas moles".[59]

Tendo fornecido comida macia em substituição à perda do seio, ela depois fornece uma linguagem suave, apropriada à assimilação. Essa língua do Brasil foi muitas vezes criticada por carregar as marcas de sua miscigenação.[60] A criação da nova língua nacional se dá por meio da incorporação do "elemento estrangeiro", que tem sido considerado uma ameaça ao corpo político e que repete a construção do brasileiro ideal na narrativa de assimilação de Freyre:

> No ambiente relasso da escravidão brasileira, as línguas africanas, *sem motivos para se substituírem à parte, em oposição à dos brancos*, dissolveram-se nela, enriquecendo-a de modos expressivos de dizer, de toda uma série de palavras deliciosas de pitoresco; agrestes e novas no seu sabor; muitas vezes substituindo com vantagem vocábulos portugueses, como que gastos e puídos pelo uso.[61]

O argumento de Freyre para o dialogismo não consegue mascarar as relações de poder inerentes ou sua agenda política e social. É sempre o negro e o indígena que se dissolverá, voluntariamente, no branco, e o branco que os incorporará.

INTROJEÇÃO/INCORPORAÇÃO

A elaboração de Freyre sobre a aquisição da linguagem corresponde tão intimamente à descrição da introjeção de Nicholas Abraham e Maria Torok que vale a pena fazer uma pausa para explorar a conexão.

Em *The Shell and the Kernel*,[62] Abraham e Torok observam que, em uma estrutura freudiana, o trauma da perda leva o sujeito a incorporar ao ego o objeto perdido. Esse procedimento é uma forma de trazer para si os mortos a fim de ganhar o tempo necessário para "reajustar a economia interna e redistribuir os investimentos".[63] No esquema freudiano de gerenciamento da perda, os autores argumentam, o ego, temporariamente no caso do luto, ou permanentemente no caso da melancolia, torna-se aquilo de que não pode desistir e nega, ao silenciar o objeto cifrado, a própria perda desse objeto. Abraham e Torok chamam a atenção para a fusão dos termos "incorporação" e "introjeção" na obra geral de Freud, uma fusão que não dá crédito suficiente à complexidade da relação com o objeto perdido. Eles, no entanto, distinguem "incorporação", como uma resposta ruim/patológica à perda de um objeto de amor, de "introjeção", como uma resposta boa/saudável que reconhece e dá conta da perda por meio da aquisição de uma linguagem simbólica e metafórica capaz de representar a perda.[64]

Para Abraham e Torok, a situação inicial de retirada do seio da mãe oferece uma primeira oportunidade de introjeção. A criança sente falta do seio da mãe, explora ansiosamente o interior vazio da boca, enche-a de gritos e, depois, por mediação da mãe, de palavras:

> Aprender a preencher o vazio da boca com palavras é o modelo inicial da introjeção. Introjetar um desejo, uma dor, uma situação significa canalizá-los por meio da linguagem em uma comunhão de bocas vazias. É assim que a ingestão literal de comida se torna introjeção quando vista figurativamente. A passagem da comida para a linguagem na boca pressupõe a substituição bem-sucedida da presença do objeto pelo reconhecimento de sua ausência realizado pelo *eu*. Como a linguagem age e compensa a ausência representando, dando forma figurativa à presença, ela só pode ser compreendida ou compartilhada em uma "comunidade de bocas vazias".[65]

De acordo com Abraham e Torok, a incorporação, no entanto, é uma "introjeção fracassada". A incorporação é conservadora e se volta para a fantasia, que opera para preservar o *status quo*, a fim de permitir que o ego aja como se a perda não tivesse ocorrido. A introjeção implica o reajustamento do ego. A incorporação trabalha para preservar a integridade estática do ego:

> Esta é a fantasia da incorporação. Introduzir todo ou parte de um objeto de amor, ou uma coisa, no corpo, possuir, expulsar ou alternadamente adquirir, manter, perder — eis as variedades de

fantasia que indicam, nas formas típicas de posse ou desapropriação fingida, uma situação intrapsíquica básica: a situação criada pela realidade de uma perda sofrida pela psique. Se aceita e elaborada, a perda exigiria um grande reajustamento. Mas a fantasia de incorporação meramente simula uma profunda transformação psíquica através da magia; ela o faz implementando literalmente algo que tem apenas um significado figurativo. Então, para não ter de "engolir" uma perda, fantasiamos engolir (ou ter engolido) aquilo que foi perdido, como se fosse alguma coisa. Dois procedimentos inter-relacionados constituem a magia da incorporação: a desmetaforização (tomar literalmente o que se quer dizer figurativamente) e a objetificação (fazer de conta que o sofrimento não é uma lesão do sujeito, mas sim uma perda corroborada pelo objeto de amor). A "cura" mágica por incorporação exime o sujeito do doloroso processo de reorganização. Quando, na forma de alimento imaginário ou real, ingerimos o objeto vivo do qual sentimos falta, isso significa que *nos recusamos a lamentar* e que evitamos as consequências do luto, mesmo que nossa psique esteja totalmente enlutada. A incorporação é a recusa de reivindicar como nossa a parte de nós mesmos que colocamos naquilo que perdemos: a incorporação é a recusa em reconhecer o valor total da perda, uma perda que, se reconhecida como tal, nos transformaria efetivamente. Em suma, a incorporação é a recusa de introjetar a perda. A fantasia da incorporação revela uma lacuna na psique: aponta para algo que está faltando exatamente onde deveria ter ocorrido a introjeção.[66]

Parece que o que distingue a introjeção da incorporação[67] é a relação com os restos. Ao aperfeiçoarem a antiga opção de Sándor Ferenczi por descrever o termo como o processo inverso à projeção, Abraham e Torok observam que "introjeção não é compensação, mas crescimento".[68] Um ego saudável, então, tem a capacidade, por meio de um ajustamento, de aceitar qualquer desejo, perda, dor ou situação sem se desfazer. Esse inexorável movimento de crescimento distingue o ego "sadio" do ego "doente" e implica que a saúde requer a ausência de restos reconhecidos. Assim como o capitalismo — descrito por Baudrillard e discutido no capítulo 5 deste livro — é um sistema sem restos, a introjeção também não tolera restos. No caso da introjeção, conforme descrito por Abraham e Torok, tudo pode ser — na verdade, deve ser — investido e reinvestido em prol do crescimento e da expansão do ego — e em favor da saúde. Se a introjeção dá linguagem ao que foi perdido, faz isso nomeando o que será superado. Se o trabalho de introjeção é garantir a saúde do ego por meio do crescimento, os restos não podem ser permanentemente tolerados. Além disso, se a introjeção nega os restos e reconhece a perda, a incorporação nega a perda e produz os restos:

> [...] cada vez que uma incorporação é descoberta, ela pode ser atribuída a uma mágoa indescritível que se abate sobre um ego já particionado por conta de uma experiência objetal anterior, maculada pela vergonha. A cripta perpetua as paredes divisórias pela sua própria natureza. Nenhuma cripta surge sem que os segredos compartilhados já tenham dividido a topografia do sujeito. No reino da vergonha e do segredo, porém, precisamos determinar *quem* é que deve corar, e *quem* deve se esconder. É o sujeito por ter sido culpado de crimes, de atos vergonhosos ou impróprios? Essa suposição não ajudará a estabelecer a base para uma única cripta. Criptas são construídas apenas quando o segredo vergonhoso é perpetrado pelo objeto de amor e quando o sujeito funciona como um ideal de ego. É, portanto, o segredo *do objeto* que precisa ser guardado, e *sua* vergonha, encoberta. O objeto degradado será "fecalizado", isto é, realmente transformado em excremento.[69]

O SEGREDO DO PASSADO

A maioria dos leitores da obra de Freyre assinala a nostalgia dele pelo passado patriarcal. Essa qualidade nostálgica, porém, não é peculiar à obra de Freyre. Estudioso após estudioso observam o tema persistente da tristeza, da melancolia e da nostalgia resumido na palavra portuguesa "saudade".[70] Atribuída de várias maneiras a uma ou a todas as "raças componentes" da mistura racial brasileira, a *saudade* contribui para a tristeza crônica do povo brasileiro, uma tristeza que se perpetua através da miscigenação. Antônio Sérgio Bueno cita artigo de 1929, publicado em um suplemento literário modernista intitulado *Leite Crioulo*:[71]

> Eugenia. Galton teve a ideia. Aí está uma coisa boa para corrigir a incúria da nacionalidade. É tempo da gente fazer como a barata. Mudar de casca. Ficar limpo de tudo [...].
> Presentemente o que nos interessa é entrar em conflito com a nostalgia. Eugenia para a alma brasileira. Eugenizar. Não o negro. Esse, por si mesmo, se anula pela mestiçagem. Todo o Brasil, sim. Fazê-lo feliz. Obtenha seletivamente tipos que melhorem a nossa raça. Como Blackwell, criador inglês de gado. Mas ao invés de obtermos, como ele, mais carne que osso, vamos conseguir mais alegria que nostalgia [...].

Segundo Bueno, essa passagem associa a eugenia de Galton à criação de Blackwell e a adapta ao ambiente brasileiro. O paralelismo no artigo iguala os brancos à carne e à alegria, em contraste com tristeza e ossos a que iguala os negros. Bueno fornece esta equação para ilustrar a relação:

$$\text{Alegria} = \text{carne} = \text{branco} \neq \text{tristeza} = \text{osso} = \text{negro}$$

A miscigenação racial que levará ao embranquecimento falha ao permitir que algo permaneça. Os ossos representam esse resto. Os ossos que são arrancados da linguagem pelos curumins e pela ama negra são reservados como um ato de resistência ao processo de incorporação porque, como detalharei no último capítulo deste estudo, os ossos exigem um ato de compensação.

Em *Casa-Grande & Senzala*, Freyre dedica muita atenção à descrição do preparo dos alimentos. Ele discute o tema em relação à produção de afrodisíacos, bem como à manutenção da saúde, da higiene e do descarte de lixo na casa-grande. "Um traço importante de infiltração de cultura negra na economia e na vida doméstica do brasileiro resta-nos a acentuar: a culinária."[72] Ele reforça, por meio do foco no verbo "comer", um sentido complexo de incorporação como tema importante de sua "narrativa de assimilação".[73]

Freyre defendeu a alimentação preparada por africanos e seus descendentes contra a acusação de que ela contribuía para distúrbios intestinais como "indigestões, diarreias, disenterias, hemorroidas e todas as moléstias das vias digestivas".[74] Embora ele admitisse que comer muito certamente causaria indigestão (no sentido de que o alimento não pode ou não será incorporado ao corpo e por ele será expelido), uma pequena quantidade daquele tipo de comida, em combinação com os ingredientes de compensação adequados, poderia fortalecer o corpo dos brancos.[75]

Após a discussão sobre o preparo dos alimentos e a manutenção da limpeza doméstica, *Casa-Grande & Senzala* termina abruptamente com uma discussão sobre as doenças que atingem os negros no Brasil: "Doenças africanas seguiram-nos até o Brasil, devastando-os nas senzalas [...]. E comunicando-se às vezes aos brancos das casas-grandes. A África também se tomou da vingança dos maus-tratos recebidos da Europa".[76] Ao introduzir a ideia de ação e ressentimento negro, Freyre imediatamente a enfraquece. As frases que se seguem catalogam exaustivamente as doenças contraídas dos brancos que contribuíram para altíssimas taxas de mortalidade negra. A última frase da obra cita a difusão da tênia em negros: "Os vermes e particularmente a tênia abundam muito".[77] A obra de Freyre termina com a imagem da tênia, um parasita que, vivendo dentro do corpo, suga o hospedeiro de todo o seu alimento, força e energia, fazendo com que ele eventualmente "desmorone" e morra. Essa observação lembra a anedota que Freyre repetiu na introdução de *Casa-Grande & Senzala*, em que a fundação da nação, representada pela casa-grande, desmorona quando o sangue dos negros é literalmente misturado (miscigenado). Ao longo dessa obra, os negros aparecem como ameaças ao corpo político, ao se fazerem difíceis de digerir, resistindo à assimilação ao corpo.

Anteriormente, em *Casa-Grande & Senzala*, Freyre havia descrito uma visão otimista da assimilação completa:

> A verdade é que no Brasil, ao contrário do que se observa noutros países da América e da África, de recente colonização europeia, a cultura primitiva — tanto a ameríndia como a africana — não se vem isolando em bolões duros, secos e indigestos, inassimiláveis ao sistema social do europeu.[78]

No entanto, ao final do livro e apesar de suas afirmações em contrário, esses pedaços ou resíduos indigeríveis existem e impedem a sensação de felicidade que deveria acompanhar o processo que produziu o brasileiro ideal: "Todo brasileiro, mesmo o alvo, de cabelo louro, traz na alma, quando não na alma e no corpo — há muita gente de jenipapo ou mancha mongólica pelo Brasil —, a sombra, ou pelo menos a pinta, do indígena ou do negro".[79]

Essa marca, metáfora do resto, rompe, por fim, a narrativa da assimilação de Gilberto Freyre. A visão de paz, cordialidade e integridade que caracterizava a visão de Freyre não se concretiza; *Casa-Grande & Senzala* termina abruptamente sem uma conclusão formal ou considerações finais. Essa visão, no entanto, seria uma parte compartilhada e apreciada das caracterizações afro-americanas do Brasil nos Estados Unidos e influenciaria discussões sobre a cidadania negra nos Estados Unidos, tema do próximo capítulo.

O estrangeiro e o resíduo

> *No que se refere a eles, sou singularmente clarividente. Eu vejo dentro e através deles. Eu os vejo de pontos de vista incomuns. Não venho como estrangeiro, pois sou nativo e não estrangeiro, sou osso do pensamento deles e carne de sua linguagem. Não é meu o conhecimento do viajante nem a combinação colonial de memórias queridas, palavras e perguntas. Tampouco é meu o conhecimento que os servos têm de seus senhores, ou que o povo tem sobre as classes, ou que o capitalista tem do artesão. Em vez disso, vejo essas almas despidas e de costas e de lado. Eu vejo o funcionamento de suas entranhas. Eu conheço seus pensamentos, e eles sabem que eu conheço. Esse conhecimento os deixa ora envergonhados, ora furiosos. Eles negam meu direito de viver e ser, e me chamam de aborto!*
>
> W. E. B. Du Bois, *Darkwater*

Nos dois capítulos anteriores, desenvolvi um referencial teórico baseado em um modelo de canibalismo, e explorei o significado da metáfora do canibalismo para o conceito de democracia racial em relação ao contexto brasileiro mais imediatamente associado a essas ideias. Nos próximos dois capítulos, mudarei meu foco dos escritores brasileiros que discuti para as trocas reais e imaginárias entre escritores dos Estados Unidos e do Brasil. Demonstrarei como a metáfora do canibalismo circulou entre o Brasil e os Estados Unidos. A onipresença da metáfora do canibalismo nas discussões sobre raça e democracia, tão prementes na virada do século retrasado — o Brasil aboliu a escravidão em 1888 e declarou a República em 1889; e o caso *Plessy versus Ferguson* formalizou a doutrina "separados, mas iguais" nos Estados Unidos, em 1896 —, não é apenas um efeito de influência mútua, mas também uma indicação da adequação da metáfora para descrever a formação da identidade.

A metáfora do canibalismo e seu resíduo lógico foi abraçada consciente e inconscientemente para abordar questões de exclusão e inclusão em sociedades multirraciais resultantes de uma história de escravidão e imigração, já que a retórica que privilegiava a completa assimilação ou exclusão era inadequada para explicar a situação dos negros estadunidenses. Em seu ensaio de 1897, *The Conservation of Races*, W. E. B. Du Bois descreve essa situação como um:

> dilema, que é intrigante, admito. Nenhum negro que tenha pensado seriamente na situação de seu povo na América deixou de, em algum momento de sua vida, se encontrar nesta encruzilhada; ele nunca deixou de se perguntar em algum momento: o que, afinal, sou eu? Sou estadunidense ou sou negro? Posso ser os dois? Ou é meu dever deixar de ser negro o mais rápido possível e ser estadunidense? Se eu me esforço como negro, não estou perpetuando a própria fenda que ameaça e separa a América negra e branca? Não é meu único objetivo prático possível a subducção de tudo o que é negro em mim ao estadunidense? O meu sangue negro impõe-me mais obrigação de afirmar a minha nacionalidade do que o sangue alemão, irlandês ou italiano?[1]

Essa passagem, na verdade o ensaio como um todo, é sugestiva não apenas por sua encenação da tensão entre negritude e americanidade, mas também pela maneira como distingue entre raça, que, como demonstrarei, é necessariamente transnacional, e etnicidade, que é nacional, revelando que cada categoria funciona de maneira diferente. A confluência delas impõe uma escolha impossível aos negros que desejam ser representados como negros e como estadunidenses. Tomando a distinção de Du Bois como ponto de partida, defenderei a diferença entre o estrangeiro (ligado ao étnico e ao nacional) e o resíduo a fim de mostrar como o resíduo é, em última análise, a forma mais produtiva de conceber a relação entre raça e democracia.

Como observei na introdução deste livro, meu foco no processo de exclusão e na imagem do resíduo derivado do canibalismo pode parecer uma sutil mudança de ênfase. Insisto no resíduo porque, como demonstrarei a seguir, ele proporciona uma forma mais complexa e potencialmente útil de descrever como a exclusão funciona em uma sociedade democrática multirracial. A exclusão é geralmente entendida como incompatível com as formações democráticas; ainda assim, como Carl Schmitt afirma em uma citação que mencionei na introdução, a democracia pode excluir um segmento dos governados sem deixar de ser uma democracia. Em resposta à observação de Schmitt, Chantal Mouffe observa que a democracia, de fato, depende da exclusão porque oferece a oportunidade de traçar uma linha divisória entre aqueles que pertencem ao povo e podem reivindicar representação e direitos iguais e aqueles que não podem. A afirmação de Schmitt de que deve haver um fora ou exterior ao povo para estabelecer sua integridade e visibilidade depende da ideia que se faz do estrangeiro.

Os escritores a quem abordo nos dois capítulos seguintes sugerem de várias maneiras que a busca de novas modalidades de inclusão está fadada a repetir as próprias exclusões contra as quais eles argumentam, sugerindo, em vez disso, modelos de relacionamento com o resíduo como tal. Neste capítulo, vou me concentrar em escritos selecionados das extensas obras de W. E. B. Du Bois e Charles Chesnutt para propor que é mais produtivo pensar sobre a negritude como o que sobrou ou restou do que aquilo que é deixado de fora ou tornado estranho ao processo de criação do estadunidense.

"NÃO É COMO UM ESTRANGEIRO QUE VENHO [...]"

Como deixa claro a epígrafe deste capítulo, se o recurso à metáfora do canibalismo e seus resíduos para descrever o processo pelo qual se forma uma identidade estadunidense não era peculiar aos escritores brasileiros, a ideia de democracia racial também não o era. A ideia de democracia racial, se não o próprio termo, apareceu nas obras de escritores afro-estadunidenses muito antes de ser articulada na obra de Gilberto Freyre. Antes dele apresentar ao departamento de ciência política da Universidade de Columbia, em 1922, a tese de mestrado que daria origem à *Casa-Grande & Senzala*, uma década inteira antes de sua publicação no Brasil e muito antes de a tradução em inglês estar disponível nos Estados Unidos, muitas das ideias conhecidas de sua obra já haviam aparecido em diversos livros e artigos dirigidos ao público negro. Obras como *South America: Observations and Impression* (1914), do historiador britânico James Bryce, e *The Negro in the New World* (1910), de Harry Johnston, bem como o artigo de Roy Nash, secretário da Associação Nacional para o Progresso de Pessoas de Cor (NAACP), para o *The Crisis*, "The Origin of Negro Slavery in Brazil", e seu livro *The Conquest* of *Brazil* (1926), entre outras, todas argumentavam que a qualidade da escravidão no Brasil criou as condições para as relações cordiais entre as raças, o que evitava a barreira da cor. Bryce, por exemplo, escreve:

> Ela [a população negra no Brasil] é bem tratada — a escravidão raramente foi dura entre os portugueses bondosos e dóceis — e não guarda rancor de seus antigos senhores. Tampouco sentem por ela aquela repulsa que marca a atitude dos brancos para com os negros na América do Norte. [Isso] mostra que a repugnância racial não é um fator tão constante e permanente nos assuntos humanos quanto os membros do povo teutônico tendem a supor.[2]

Esses estudos foram lidos e citados por W. E. B. Du Bois, Booker T. Washington e até mesmo pelo próprio Gilberto Freyre.[3]

Em seu artigo "Brazilian Racial Democracy, 1900-90: An American Counterpoint", o historiador George Reid Andrews analisa como o Brasil foi caracterizado como uma democracia racial em um debate sobre raça que se deu como um "contraponto" entre os Estados Unidos e o Brasil ao longo do século 20. Ele observa, no entanto, que, "[dadas] as disparidades de poder e influência entre eles, até agora o impacto desse debate foi maior no Brasil do que nos Estados Unidos".[4] A disparidade sobre a qual ele alerta teve o efeito adicional de obscurecer até que ponto a imagem do Brasil como uma democracia racial, sem dúvida inventada tanto nos Estados Unidos quanto no Brasil, não apenas antecede a obra de Freyre, como também teve um papel significativo e subestimado nas discussões de raça e democracia nos Estados Unidos. Se os intelectuais brasileiros de fins do século 19 e início do século 20 usaram os Estados Unidos como um exemplo, uma referência ou um alerta, os escritores negros dos Estados Unidos também usaram o exemplo do Brasil em suas obras.

Em 1919, José Clarana, o escritor anômalo que apresentei em meu prefácio, publicou no Rio de Janeiro *Os estados unidos pela civilização e a civilização dos Estados Unidos*.⁵ O título desta coletânea de ensaios joga com a homologia entre os nomes oficiais das duas nações que o autor examinou nesta obra. Quando a República foi declarada, em 1889, o nome do Brasil foi mudado para Estados Unidos do Brasil, e sua constituição e governo seguiram o modelo dos Estados Unidos da América. Para Clarana, essa homologia reforça sua história compartilhada, que inclui a interligada herança da escravidão. A segunda parte do título, que inicialmente parece referir-se aos Estados Unidos da América, mas que ao longo dos ensaios passará a denotar também o Brasil, confunde as duas nações e introduz a preocupação geral da obra: uma nação que pratica racismo pode ser considerada civilizada e democrática, e uma nação que tolera o racismo em outra pode ser considerada menos racista e mais civilizada e democrática? A urgência dessa questão foi motivada pelo aumento dos linchamentos nesse período, que Clarana discute longamente em seus ensaios.

Segundo Clarana, o Brasil tem uma dívida para com os Estados Unidos. Se o Brasil não vivenciou a violência racial que prevalece nos Estados Unidos e pode alegar não ter uma barreira da cor, é porque a Guerra Civil forneceu o exemplo de um confronto caro a ser evitado. Ele afirma que essa dívida moral exige que os brasileiros protestem contra a situação dos negros nos Estados Unidos:

> Mas é do lado moral que se impõe a nossa intervenção nos negócios negros dos Estados Unidos. Se não temos um problema de cor, é porque foi quase totalmente resolvido para nós pela Guerra Civil naquele país. Desde que o governo daquela República, a qual tem prestado grandes serviços à civilização, se confessa incapaz de combater a praga que vai assolando, cumpre-nos, como simples dever de gratidão, chamar aquele povo à razão, a fim de dar co-

ragem e segurança às mãos que lá não faltariam para extirpar o monstruoso câncer que consome a alma daquela gente.[6]

Para Clarana, essa dívida moral vai além da dívida para com o governo dos Estados Unidos, estendendo-se até a dívida com os negros estadunidenses. Observando que o Brasil é referido nos Estados Unidos como um "país de negros", Clarana critica as tentativas brasileiras de negar essa designação, buscando apenas alianças com "nações onde não haja negros".[7]

Eu creio que, nos Estados Unidos, o negro está demonstrando a sua virilidade em forma tal que, se o Brasil for, de fato, "um país de negros", seria mais respeitado atualmente do que antes naquela República. O negro estadunidense que, sozinho, se defende contra a opressão, nos está fazendo, e a toda a humanidade, um serviço de inestimável valor para o futuro, pois não há dúvida de que um povo que seja obrigado a fazer justiça aos que lhe são estimados como os ínfimos dos homens, a farão mais facilmente aos que julgam os melhores. Julgam-se, mas não são julgados assim. O europeu meridional, o africano, o asiático e o indígena americano são degraus transferíveis duma mesma escada frágil com que se tem edificado a civilização dominante de hoje. O brasileiro, que proclama a sua brancura igual à do argentino e do chileno, terá talvez, como estes, uma dívida para com o negro estadunidense, a qual não poderá pagar.[8]

Clarana sugere que a brancura do Brasil, Chile e Argentina, por mais tênue que seja, particularmente da perspectiva dos Estados Unidos, se beneficia de duas maneiras do ativismo dos negros estadunidenses. Em primeiro lugar, a luta pelos direitos dos negros se traduz em ganhos para todos os países julgados inferiores por sua situação no que mais tarde seria chamado de

Terceiro Mundo, nações dependentes ou em desenvolvimento, trazendo assim a promessa do que se poderia chamar de democracia cosmopolita. Em segundo lugar, a própria brancura dessas nações está ligada à alteridade da negritude em nível internacional, uma alteridade que é negada no nível da nação.

O contexto histórico dos ensaios de *Os estados unidos pela civilização e a civilização dos Estados Unidos* é a Primeira Guerra Mundial, e a inspiração para eles vem da consternação do autor com relatos de linchamentos nos Estados Unidos, os quais passam sem comentários no Brasil. Clarana acha essa falta de interesse especialmente angustiante quando comparada com os protestos que chamaram a atenção contra os massacres de judeus na Ucrânia, na Polônia, na Galícia e na Romênia, dos quais participaram líderes políticos, religiosos e culturais brasileiros e argentinos. Clarana destaca um bispo mulato, que se recusou a responder à demanda de Clarana por uma explicação para a resposta contrastante a cada evento, concordando em rezar missa para os europeus, mas não para os negros estadunidenses. Ele vê a atitude do bispo como um dos muitos exemplos da lógica racial que motiva as relações internacionais e permite a disseminação da "negrofobia estadunidense". Clarana sugere, como Du Bois e Alain Locke, que a barreira da cor é internacional, e que adotá-la pode ser a chave de acesso à condição de modernidade e cosmopolitismo.

Clarana argumenta ainda que se o reconhecimento de uma dívida moral ou um sentimento de gratidão não incita todos os brasileiros a agirem contra a barreira da cor e a violência necessária para mantê-la, um senso de autopreservação deveria. Considerando o que define uma pessoa como negra nos Estados Unidos, ele pergunta, a segurança de qualquer brasileiro naquele país pode ser garantida? Referindo-se a um linchamento então recente, descrito em uma reportagem de jornal, Clarana observa que o homem linchado, motorista de um cliente de um restaurante de Chicago, poderia facilmente ser brasileiro, e se pergunta se uma multidão racista desenfreada já teria parado para se inteirar sobre a nacionalidade da vítima, seu status social ou mesmo se a cor de sua pele o tornava negro de fato. Clarana conclui que apenas a sorte salvava da violência racial o crescente número de brasileiros nos Estados Unidos.[9]

Implícita no argumento de Clarana está a ideia de que ser estrangeiro não é uma proteção para os negros. Essa parece uma afirmação surpreendente, uma vez que as narrativas de passabilidade difundidas retratam consistentemente o viajante que passou da condição de negro para estrangeiro como alguém em uma condição mais desejável e segura: exemplos são o personagem Paul, de Jean Toomer, no conto "Bona and Paul", na coletânea *Cane* (1923); as personagens de Helga e Audrey Denney, em *Quicksand* (1928), de Nella Larsen; Irene e Clare em *Passing* (1929), também de Larsen; o narrador de James Weldon Johnson em *Autobiography of an Ex-Coloured Man* (1912); Angela/Angèle e Tony Cross em *Plum Bun* (1928), de Jessie Redmon Fauset. Embora muitos leitores tenham interpretado essa condição de estrangeiro como ressaltando o status de marginal dos negros, eu diria que um processo mais complexo está sendo sugerido nisso. Se os negros só podem se tornar estadunidenses tornando-se estrangeiros — seja pela passibilidade racial ou deixando os Estados Unidos como migrantes (aqui estou me referindo aos projetos de colonização que discutirei mais detalhadamente adiante, projetos que reassentariam os negros dos Estados Unidos na África, no Caribe, na Europa ou na América do Sul) —, então os negros tanto não podem ser estrangeiros e negros, quanto também não podem ser estadunidenses e negros. Clarana, quinze anos depois que Du Bois descreveu esse dilema em *The Conservation of Races*, comenta sobre "um público que entende que um estadunidense pode ser tudo menos um negro; que os descendentes de negros africanos são sempre o negro *desnacionalizado*, mesmo que seja um homem branco".[10] A seguir, argumentarei que a virada para o estrangeiro — para a América do Sul e particularmente para o Brasil — oferece uma oportunidade para os escritores explorarem a opção rejeitada por Du Bois de "sujeição de tudo o que é negro" na busca pela plena participação na democracia estadunidense. Vou me concentrar no trabalho de Chesnutt, por meio da obra de Du Bois, para sugerir como as discussões deles sobre a estrangeiridade destacam a condição peculiar daqueles a quem uma lógica racial constituiu nem um "dentro" nem um "fora", mas sim um resíduo.

Em *The Souls of Black Folk*, W. E. B. Du Bois definiu a dupla consciência como "a sensação de sempre olhar para si mesmo através dos olhos do outro, de medir a própria alma pela fita de um mundo que olha para o outro com desprezo e pena".[11] Essa experiência pareceria, a princípio, derivar de um processo de estranhamento, de tornar o *eu* estranho a si mesmo, a fim de criar um sentido, e mais importante, uma *percepção* do sentido da identidade racializada do *eu*.[12] No entanto, como o título desta parte — "Não é como um estrangeiro que venho [...]"[13] — atesta, o vocabulário do estrangeirismo, tão importante para as discussões sobre etnicidade e americanização na virada do século retrasado, não podia ser tão facilmente aplicado aos descendentes de africanos nos Estados Unidos: "o que lhe rende [ao negro] nenhuma verdadeira autoconsciência, mas apenas permite que ele veja a si mesmo através da revelação do outro mundo". Em sua discussão sobre a dupla consciência, Priscilla Wald chama a atenção para o status da autoconsciência na seguinte elucidação do conceito de Du Bois:

Autoconsciência era um termo difundido na virada do século [...]. Naquele contexto, a "autoconsciência" media cada vez mais a educação bem-sucedida de "pessoas para a homogeneidade do desejo social", no interesse da "unidade e força nacional". Mas o afro-estadunidense, como observa Du Bois, é excluído dessa autoconsciência e experimenta uma discrepância entre a consciência de um eu negro e de um eu estadunidense. A partir dessa discrepância, Du Bois gera uma análise na qual a consciência reproduz um eu particular (homogeneizado) — um eu que experimenta a *diferença* como *inferioridade*. Na reformulação de Du Bois, a correspondência confortável, a totalidade, cria em vez de refletir o eu.[14]

Não é coincidência que as cenas exemplares de conscientização racial ocorram em um ambiente escolar.[15] Esse ambiente serve apenas para reforçar que a pessoa é educada a se identificar com um ponto de vista e a ver essa posição (de branco estadunidense) como confortável e completa.[16] O ambiente escolar, além disso, marca a passagem de identificações familiares para identificações mediadas pelo Estado. Aquilo que não corresponde ao ponto de vista que decorre dessa posição — senão que a produz — é o que sobra como negritude. A negação de um sentido de totalidade que passará a existir apenas na branquitude pode ser vivida, como no caso do "ex-homem de cor" [referência ao livro de James Weldon Johnson, *Autobiography of an Ex-Coloured Man*, citado aqui anteriormente], como uma perda marcada pela vergonha. Se há um luto associado ao momento da instauração da dupla consciência, para Du Bois, esse luto é reparado por um "dom da segunda visão", que é obtido por meio do processo de incorporação, um dom que é propriedade daquilo que sobra como resíduo.

No que se refere a eles, sou singularmente clarividente. Eu vejo dentro e através deles. Eu os vejo de pontos de vista incomuns. Não venho como estrangeiro, pois sou nativo e não estrangeiro, sou osso do pensamento deles e carne de sua linguagem. O meu não é o conhecimento do viajante nem a combinação colonial de memórias queridas, palavras e perguntas. Tampouco é meu conhecimento aquele que os servos têm de seus senhores, ou o povo tem sobre as classes, ou que o capitalista tem do artesão. Em vez disso, vejo essas almas despidas e de costas e de lado. Eu vejo o funcionamento de suas entranhas. Eu conheço seus pensamentos e eles sabem que eu conheço. Esse conhecimento os deixa ora envergonhados, ora furiosos. Eles negam meu direito de viver e ser, e me chamam de aborto!

O resíduo é o que passou pelas "entranhas" e ganhou um saber privilegiado, que desafia qualquer tentativa de reduzi-lo, o resíduo, à categorização de abjeto. "Eu vejo o funcionamento de suas entranhas. Conheço seus pensamentos e eles sabem que eu conheço. Esse conhecimento os deixa ora envergonhados, ora furiosos."[17] A vergonha e a fúria dos brancos apontam para o desejo deles de eliminar o resíduo que vê e resiste, causando um curto-circuito na instauração da dupla consciência que marca o negro como negro e cuja ausência marca o branco como branco.

Para Du Bois, o dom da segunda visão permite que aquele que restou sinta (como na dupla consciência) o processo de seu devir, bem como que registre e seja um registro desse processo. Em *The Souls of Black Folk*, Du Bois diz que ele é "osso do osso e carne da carne daqueles que vivem dentro do Véu".[18] Essa alusão bíblica corresponde à história da criação de Eva a partir da costela de Adão em Gênesis 2:21: "Esta, sim, é osso de meus ossos/ e carne de minha carne!/ Ela será chamada de 'mulher',/ porque foi tirada do homem!".* Em *The Souls of White Folk*, Du Bois diz que ele é "osso do pensamento deles e carne de sua linguagem".[19] Essa revisão da citação bíblica destaca a natureza construída das categorias raciais. A alusão bíblica à palavra feita carne indica tanto a encarnação performativa de um discurso racializante quanto a resistência a esse discurso ao materializar seus efeitos. O "osso do pensamento deles" sugere o resíduo indigesto — o resíduo resistente. Sob essa luz, a ideia do negro como resíduo é mais perturbadora para o conceito de americanidade do que seria a ideia do negro como estrangeiro.

Historicamente (e teoricamente, nos termos da política de imigração da virada do século, baseada na assimilação), o estrangeiro sempre pode ser (re)incorporado de algum modo que o resíduo não pode. O resíduo não está simplesmente fora; ele não chega nem vive separadamente dentro. O resíduo é um lembrete de que não se vai sustentar a paz. Assim como no caso do Brasil, o resíduo, no contexto dos Estados Unidos, revela o mecanismo de representação pelo qual o estadunidense é produzido discursivamente. A negritude (assim como a branquitude) é produzida por meio desse processo de resquício e não o precede. O resíduo não vem de fora nem de um ato de repressão; vem de dentro. O próprio processo que promete a eliminação da raça (negra) como diferença — e da negritude como inferioridade — mantém a raça como um problema e produz um resíduo resistente que é uma lembrança constante de seu fracasso. O discurso da democracia ao qual os escritores afro-estadunidenses apelaram nas primeiras décadas do século 20 valorizava a paz, o consenso, a identificação e a compreensão. As obras dos escritores afro-estadunidenses que abordo no restante deste capítulo e no próximo perguntam, no entanto, a que custo?

---

* O hebraico cria um jogo entre as palavras *'isha*, "mulher", e *'ish*, "homem". (N.E.)

Conforme ressaltado nos artigos publicados na imprensa negra estadunidense, os argumentos pela emigração, por um lado, e a erradicação da barreira da cor via miscigenação promovida no Brasil,[20] por outro, conseguiam aliviar a dupla consciência. Durante as primeiras décadas do século 20, escritores que vão de James Weldon Johnson a Nella Larsen, de Jessie Redmon Fauset a Langston Hughes, entre outros, abordaram a relação entre raça e cidadania, passabilidade (racial e para além das fronteiras nacionais) e miscigenação/amálgama, dupla consciência e democracia. Entre esses escritores estava Charles Chesnutt, que escreveu centenas de ensaios ao longo de sua vida sobre uma ampla gama de tópicos literários e sociais. Muitos desses ensaios abordam o preconceito racial e a barreira da cor. Para numerosos estudiosos, incluindo Sallyann H. Ferguson, esses ensaios provam que Chesnutt é "essencialmente um conformista social e literário"[21] que usou seus escritos "como um veículo para propaganda racial [...], preocupado principalmente em defender o amálgama racial".[22] Argumentarei a seguir que a ficção de Chesnutt, especificamente *The Marrow of Tradition* (1901), trava um diálogo importante e revelador com seus ensaios, de modo tal que põe em questão essa avaliação e oferece uma advertência para aqueles que, apesar das objeções de seus irmãos (e irmãs) ao sul seguirão proclamando que o futuro da democracia, de uma democracia racial, se encontra em outro lugar.

"EM SEU LUGAR": A BARREIRA DA COR, A EMIGRAÇÃO E O ESTRANGEIRO

The Marrow of Tradition explora as raízes e os efeitos da violência que foi desencadeada contra os negros no fim do século 19 em resposta às políticas de Reconstrução destinadas a incluir os escravos recém-emancipados na vida política dos Estados Unidos. Charles Chesnutt nasceu em Cleveland, Ohio, em 1858 e foi criado na Carolina do Norte durante a Reconstrução. Ele testemunhou como as políticas de reconstrução tiveram pouco efeito sobre os preconceitos dos brancos do Sul e decidiu desde cedo dedicar sua carreira como escritor a protestar contra o racismo e a instauração da barreira da cor. Sua aparência teria permitido a ele passar por branco, mas ele preferiu usar suas experiências para explorar a lógica da barreira da cor: "Minha constituição física era tal que eu conhecia a psicologia dos mestiços na medida em que era diferente daquela de outras pessoas, e a maioria dos meus escritos seguem a barreira da cor. Há possibilidades mais dramáticas do que a vida dentro de grupos claramente definidos e amplamente diferenciados".[23]

A decisão do caso *Plessy versus Ferguson* (1896) instaurou a doutrina "separadas mas iguais", que apoiava a barreira da cor. Em *The Marrow of Tradition*, Chesnutt faz uma reconstituição dos eventos que cercam o caso *Plessy* por meio do relato novelístico do motim de 1898 em Wilmington. Reconstrucionistas republicanos em Wilmington, Carolina do Norte, uniram forças com negros e com democratas brancos insatisfeitos para formar um partido "fusionista" que teve sucesso nas eleições que antecederam essas eleições para o conselho municipal em novembro de 1898. Supremacistas brancos, temendo perder poder para a coalizão fusionista, priorizaram a vitória nas eleições municipais. As semanas que antecederam as eleições foram marcadas por manifestações incendiárias contra os negros. Mesmo tendo vencido as eleições de forma fraudulenta, os democratas organizaram um ataque violento e retaliatório contra os cidadãos negros da cidade.

Em 1892, Homer (Homère) Plessy, em conjunto com várias figuras públicas negras proeminentes da Louisiana, contestou uma lei estadual de 1890 que exigia vagões de trem segregados. A lei estabelecia que "todas as empresas ferroviárias que transportem passageiros em seus vagões neste estado fornecerão acomodações iguais, mas separadas, para as raças branca e negra, fornecendo dois ou mais vagões de passageiros para cada trem de passageiros, ou dividindo os vagões de passageiros por uma divisória para garantir acomodações separadas". Os fatos relativos ao caso são bem conhecidos: Plessy, que de outra forma teria passado despercebido em um vagão de passageiros brancos, declarou-se negro ao condutor do trem. De acordo com uma estratégia elaborada pelo "Comitê de Cidadãos para Testar a Constitucionalidade da Lei do Vagão Separado", grupo ao qual ele pertencia, Plessy foi posteriormente preso por se recusar a trocar para um vagão para passageiros "de cor". Plessy foi ao tribunal e seus advogados argumentaram, em *Homer Adolph Plessy versus The State of Louisiana*, que a Lei de Vagões Separados violava a Décima Terceira e a Décima Quarta Emendas à Constituição. Em uma ocasião anterior, o juiz de primeira instância, John Howard Ferguson, declarara inconstitucional a Lei de Vagões Separados em trens interestaduais. Ele decidiu contra Plessy neste caso, determinando que o estado poderia optar por regulamentar as empresas ferroviárias que operassem apenas na Louisiana.[24] Em apelação, a Suprema Corte da Louisiana manteve a decisão de Ferguson. A decisão da Suprema Corte da Louisiana contra Plessy foi fundamentada em uma erosão de décadas da Décima Quarta Emenda à Constituição dos Estados Unidos, que deveria ter garantido os direitos e privilégios de cidadania nacional, processo legal devido e proteção igual sob a lei a todas as pessoas nascidas ou naturalizadas nos Estados Unidos. O tribunal baseou seu julgamento em uma noção de cidadania diferenciada para negros e brancos. A decisão deu a cada estado o poder de minar as proteções federais com base no fato de que a racialização e a hierarquia racial estavam enraizadas na lei natural e, portanto, não podiam ser alteradas pela lei civil. Os juízes da Suprema Corte da Louisiana assinalaram que as emendas constitucionais "não buscavam nem pretendiam o impossível"[25] que significava legislar sobre a igualdade social entre as raças.

Em 1896, a Suprema Corte dos Estados Unidos ouviu o caso de Plessy e novamente manteve sua convicção. Falando por uma maioria de sete pessoas, o juiz Henry Brown escreveu:

> Que [a Lei do Vagão Separado] não entra em conflito com a Décima Terceira Emenda, que aboliu a escravidão [...], está muito claro para se usar como argumento. Um estatuto que implica meramente uma distinção legal entre as raças branca e de cor — *uma distinção que é fundada na cor das duas raças e que sempre deve existir enquanto os homens brancos forem distinguidos da outra raça pela cor* — não tende a destruir a igualdade jurídica das duas raças. O objeto da [Décima-Quarta Emenda] surgiu, sem dúvida, para impor a igualdade absoluta das duas raças perante a lei, mas, na natureza das coisas, não poderia ter a intenção de abolir as distinções baseadas na cor, ou para impor a igualdade social em oposição à igualdade política, ou uma mistura das duas raças em termos insatisfatórios para qualquer uma delas.[26] [Grifo meu]

O trecho que enfatizei contém uma promessa que o juiz não honrará. Se a barreira da cor ("uma distinção que se funda na cor das duas raças") existirá apenas enquanto o corpo for capaz de mostrar evidência racial ("enquanto os homens brancos se distinguirem da outra raça pela cor"), então, o que dizer do fato de que Plessy teve de se anunciar como negro para o tribunal policiar sua passagem, ou melhor, sua não passagem de um vagão para outro? Existe uma mestiçagem das raças do ponto de vista da corte que não seja insatisfatória para a raça? Eu argumentaria que, ao explorar essas questões em um contexto doméstico e em um contexto internacional, Chesnutt chama a atenção para a complexidade das atitudes brancas em relação à fusão e, em última análise, defende proteções legais na lei para negros como negros.

Muitos dos eventos em *The Marrow of Tradition*, que se passa na fictícia Wellington, são vistos pelos olhos do dr. Miller, o médico negro da cidade. Ele conhece por acaso o branco dr. Burns enquanto ambos viajam ao sul em um trem da Filadélfia para Wellington pouco antes do motim. Como estudante, o dr. Miller assistiu a palestras médicas proferidas pelo dr. Burns. Atraído por "sua seriedade de propósito, seu evidente talento, suas excelentes maneiras e excelente físico", Burns se interessou "por seu único aluno de cor" e conseguiu uma bolsa de estudos para ele estudar na Europa. Embora Miller tenha retornado a Wellington para estabelecer um consultório médico e um hospital, "[ele] ficou fortemente tentado a deixar o Sul e buscar um lar para sua família e uma carreira para si mesmo no Norte mais livre, onde o antagonismo racial era menos entusiasmado, ou menos opressivo, ou na Europa, onde achava que sua cor nunca trabalhou em seu prejuízo. Mas seu povo precisava dele, e ele queria ajudá-los, e procurou por meio daquela instituição contribuir para a melhoria da vida deles".[27] Burns e Miller conversam sem incidentes até o trem entrar na Virgínia, momento em que o condutor chama a atenção para a placa que indica o vagão "somente para brancos". Apesar das objeções de Burns e em conformidade com os desejos do capitão George McBane, um passageiro branco que mais tarde desempenharia um papel significativo no fomento do motim, o condutor obriga Miller a se deslocar para o carro "de cor" onde contempla os efeitos da "lei [que] estava em vigor há apenas alguns meses, lei [que] marcou, estigmatizou e separou [o negro] do resto da humanidade nas vias públicas, como coisa impura".²⁸

A intransigência da barreira da cor é reforçada quando Miller chega em Wellington. Dr. Burns vem a Wellington a convite do médico branco local, dr. Price, para realizar uma importante operação na casa do major Carteret, o editor de um jornal que mais tarde atiça a ira racista dos manifestantes. No trem, Burns pede a Miller para auxiliá-lo, já que a operação está dentro da área de atuação de Miller. Na porta da casa dos Carteret, no entanto, dr. Price manda Miller embora para proteger o "princípio sagrado de seu anfitrião, que está na própria raiz de nossa ordem social, envolvendo a pureza e o prestígio de nossa raça [branca]".²⁹ Embora tenha assumido a tarefa de barrar a entrada de Miller na casa dos Carteret, Price se sente desconfortável em impor a decisão:

> Como médico, seu método era aliviar a dor — ele preferia correr o risco de perder um paciente pelo uso de um anestésico do que pelo choque de uma operação. Ele gostava de Miller, desejava-lhe felicidades e não feriria seus sentimentos intencionalmente. Ele realmente o considerava demasiado cavalheiro para a cidade, em vista das restrições pelas quais ele inevitavelmente deveria ser prejudicado. Havia algo de melancólico, para uma mente culta, em um homem sensível e educado que por acaso tinha um desvio de cor. Tal pessoa era uma espécie de desajuste social, uma quantia bizarra, educada fora de sua própria classe, sem nenhuma esperança possível de entrar naquela acima dela. Ele tinha certeza de que, *se estivesse no lugar de Miller*, nunca teria se estabelecido no Sul — teria se mudado para a Europa, ou para as Índias Ocidentais, ou para algum estado da América Central ou do Sul onde questões de cor não fossem consideradas vitalmente importantes.³⁰

Em seu ensaio de 1891, "A Multitude of Counselors", Chesnutt rejeitou a emigração dos negros, que os líderes — negros e brancos — haviam abraçado durante o século 19 como uma resposta à divisão racial. Thomas Jefferson, por exemplo, havia proposto que a inferioridade dos negros e seu ressentimento pelo cativeiro tornavam os ex-escravizados e seus descendentes livres incapazes de permanecer nos Estados Unidos. Ele defendia a "repatriação" dos negros para a África ou para as colônias nas Índias Ocidentais.[31] A American Colonization Society, fundada em 1816 sob a liderança de Henry Clay, também buscava transferir os negros livres para a Libéria, mantendo intacta a instituição da escravidão, promovendo assim um aumento na população branca dos Estados Unidos.[32] Em um discurso de 1853, Frederick Douglass reconheceu que as condições para os ex-escravizados poderiam ser tão intoleráveis que a emigração pareceria vantajosa, "mas obrigar-nos a ir para a África é outra coisa. Outras terras, e mais atraentes, estão abertas para nós. Podemos nos instalar nos próprios portais da escravidão. Podemos pairar sobre o Golfo do México. Quase todas as ilhas dos mares do Caribe nos dão as boas-vindas; enquanto os amplos e férteis vales da Guiana Inglesa, sob o domínio da rainha emancipadora, nos convidam aos seus tesouros e à nacionalidade. Com o Golfo do México ao sul e o Canadá ao norte, ainda assim poderemos ouvir os lamentos de nosso povo escravizado nos Estados Unidos".[33] Em agosto de 1862, o presidente Lincoln disse a uma delegação de negros convidada que as diferenças entre negros e brancos eram tão duradouras que cada um sofria com a interação com o outro. Ele sugeriu que os negros deveriam emigrar para um proposto assentamento na América Central.[34] Líderes negros, como Samuel Ward, Henry Bibb e Martin Delany, cujo plano para um império negro nas Índias Ocidentais foi aprovado pela Convenção Nacional de Emigração em 1854, também defendiam a emigração.[35] Chesnutt, no entanto, afirmava que a emigração em massa dos 10 milhões de negros estadunidenses para a América do Sul, México ou África não seria prática. Ele argumentava que os emigrantes negros não podiam ter certeza de sua acolhida no exterior (ele era prudente, já prevendo a recepção que os emigrantes teriam nas décadas de 1910 e 1920), que as despesas de realocação seriam proibitivas e que a perda de mão de obra negra teria um impacto devastador na economia dos Estados Unidos. Em resposta a propostas do tipo, Chesnutt sugeria que, se fosse verdade que as raças nunca poderiam viver juntas, a emigração dos brancos do Sul seria muito mais prática.

> De certo ponto de vista, quase nenhuma das alternativas propostas é praticável para as 10 milhões de pessoas de cor dos Estados Unidos [...]. Tomemos, por exemplo, uma emigração em massa de pessoas de cor para a América do Sul ou para o México. É questionável se eles seriam bem-vindos em tal quantidade. A despesa de transporte, a perda de tempo, a retirada de tantos trabalhadores custariam ao país tanto quanto o fim da Guerra [...]. O problema do negro parece preocupar o povo da Geórgia mais do que o povo de qualquer outro Estado; e, no entanto, as leis da Geórgia, para não falar da opinião pública, são tais que tornam absolutamente impossível que qualquer movimento organizado de emigração seja realizado com sucesso. A mão de obra branca não seria tão facilmente adquirida a ponto de o fazendeiro branco sulista correr o risco de sobreviver sem a mão de obra de cor, barata, abundante e facilmente administrável. Os negros devem, como grupo numeroso, permanecer no Sul. Uma emigração mais prática, a dos brancos do Sul, que são mais capazes de ir embora, por estranho que pareça, não é muito favorável aos olhos deles e, no entanto, se, como eles gostam tanto de afirmar, é impossível para as duas raças viverem

juntas em termos de igualdade, é mais provável que esse venha a ser o resultado final.³⁶

Não está claro nessa declaração se Chesnutt estava ciente das tentativas de Confederados brancos de emigrar para outros países. A noção de uma cultura familiar criada por meio de uma experiência compartilhada de escravidão estimulou um conjunto de expectativas não apenas entre os negros, mas também entre os brancos nos Estados Unidos, o que contribuiu para o entusiasmo com que os esquemas de emigração para o Brasil foram adotados por ambos os grupos. Ao promover a emigração para o Brasil na década de 1860, os Confederados notaram que o Brasil havia sido um aliado dos estados do Sul durante a Guerra Civil, concedendo a esses estados o reconhecimento formal e abrigando e abastecendo seus navios.³⁷ Entre 2 a 4 mil emigrantes foram para o Brasil (alguns dos quais acabaram retornando) tendo seu caminho sido preparado pela circulação de convincentes relatos em primeira pessoa publicados em jornais do Sul e livros amplamente lidos.³⁸ Esses emigrantes brancos não operavam em um vácuo social. "Conhecidos pessoais, redes familiares, maçonaria, contatos comerciais, igrejas e outras associações constituíam uma densa teia de relações entre antigos e recentes senhores de escravos que encorajavam emigrantes brancos a deixar os Estados Unidos e os sustentavam no Brasil."³⁹ Relato da colona Sarah Bellona Smith Ferguson descreve a motivação de sua jornada: "No início de 1865, [os líderes] Bowen e Frank McMullen, desapontados e magoados com a 'causa perdida' e totalmente decididos a nunca se submeter a governantes negros nomeados pelos ianques, aventuraram-se para encontrar um lar para si e suas famílias. Depois de percorrerem a América do Sul, principalmente o Brasil, chegaram à cidade de Iguape, na província de São Paulo, como era então chamado o estado. Do governo, [e] especialmente favorecidos por D. Pedro II, conseguiram uma doação de terras de tamanho suficiente para uma colônia nas cabeceiras do Juquiá".[40] Embora o governo do imperador do Brasil, D. Pedro II, não tenha sido o único a fazer um convite aos confederados — México, Peru, Venezuela, Cuba, Jamaica, Canadá, Inglaterra e Egito também ofereciam refúgios aos sulistas —, a colônia deles no Brasil foi a mais bem-sucedida e duradoura, com comunidades de descendentes existentes até os dias atuais.[41]

Mesmo sem conhecimento dessa informação, todo o poder da crítica de Chesnutt vem à tona quando a afirmação do dr. Price de que no lugar de Miller ele deixaria os Estados Unidos para viver no exterior é lida em relação a "A Multitude of Counselors". A identificação vedada, implícita no "se" ("se ele estivesse no lugar de Miller"), também fala da negação de Price (como um estadunidense típico) de sua própria autodivisão (como um estadunidense "branco"). Ao enfrentar Miller, ele se recusa a se voltar para si mesmo. Price recusa a dupla consciência e se reafirma como estadunidense. Em vez de afastar Miller, poderia ele mesmo, por vergonha, se afastar e ser o único a ir embora. De fato, na conclusão do romance, os Carteret (que representam o Velho Sul) teriam sofrido a perda de Price com muito mais facilidade do que a perda de Miller.

O QUE É UM HOMEM BRANCO?

O recurso contra a barreira da cor interposto perante a Suprema Corte dos Estados Unidos pelo advogado de Plessy, Albion Tourgée, teve, de acordo com Eric Sundquist, uma abordagem em duas frentes:

Além de detalhar os mecanismos pelos quais [o conjunto de leis] Jim Crow reconstituía a essência da escravidão — o escravo estando em "cativeiro" para toda a raça branca, não apenas a propriedade de um único dono —, Tourgée virou o argumento da propriedade de cabeça para baixo (e explicou sua escolha por um mulato muito claro como Homer Plessy para desafiar a lei), insistindo que a lei de segregação da Louisiana privou Plessy de sua propriedade, que neste caso foi adquirida por sua "reputação de ser branco". "De fato", perguntou Tourgée, a branquitude "não é o tipo de propriedade mais valiosa, sendo a chave-mestra que abre a porta dourada da oportunidade?" Aparentemente na esperança de enganar os juízes preocupados com a propriedade, para que reconhecessem um elemento de cor que destruiria [as leis] Jim Crow, tornando-as caóticas, Tourgée se abriu para a ironia de que tal argumento na realidade protegeria apenas aqueles que realizassem a passabilidade — a elite mulata — e definiria proteção igualitária de forma tão negativa e restritiva quanto a Corte já havia feito, apenas localizando-a em um ponto diferente na barreira da cor.[42]

A ironia, reconhecida por Sundquist no argumento de Tourgée perante a Suprema Corte, fornece outra chave para a crítica de Chesnutt. Dr. Price, ao invés de Miller, vê a solução para o problema da barreira da cor como estando em outro lugar (fora dos Estados Unidos). Miller, no entanto, parece reconhecer a contradição implícita na leitura de Sundquist do argumento de Tourgée. Quando Chesnutt pôs na cabeça de Price, e não na de Miller, a ideia de deixar os Estados Unidos, revelou o que seus ensaios sugerem: o "outro lugar" retornará como um lembrete de que, se o "amálgama" trata do "problema racial", ele não o faz completamente. Em outras palavras, essa abordagem deixa em vigor o racismo sancionado pelo estado. O "amálgama", como Chesnutt apresenta em "The Future American", "What Is a White Man?" e "A Solution to the Race Problem", sempre produz um resíduo para o qual, como discutirei agora, Chesnutt teve uma resposta reconhecidamente ambivalente.

Chesnutt desenvolveu sua teoria do "futuro estadunidense" em três ensaios publicados no *Boston Evening Transcript*, em 1900. "The Future American: What the Race Is Like to Become in the Process of Time" surgiu em 18 de agosto; "The Future American: A Stream of Dark Blood in the Veins of Southern Whites", em 25 de agosto; e "The Future American: A Complete Race Amalgamation Likely to Occur", em 1º de setembro.[43] O primeiro artigo começa com uma referência a uma visão popular da futura raça estadunidense como composta pelos melhores elementos das raças europeias e "a eliminação, por alguma estranha alquimia, de todas as suas características indesejáveis". Chesnutt aponta que essa visão do futuro estadunidense é incompleta porque não leva em conta os índios e os negros que contribuíram para sua constituição. "Qualquer sonho de uma raça branca pura, do tipo anglo-saxão, para os Estados Unidos, pode muito bem ser abandonado como impossível, ainda que desejável. Que a futura raça será predominantemente branca pode muito bem ser garantido; [...] que ela se autodenominará branca é razoavelmente certo; que estará em muita conformidade com o tipo branco é provável; mas que terá absorvido e assimilado o sangue das outras duas raças é tão certo quanto o funcionamento de qualquer lei pode ser."[44]

Chesnutt sugere uma fórmula matemática para calcular o tempo que levaria para se chegar ao futuro tipo estadunidense. Ele especula que se fossem aprovadas leis exigindo casamentos inter-raciais, um oitavo da população que é negra se casaria com esposas brancas (os brancos remanescentes presumivelmente se casariam com outros brancos) e seus filhos mulatos, através do casamento com brancos, produziriam quadrarões, que, por sua vez, produziriam oitavões, "que provavelmente se autodenominariam brancos". Em três gerações, "o branco puro seria totalmente eliminado e não haveria vestígios perceptíveis dos negros".[45] Chesnutt reconhece que esse processo regulado artificialmente nunca ocorrerá. Ele afirma, no entanto, que o tempo e a conduta humana produzirão os mesmos resultados. O segundo artigo demonstra a extensão do amálgama racial ao contabilizar o número de brancos legais de ascendência negra. Incluídos nesse número estão o escritor/compositor Alexander Pushkin, bem como os escritores Alexandre Dumas e Robert Browning. Para que os leitores não tratem como exceção essas figuras devido a suas origens estrangeiras, o ensaio termina com um exemplo doméstico ao qual Chesnutt retornará em artigos subsequentes. Ele conta que na Carolina do Sul pessoas com ascendência negra podem se tornar legalmente brancas. Chesnutt afirma (de acordo com um raciocínio que antecipa a elaboração de Gilberto Freyre sobre o embranquecimento) que essa flexibilidade deriva da "grande preponderância de pessoas de cor no Estado, o que levou os brancos a querer aumentar seu próprio número".[46] O último artigo reafirma a tese de cada um dos ensaios: "obviamente não pode haver uma civilização pacífica e progressista em uma nação dividida por duas raças em guerra; e a homogeneidade de tipo, pelo menos externamente, é uma condição necessária para um progresso social harmonioso". Esse progresso seria assegurado pelo aperfeiçoamento dos brancos, "e se, com o tempo, os traços negros mais rejeitáveis forem eliminados, e suas melhores qualidades forem proporcionalmente desenvolvidas, a parte deles no futuro tipo estadunidense pode muito bem ser importante e valiosa".[47]

The Marrow of Tradition foi publicado um ano após o surgimento dos ensaios de *The Future American*. O romance ecoa várias passagens dos artigos. Dr. Burns é descrito como "um bom tipo de anglo-saxão, como o termo é usado para falar de nossa população branca mesclada".[48] Depois que Miller foi removido para o vagão de pessoas de cor, ele pegou um jornal para ler um editorial exaltando "as inestimáveis vantagens que teriam certas ilhas recentemente adquiridas pela introdução da liberdade estadunidense, quando a porta traseira do carro se abriu para dar entrada ao capitão George McBane".[49] Nessa cena, George McBane representa todos os defensores da barreira da cor. Seu título militar e a menção ao artigo de jornal lembram o imperialismo estadunidense. A crítica ao imperialismo estadunidense, ligado ao racismo branco, encarnado no capitão McBane, torna-se mais mordaz ao retomarmos *The Future American*. Nesse ensaio, Chesnutt condenara a doutrina "separadas mas iguais", afirmando que "[o] argumento popular de que o negro deve desenvolver sua própria civilização, e de que ele não tem direito de compartilhar da civilização da raça branca, a menos que por favor, expressa pouco mérito daqueles que impõem sua civilização a outros na base de tiros de canhão [na guerra expansionista hispano-americana]". O romance, por sua vez, reflete sobre os ensaios para reforçar esta mensagem: as políticas domésticas e internacionais dos Estados Unidos conspiram para fortalecer a barreira da cor. Como demonstrarei em breve, Chesnutt não admite que seu futuro tipo estadunidense ultrapasse a barreira da cor, mesmo quando a lei o permite. Além disso, essa cena no trem serve como uma reencenação dos eventos que cercam a decisão de 1896 sobre *Plessy versus Ferguson*. Chesnutt explora a ironia de que este caso tenha instaurado a barreira da cor ("uma distinção que se baseia na cor das duas raças", para citar uma das decisões). Plessy teve de se anunciar como negro para que o Estado fiscalizasse sua passagem, ou melhor, sua não passagem. Como Plessy, Chesnutt anuncia seu futuro tipo estadunidense e o impede de cruzar a barreira da cor. Na verdade, em vez de endossar ele mesmo a passabilidade, ele explora como os tribunais a endossaram. Esse é um ponto que o autor já havia explorado no ensaio de 1889, "What Is a White Man?" no qual sugere isso, caso o tribunal deduzisse falsamente que o corpo forneceria evidências raciais ("desde que os homens brancos sejam diferenciados da outra raça pela cor", uma citação tirada também da decisão judicial). Esse ensaio demonstra que há uma mistura de raças que do ponto de vista do tribunal e da opinião pública seria satisfatória.

"What Is a White Man?" é um argumento contra a leitura muito rápida de "The Future American", como um endosso inequívoco da miscigenação como uma solução para o "problema racial". O tom irônico desse ensaio convida a uma leitura atenta. Ele foi escrito em resposta a um pronunciamento amplamente divulgado de que "a raça anglo-saxã onipresente e conquistadora" deve ter controle exclusivo e contínuo sobre o governo, um controle que Chesnutt elucida mais adiante no parágrafo como associado a plenos direitos de cidadania. Chesnutt aponta que a denominação anglo-saxã é enganosa porque mascara a importante exclusão — não a de brancos não anglo-saxões, mas a de não brancos. Ele pergunta, dada a alta taxa de miscigenação racial: o homem branco não deveria se questionar sobre o que, de fato, é um homem branco? Essa questão é especialmente importante se a cidadania plena for, de fato, tão valorizada. Revendo a regulamentação da identidade racial oficial, Chesnutt revela que, embora o momento de sua ocorrência possa variar (um quarto ou um oitavo de sangue negro), há um ponto em que a pessoa deixa de ser negra aos olhos da lei e do costume e torna-se branca, se assim o desejar. Chesnutt discute de forma mais prolongada o caso da Carolina do Sul que ele mencionará em *The Future American*. Ele cita um longo trecho de uma decisão do Supremo Tribunal Estadual que reconhece a dificuldade de traçar uma barreira da cor fixa:

> A definição do termo mulato, como entendido neste estado, parece ser vaga, significando geralmente uma pessoa de ascendência mestiça branca ou europeia e negra, em quaisquer proporções que o sangue das duas raças possa ser misturado no indivíduo. Mas não é indiscriminadamente aplicável a toda miscigenação do sangue africano com o europeu, nem alguém que tenha todas as características do branco pode ser classificado na classe degradada designada pelas leis deste estado como pessoas de cor, por causa de alguma mácula remota da raça negra. A linha de distinção, no entanto, não é determinada por nenhuma norma de lei. Os júris provavelmente estarão certos ao considerar como branca uma pessoa cujo sangue miscigenado não exceda a proporção de um oitavo. Em todos os casos, porém, trata-se de uma questão para o júri, a ser determinada com base na evidência de características e compleição fornecidas pela inspeção, a evidência da classificação e posição na sociedade [explicada em outra decisão posterior daquele tribunal como "pelo exercício dos privilégios do homem branco"]. A única regra que pode ser estabelecida pelos tribunais é que, onde houver uma mistura visível de sangue negro, o indivíduo deve ser denominado mulato ou pessoa de cor.[50]

A decisão judicial aponta para a convencionalidade da atribuição da cor. Tanto a branquitude quanto a negritude são produzidas através de um processo de incorporação que define a branquitude ao mesmo tempo que mantém a negritude como resíduo. Aquilo que desaparece incorporado pela branquitude — a negritude — torna-se visível de maneira intensificada no resíduo. O resíduo é rejeitado pela América (branca), no interesse de manter a ilusão de uma identidade imperturbável.

No segundo ensaio de *Future American*, Chesnutt relembra os ancestrais negros dos cidadãos brancos. Chesnutt puxa esses brancos de volta para a barreira da cor, mesmo depois que eles a cruzaram "legalmente" para a América (branca), revelando sua ambivalência sobre a passabilidade institucionalizada para a branquitude que o futuro estadunidense exige. Se Chesnutt traz seus personagens de volta à barreira da cor em seus ensaios e ficção, é porque ele reconhece o resíduo do processo matemático ao qual o tribunal "dá sumiço". Como Plessy, Chesnutt não permitirá que seus personagens cruzem com sucesso a barreira da cor se isso significar rejeitar o resíduo. Por essa razão, seus ensaios terminam com um apelo por direitos legais especificamente para os negros.

Chesnutt se pergunta, além disso, por que a opinião pública branca aceita tão prontamente a decisão do tribunal da Carolina do Sul. Claramente, a lei vai contra as representações populares de passabilidade na ficção de autores brancos e negros, ali onde não há sentido algum em uma pessoa com qualquer ascendência negra tornar-se branca. Ele dá uma explicação, em consonância com as elaborações brasileiras do *embranquecimento*:

> É uma questão interessante por que deve ter existido, e ainda deve existir, a propósito, a lei da Carolina do Sul, e por que deveria existir naquele estado uma postura de opinião pública que aceitaria tal lei. Talvez isso possa ser atribuído ao fato de que a população de cor da Carolina do Sul sempre superou em número a população branca; e a ânsia desta última em somar para suas fileiras foi suficiente para superar em certa medida seu preconceito contra o sangue negro.[51]

Chesnutt não aproveita a oportunidade para analisar esse estado de coisas de um argumento a favor da miscigenação como solução para o problema racial ou como prova de que a futura raça estadunidense resolverá as "complicações que surgiram da presença do negro no continente".⁵² Em vez disso, ele faz uma crítica moral, apontando que, se a barreira da cor fosse algo para manter realmente a pureza da raça branca, em vez de manter o poder e a plena cidadania exclusivamente para os brancos, a branquitude seria preservada de forma mais confiável pela virtude dos brancos do que pela lei.

Em seu discurso de 1916 abordando a miscigenação — "A Solution for the Race Problem" [Uma solução para o problema racial] —, Chesnutt sugere que as nações da América do Sul, tão semelhantes em condição e composição racial aos Estados Unidos, fornecem um modelo de negros e brancos vivendo juntos harmoniosamente. Após relatar para sua plateia as estatísticas que enumeram a quantidade significativa de populações afrodescendentes em toda a América Central, do Sul e no Caribe, ele dá atenção especial ao Brasil. O autor relembra para a plateia a reflexão de Theodore Roosevelt sobre sua visita ao Brasil em 1913, publicada na revista *Outlook*. De acordo com Roosevelt, nas palavras que Chesnutt cita longamente:

> Essa diferença entre os Estados Unidos e o Brasil é a tendência do Brasil de absorver o negro. Minha observação me leva a crer que com "absorver" usei exatamente a expressão correta para descrever esse processo. É o negro que está sendo absorvido e não o negro que está absorvendo o homem branco. Isso não significa que os brasileiros são ou se tornarão o povo "mestiço" que alguns escritores afirmam que serão. A grande maioria dos homens e mulheres que conheci, os líderes no mundo do esforço político e social, apresentava pouco ou nenhum traço de sangue negro, ao contrário do que seria demonstrado por igual número de homens semelhantes em uma capital europeia.

Roosevelt cita um brasileiro não identificado, de "sangue branco puro", que garantiu a ele que, embora a presença do negro fosse "o verdadeiro problema" tanto nos Estados Unidos quanto no Brasil, o método brasileiro de absorção funcionaria com mais eficácia do que a segregação dos Estados Unidos. A segregação, segundo essa fonte, fortalecia a população negra em número e permanência. O método brasileiro garantia o eventual desaparecimento do negro. "Você diz que este resultado será alcançado apenas por uma adulteração e, portanto, um enfraquecimento do puro sangue branco. Admito que isso terá acontecido com relação a uma parcela, talvez um terço de nossa população. Lamento isso, mas é a menos censurável das alternativas." O interlocutor de Roosevelt deixa claro que o branqueamento acompanha e é condição de ascensão social dos negros, ressaltando que não há casamentos inter-raciais nas classes altas, mas apenas nas classes baixas:

> O negro puro está crescendo cada vez menos em número, constantemente, e depois de dois ou mais cruzamentos com sangue branco, o sangue negro tende a desaparecer, no que diz respeito a quaisquer características físicas, mentais e morais diferentes da raça. Quando ele desaparecer, seu sangue permanecerá um elemento apreciável, mas de forma alguma dominante, se não em talvez um terço de nosso povo, enquanto os dois terços restantes serão brancos puros. Admitindo que esta estirpe representará um ligeiro enfraquecimento em um terço da população, o resultado será que, em nosso país, dois terços da população terão mantido sua força total, com um terço ligeiramente enfraquecido, enquanto o problema do negro terá desaparecido completamente. Em seu país toda a população branca terá mantido sua força total, mas o negro permanecerá em número crescente e com uma sensação crescente e amarga de isolamento, de modo que o problema de sua

presença será ainda mais ameaçador do que no presente. Não digo que a nossa solução seja perfeita, mas considero-a uma solução melhor que a sua.⁵³

Apesar do óbvio racismo dessa passagem, Chesnutt entende a declaração como representando a disposição dos brancos brasileiros de tratar os negros em termos iguais "sem aquele medo sensível de contaminação por seu sangue que se interpõe no caminho de seu avanço neste país".⁵⁴ Para Chesnutt, o relatório de Roosevelt reforçou, em contraste com os Estados Unidos, o sucesso do Brasil em produzir uma "raça ao menos tão homogênea que não haverá sentimento de raça, atrito ou animosidade".⁵⁵

O relato de Roosevelt sobre sua visita foi republicado nos principais jornais e periódicos afro-estadunidenses e endossado em artigos e editoriais publicados no *Philadelphia Tribune*, *Crusader*, no *Afro-American*, *Tulsa Star*, *Negro World*, *Chicago Defender*, entre outros. W. E. B. Du Bois escreveu um dos poucos editoriais críticos do relatório de Roosevelt (embora não crítico ao Brasil).⁵⁶ Ele afirma que Roosevelt forneceu "três fatos e duas mentiras" em seu artigo. "Os fatos são: 1. O Brasil está absorvendo a raça negra. 2. Não há barreira de cor para o avanço. 3. Não há barreira social para o avanço, mas a massa de negros puros ainda está nas classes sociais mais baixas." As mentiras são que as pessoas de cor nos Estados Unidos têm oportunidades iguais e que os brasileiros acreditam que o "elemento negro" representa uma "ligeira fraqueza".⁵⁷ Para refutar Roosevelt, Du Bois cita extensamente, e em concordância, as palavras de João Baptista de Lacerda, diretor do Museu Nacional do Rio de Janeiro, a quem citei na introdução e que foi delegado na Conferência Internacional de Raças em 1911, da qual também participou Du Bois, ressaltando que as falas de

Lacerda atestam a importância dos *métis* (termo preferido de Du Bois para "mulato") na história e na cultura do Brasil. Du Bois interpreta a falha de Roosevelt de mentir ao apresentar a situação no Brasil como decorrente de um medo de endossar a miscigenação, um medo que leva Roosevelt a ofuscar o fato de que os brancos preferem se casar com brancos e pessoas de cor se casam com outras pessoas de cor sem exigir a fiscalização de "pobreza, crime, prostituição, ignorância, linchamento, violência popular e a ruína do governo democrático para as infelizes vítimas de suas mentiras".[58]

Apesar de seu próprio resumo positivo do artigo de Roosevelt, Chesnutt reconhece que, devido à preservação da barreira da cor, a "solução para o problema racial" do Brasil é improvável nos Estados Unidos:

> Assim, a solução da questão racial pelo método brasileiro de absorção do negro é mais acadêmica do que prática, e terá de ser deixada para o futuro. E somos relegados a outras formas de nos relacionarmos com os brancos para vivermos em harmonia e felizes com eles. Muitos deles — na verdade, acho que a maioria deles — são boas pessoas e estão ansiosos para fazer a coisa certa do jeito deles. Tudo o que podemos fazer é levá-los a ver como nós, para manter o princípio de direitos iguais e oportunidades iguais para todos os homens, com recompensas iguais de acordo com seus méritos, e assim nos comportar e se desenvolver e usar o poder intelectual, político, industrial e espiritual que está latente em dezenas de milhões de pessoas, de modo a que seja impossível negar-lhes por mais tempo esses direitos e oportunidades iguais.[59]

Enquanto "o ódio racial torna a democracia uma farsa"[60] para Chesnutt, o futuro do tipo estadunidense, alcançado por meio do "amálgama", está muito distante, cheio de contradições e a um preço muito alto para ser comprado e adotado pelos negros como uma solução para o problema racial.

Em *The Marrow of Tradition*, Chesnutt reconhece o resíduo que seus ensaios sugerem, mas o qual não abordam diretamente. Tratar do resíduo é tarefa de sua ficção. Além de recontar a história do motim, o romance explora o relacionamento de Olivia (Merkell) Carteret, uma aristocrata sulista, e Janet Miller, a esposa negra do dr. Miller. Olivia descobre entre os documentos de seu pai, após a morte dele, evidências de que ele se casou com sua governanta negra e foi pai de Janet, uma filha legítima.

> Uma lareira estava acesa no quarto ao lado, por causa do bebê — tinha havido uma leve geada na noite anterior e o ar estava um pouco frio. No momento, a sala estava vazia. A sra. Carteret saiu de seu quarto e jogou no fogo o documento ofensivo, observando-o queimar lentamente. *Depois de consumido, o resíduo de carbono de uma folha do papel ainda mantinha sua forma*, e ela conseguia ler as palavras na parte carbonizada. Uma frase, que escapou de seus olhos em sua leitura rápida, destacou-se em preto fantasmagórico sobre o fundo cinza: "Todo o *restante* de minha propriedade, eu defino e lego para minha filha Olivia Merkell, filha de minha amada primeira esposa".[61]

Essa passagem ocorre no meio do episódio em que Olivia tenta acabar com a prova de um legado do pai para a filha que teve com sua governanta negra, prova que a obrigaria a reconhecer publicamente sua meia-irmã, Janet. Ela havia combinado com o marido que a ilegitimidade de sua irmã, uma ilegitimidade garantida pela raça desta,[62] excluía qualquer obrigação por parte de Olivia em relação a Janet ou ao filho desta. A descrição da queima do testamento une semanticamente dois aspectos da questão da responsabilidade na estranha reiteração das palavras resíduo/restante, que reforçam a relação entre as duas irmãs como decorrente do amor, envolvendo responsabilidade e dívida.⁶³ A primeira menção a um resíduo descreve o que sobrou do consumo do papel "ofensivo" pelo fogo. A verdadeira história da ofensa, ou a história da verdadeira ofensa, resiste ao consumo pelo fogo e transforma Janet num resto ou resíduo. (Ela é descrita em outra página como a "filha [que] permaneceu".) Janet é o resíduo que, em vez de dinheiro ou terra, representa o verdadeiro legado que Merkell deixa para sua filha Olivia. A distinção entre legado e herança, por um lado, associados e garantidos por lei, e resíduo, por outro lado, é a distinção entre o que é deixado (como em "legar") e o que restou, entre o que é legalmente transmitido e o que escapa à determinação da lei.

Olivia entende que a referência a uma primeira esposa é um reconhecimento de uma segunda esposa, a mãe de Janet, Julia, e a leva a investigar mais a fundo o envelope que continha o testamento. No envelope, está uma carta na qual Merkell confessa seu casamento com Julia e seu amor um pelo outro. O legado, a confissão e as tentativas de Olivia de negar o passado e seu relacionamento com Janet a colocam em um dilema moral; ela não consegue resolver o que deve a Janet e por quê.

> [A] mulher [Julia] *não* era branca, e as mesmas regras de conduta moral [...] não poderiam ser [...] aplicadas, como entre pessoas brancas! Pois, se não fosse assim, a escravidão teria sido não apenas um erro econômico, como também um grande crime contra a humanidade. Se tivesse sido um crime, como por um momento ela vagamente percebeu que poderia ter sido, então, através dos longos séculos havia se acumulado um catálogo de injustiças e ultrajes que, se a lei de compensação for uma lei natural, devem por algum tempo, em algum lugar, de alguma forma ser expiados. Ela mesma não havia escapado da penalidade.⁶⁴

Olivia não consegue resolver o que o romance chama de "reserva moral" (expressão que associa a dívida econômica à dívida moral), levando-a a adoecer fisicamente. Nem o desfecho do romance pode resolver sua própria reserva moral. No final, durante um motim racial que resultou na morte de muitos negros, incluindo o filho mais novo de Janet, o próprio filho de Olivia adoece e o marido médico de Janet, dr. Miller, é o único que pode curá-lo (já que todos os médicos brancos estão ausentes). Quando Olivia chega à casa dos Miller em busca de ajuda para seu filho, ela é direcionada a Janet, que está velando o corpo de seu próprio filho morto. O narrador reforça a primeira impressão do dr. Miller sobre a notável semelhança entre as duas mulheres, que poderiam substituir uma à outra, enquanto ambas choram por seus filhos. A semelhança física das duas irmãs encontra paralelo na semelhança das suas situações, o que cria no leitor a expectativa da identificação que Olivia espera, tendo confessado tudo o que sabe.

Na estrutura canibal de identificação que esta cena entre as duas mulheres reproduz, Olivia, como a irmã branca, espera incorporar a irmã. Olivia acredita que Janet deveria se colocar dentro de Olivia e se identificar com ela. Que Olivia possa se identificar com Janet, a irmã negra, dessa maneira — que Janet possa acolhê-la — não é considerada uma possibilidade. Na medida em que Olivia pode ser lida como a América, a identificação só pode ocorrer em uma direção. Janet, porém, resiste. Ela rejeita a identificação: "Eu recuso o nome do teu pai, a riqueza do teu pai e teu reconhecimento de nossa fraternidade. Eu não quero nada disso — o preço é alto demais!"[65], mas ela manda o marido cuidar do filho da irmã. Embora termine com a chegada de Miller à casa dos Carteret enquanto a criança ainda está viva, o romance não garante nenhuma declaração positiva de resolução. A busca e o estabelecimento de uma relação ética exigiriam uma identificação que significaria a eliminação da identidade e da diferença, opção tão inaceitável que não pode ser assumida por Janet ou Olivia, nem promovida pela narrativa. A outra opção, modelada por seus maridos, de rejeitar qualquer possibilidade de relacionamento "entre as raças" é igualmente intolerável.

A cena entre as irmãs espelha e revisa outro relato de uma identificação fracassada, desta vez entre os maridos dessas duas mulheres. Olivia chega à casa dos Miller para implorar pela vida de Dodie somente depois que seu marido a informa que ele procurou sem sucesso um médico. Quando o major Carteret pediu a Miller para operar seu filho, Miller respondeu abrindo inteiramente a porta da casa para que Carteret pudesse testemunhar o espetáculo de Janet chorando ao lado do cadáver do próprio filho dela:

> Carteret tinha uma mente estreita, mas lógica, e, exceto quando confuso e cego por seus preconceitos, sempre tentou ser um homem justo. Na agonia de sua própria situação — no horror da situação na casa de Miller —, por um momento o véu do preconceito racial se rasgou em dois, e ele viu as coisas como eram, em suas proporções e relações corretas, viu clara e convincentemente que ele não tinha lugar ali, na presença da morte, na casa desta família atingida. A recusa de Miller em ir com ele foi pura justiça elementar; ele não podia culpar o médico por sua posição. Ele tinha, de fato, consciência de uma certa admiração involuntária por um homem que tinha em suas mãos o poder da vida e da morte, e poderia usá-lo, com estrita justiça, para vingar seus próprios erros. *No lugar do dr. Miller*, ele teria feito a mesma coisa. Miller havia falado a verdade — como ele havia semeado, ele deveria colher! Ele não podia esperar, não podia pedir que esse pai deixasse sua própria casa em tal momento. Apertando os lábios com uma coragem sombria, e

curvando-se mecanicamente, como se para o destino e não para o médico, Carteret virou-se e saiu da casa.⁶⁶

Num momento de compreensão que rasga o véu (antecipando Du Bois), Carteret se coloca no lugar de Miller. Como resultado dessa identificação, Carteret se afasta, aceitando fatalisticamente que haverá uma separação completa entre eles. Ele reafirma sua identidade branca.

Segundo Freud, um ego sadio só admite (ao) o que corresponde à sua organização, sem resquícios. Mas o que acontece com o que não vai ou não pode ser admitido na consciência? Freud responde que o ego cria um sintoma.⁶⁷ O sintoma é uma criação da angústia da psique em relação àquilo que ela produziu: seu resquício. O sintoma nos permite reconhecer que o outro é nossa ficção. A importância do sintoma é que ele marca uma presença e uma ausência; marca o que nunca pode ser conhecido. O *eu* não dispõe de uma linguagem para dar a conhecer a si mesmo o resquício, porque conhecer o resquício é aniquilar o *eu* tal como este foi produzido. A implicação política dessa formulação é o oposto do que se reivindica para a democracia (racial). Este é o poder da recusa de identificação de Janet com Olivia ao final de *The Marrow of Tradition*. Ela se recusa a se identificar com sua irmã e bloqueia (como se fosse possível) a identificação dela consigo, mas envia seu marido para salvar a criança. Essa cena sugere uma postura que libertaria a pessoa para agir, para agir com humildade, sem conhecer e sem ser conhecida. Janet não pede a Olivia que se identifique com ela, que deixe de ser uma mulher branca da aristocracia sulista, antes de agir. Janet não deseja que Olivia a conheça ou que ela conheça Olivia antes de agir por sua comunidade.

Do ponto de vista de Janet, a perspectiva de superar a divisão racial da comunidade delas através da identificação teria um custo muito alto. A política de identificação, com seu objetivo de unidade, integridade e paz é, de fato, violenta; sempre requer uma morte, a perda do desconhecido. Essa violência, expressa nas metáforas de incorporação que estruturam o ego e a noção de democracia (racial), poderia ser sentida de forma mais produtiva pelo *eu* como seu resíduo. O ego, ou qualquer outra formação identitária, ao viver em condições menos confortáveis com seu sintoma, teria maior possibilidade de produzir resíduos diversos ao invés de rejeitos. Janet modela essa possibilidade ao resistir, por si mesma e por Olivia, à necessidade de se conhecerem uma à outra antes de agirem (o tipo de pensamento que fundamenta declarações como "se você não está conosco, você está contra nós"). Embora a ação de Janet não reduza seu sofrimento, ela preserva sua posição como resíduo resistente, que se recusou à escolha de estar apenas dentro ou apenas fora.

O novo negro e a virada para a América do Sul

Ele não africanizaria a América, pois a América tem muito a ensinar ao mundo e à África. Ele não branquearia sua alma negra em uma avalanche de americanismo branco, pois ele sabe que o sangue negro tem uma mensagem para o mundo. Ele simplesmente deseja tornar possível para um homem ser ambos, negro e estadunidense.
W. E. B. Du Bois, *The Souls of Black Folk*

"NÃO HÁ ABSOLUTAMENTE NENHUMA BARREIRA DA COR": MODELOS E DESTINOS DEMOCRÁTICOS

"Foi com emoções secretas de uma alegria peculiar e inexprimível que eu, finalmente, no terceiro dia de fevereiro passado, acompanhado de minha esposa, zarpei do porto de Nova York para uma visita às repúblicas sul-americanas. Foi o capítulo inicial da realização de um sonho dourado há muito acalentado."[1] Assim começava o primeiro de uma série de artigos publicados no *Chicago Defender*, nos quais Robert Abbott, fundador e editor do jornal, narrou sua turnê de 1923. Os objetivos declarados de Abbott ao realizar essa viagem eram muitos: ver o negro em uma "sociedade moderna", localizada em um ambiente semelhante ao da África; comparar o efeito das atitudes raciais "latino-europeias" com as da América do Norte quanto à participação democrática; desvendar os contornos da "futura homogeneidade étnica" da América do Sul; e dar uma noção das oportunidades econômicas e sociais "para aquele esclarecido e crescente grupo de negros estadunidenses que tão recentemente começam a olhar para o continente sul-americano como, afinal, o mais provável paraíso para uma solução de seus problemas individuais" (24 de abril de 1923). Abbott informou a seus leitores que, como resultado de sua viagem, ele estava "mais determinado do que nunca a lutar para tornar nosso país, como o Brasil, como a Argentina, terra de verdadeira democracia, em vez de um país de falsa democracia" (26 de maio de 1923).

Filho de ex-escravos, Robert Abbott estudou tipografia no Instituto Hampton, da Virgínia, e direito na Kent College of Law, de Chicago. Em 5 de maio de 1905, ele fundou o *Chicago Defender*, que quase imediatamente se tornaria o periódico negro mais lido nos Estados Unidos. O lema do jornal era "O preconceito racial estadunidense deve ser destruído".[2] Inicialmente focado em notícias locais, o jornal rapidamente ampliou suas reportagens e seu público leitor. Como Chicago era um centro ferroviário dos Estados Unidos no início do século 20, os carregadores, ferroviários, garçons e atores que viajavam regularmente nos trens levavam o jornal por todo o país e garantiam sua crescente popularidade e influência. Os trabalhadores ferroviários levavam exemplares do *Chicago Defender* e voltavam com jornais e revistas de fora da cidade para os editores do jornal. Os artistas em turnê coletavam notícias, obtinham assinaturas e recrutavam agentes para distribuir exemplares. Consequentemente, o jornal logo refletiu um conjunto de preocupações nacionais. Tornou-se um veículo de denúncia do racismo e das desigualdades, bem como de promoção de oportunidades para melhoria da situação política e econômica de seus leitores.

Trabalhadores de navios complementavam o trabalho dos ferroviários na expansão da influência do jornal, distribuindo-o em portos ao redor do mundo. Em pouco tempo, as páginas do *Chicago Defender* passaram a incluir vários artigos sobre questões que afetavam pessoas de cor tanto nacional quanto internacionalmente. Em 1915, Abbott abriu escritórios em Nova York e Londres, possibilitando que o jornal atendesse às amplas preocupações de seu crescente público leitor. A circulação do jornal aumentou dramaticamente. Em 1918, a tiragem atingiu 100 mil cópias; em 1920, quase triplicou para 285 571 cópias. Dois terços das vendas eram feitas fora de Chicago; e somente na cidade de Nova York eram vendidas 23 mil cópias. Os 2 359 agentes do jornal garantiam que sua tiragem continuasse aumentando.

O *Chicago Defender* desempenhou um papel crucial e bem documentado na Grande Migração. No início do século 20, muitos fatores impeliram milhares de negros a deixar o Sul para as cidades do Norte dos Estados Unidos. Esses fatores incluíam o fracasso da Reconstrução após a Guerra Civil, o aumento da pobreza entre os negros, que eram cada vez menos capazes de ganhar a vida como meeiros, os efeitos das enchentes do rio Mississippi em 1912 e 1913, uma praga de bicudo-do-algodoeiro, a instituição da segregação e das violências racistas na forma de espancamentos, assassinatos, estupros e linchamentos. Esses fatores, combinados com a curiosidade despertada pelas multidões que já estavam indo para o Norte, e por passagens de trem gratuitas fornecidas por donos de fábricas ansiosos para aumentar seus plantéis esvaziados pela Grande Guerra, impulsionaram os negros para o Norte, em busca de emprego e liberdade contra a violência e as condições opressivas do Sul. Em 1917, W. E. B. Du Bois especulou que mais de 250 mil "trabalhadores de cor" haviam se mudado para o Norte.[3] Entre 1915 e 1920, a população negra de Chicago aumentou 148%. Artigos no *Defender* contribuíram para esse aumento. Depois que uma série de artigos do *Chicago Defender* enfatizou as vantagens de se mudar para o Norte, a Liga Urbana de Chicago recebeu 940 cartas que perguntavam sobre as condições em Chicago. O jornal até providenciava excursões e tarifas justas para grupos em apoio à migração para o Norte.

Enquanto a imprensa negra promovia a migração como um alívio para os efeitos do racismo no Sul, o advento da Primeira Guerra Mundial introduziu outro conjunto de preocupações. A imprensa negra, incluindo o *Chicago Defender*, apoiou o esforço de guerra, mas chamou a atenção para a fraude de uma nação que exigia que soldados negros morressem em defesa de uma democracia na qual eles não eram beneficiados totalmente. De início, os negros viram a participação na Primeira Guerra Mundial como um canal para os benefícios da cidadania plena nos Estados Unidos: "Será que alguém, em algum lugar do mundo, negaria à raça que esses homens representam — já que lutaram pela liberdade do mundo — sua própria liberdade em tudo que diz respeito à plena cidadania?".[4] A imprensa negra nos Estados Unidos reuniu evidências esmagadoras para responder a essa pergunta afirmativamente, observando que, "enquanto soldados de cor têm lutado bravamente para instaurar uma democracia mundial [...], o juiz Lynch e seus seguidores têm se ocupado em atacar, linchar e queimar homens, mulheres e crianças de cor nas fogueiras na América".[5] Muitos argumentavam que, quando o governo permitia que os linchamentos prosseguissem sem controle, minava a credibilidade dos Estados Unidos no exterior. Em carta aberta ao presidente Wilson, Kelly Miller, reitora da Universidade Howard, declarou:

> Senhor Presidente, o senhor fez soar a trombeta da democratização das nações, e nisso jamais se retrocederá. Mas, sr. Presidente, uma corrente não é mais forte que seu elo mais fraco. Uma doutrina que falha em casa não é adequada para ser propagada no exterior. Isso nos lembra do piedoso proprietário de escravos que ficou profunda-

mente impressionado com o pedido de missões estrangeiras de que ele vendesse um de seus escravos para contribuir generosamente com a causa. Por que democratizar as nações da terra, se isso as leva a se deleitarem com a queima de seres humanos à maneira de Springfield, Waco, Memphis e East St. Louis, enquanto a nação assiste a isso impotente?[6]

Importante notar que Miller exclui o Brasil de seu catálogo de nações que poderiam estar inclinadas a exultar com o espetáculo público da morte de seres humanos, porque, no Brasil, "sob um regime latino, onde há uma situação racial mais complexa do que nos Estados Unidos, prevalece a paz racial e a boa vontade".[7]

A hostilidade dos Estados Unidos contrastava com a atitude acolhedora dos europeus, especialmente dos franceses, para com os soldados negros dos Estados Unidos e das colônias. Nas páginas do jornal *The Crisis*, W. E. B. Du Bois relatava o reconhecimento que a França concedera aos soldados negros: "Era a França — a França onipotente e imortal liderando o mundo novamente. [...] Homens da África! Como é bom ser um francês negro em 1919 — imagine uma celebração dessas na América!".[8] Dias depois, em outro editorial, Du Bois afirmaria que a democracia pela qual os soldados negros lutaram tão bravamente poderia ser encontrada na Europa em vez de nos Estados Unidos. "Companheiros negros", proclamava ele, "devemos nos juntar à democracia da Europa".[9]

A princípio, a Europa foi apontada como o modelo de democracia para os afrodescendentes em todo o mundo. Os líderes afro-estadunidenses, no entanto, logo se viram compelidos a levar em consideração toda a gama de ações negativas tomadas por França, Bélgica e Inglaterra como potências coloniais na África, Ásia e Caribe. Na Conferência Pan-Africana de 1919 em Paris, organizada por Du Bois, os delegados testemunharam as atrocidades generalizadas e persistentes cometidas pelas potências coloniais.[10] O tratamento terrível dado aos soldados negros na Europa foi logo revelado, para se equiparar com aquele dispensado aos soldados negros que voltavam aos Estados Unidos. Veteranos negros, por exemplo, não foram autorizados a participar das celebrações da vitória britânica em 19 de julho de 1919. Esses veteranos, assim como estudantes da África e do Caribe que também recusaram a iniciativa de repatriação do governo e, em vez disso, optaram por permanecer na Grã-Bretanha após o fim da guerra, foram submetidos a violentos ataques nas ruas e em casa. Cardiff, Liverpool e outros portos marítimos sofreram levantes violentos contra militares negros.[11] Embora a imprensa branca noticiasse os levantes, foi a imprensa negra britânica que chamou a atenção para a hipocrisia da atitude britânica: "Eles [os soldados negros] foram afogados, torturados a sangue frio e terrivelmente abusados e mutilados. Cada gota de suor do homem negro foi dispendida em prol da luta. Ele lutou com o homem branco para salvar a terra do homem branco... e a Guerra foi vencida. Homens negros em todo o mundo estão agora se perguntando: o que vamos ganhar com tudo isso?".[12]

Os fatores que acabaram por dificultar a idealização da Europa e mesmo da África e do Caribe como possíveis modelos e destinos democráticos estão ausentes das discussões da América do Sul. Os escritores afro-estadunidenses geralmente não percebiam a Argentina e o Brasil como potências coloniais, nem percebiam essas nações como tomadas por lutas políticas e ideológicas internas pelo poder, lutas que marcaram as nações colonizadas e ex-colonizadas do Caribe e da África. Essas percepções, aliadas à ideia de que as nações sul-americanas eram livres de preconceito racial, levaram escritores, jornalistas e ativistas afro-estadunidenses de diversas posições políticas e ideológicas a invocar a América do Sul como um exemplo positivo em seus escritos e discursos sobre cidadania e democracia.

Nas duas primeiras décadas do século 20, surgiram alguns livros sobre o Brasil que tiveram um impacto significativo na forma como o país era concebido nas discussões que abordavam a relação entre raça e democracia. Em 1910, o colonialista e explorador britânico Sir Harry Johnston publicou *The Negro in the New World*, obra "idiossincrática", amplamente ilustrada, que, em muitos aspectos, antecipa *Casa-Grande & Senzala*, de Gilberto Freyre.[13] Aquela obra, baseada em uma viagem de pesquisa promovida pelo presidente Theodore Roosevelt, foi citada por Chesnutt, por Du Bois (cuja visita a Londres em 1911, para participar da Conferência Universal das Raças, foi facilitada por Johnston, pois seus problemas de saúde sucessivos o levaram a pedir que alguém o representasse)[14] e por Booker T. Washington (que foi entrevistado por Johnston para seu livro e resenhou o produto final para o *The Journal of the African Society*). Kelly Miller também resenhou *The Negro in the New World* em 1914.[15] A publicação do estudo de Johnston foi precedida pela obra *White Capital and Colored Labour* (1906),[16] de autoria do ex-governador da Jamaica (e secretário de Estado da Índia), Lord Sydney Olivier, que incluía vários capítulos sobre "o negro transplantado" nas Américas e foi seguido, em 1914, por *South America: Observations and Impressions*,[17] do historiador e político britânico James Bryce. Estes dois últimos trabalhos serviram como fontes importantes para os ensaios de Chesnutt discutidos no último capítulo.

Em 1926, Roy Nash publicou *The Conquest of Brazil*.[18] Uma resenha favorável ao livro, não assinada, no *The Crisis*, começa com a observação de que muitos escritores dos Estados Unidos caracterizavam o Brasil como um país branco ou, ao menos, "tornando-se branco". Esses estudos ignoravam os negros e os indígenas, exceto para falar deles como "escravos ou peões". O resenhista observa, no entanto, que o sociólogo branco Nash, terceiro secretário da NAACP,* tinha se recusado a escrever o tal livro. Seguindo um formato semelhante ao utilizado por Johnston e Bryce, e que seria utilizado por Freyre, Nash discute as interações e contribuições dos "portugueses, negros e índios" para o Brasil, e a "linhagem negroide dos próprios portugueses" que os predispôs a serem "mais daltônicos do que qualquer outro povo na Europa. Eles são tão daltônicos que olham diretamente para um homem negro e veem apenas um homem". As passagens do livro que o resenhista cita destacam seus aspectos raciais, mais do que os extensos capítulos sobre meio ambiente ou economia, incluindo um em que Nash ecoa a ideia familiar de que "o destino construiu no Brasil um laboratório social que revelará o significado de 'raça'". Nash prevê que o mundo vai pagar para ver se o experimento do Brasil falhará, dando alimento para aqueles que lamentam a "crescente maré de cor" ou o "perigo amarelo" (essas são referências ao trabalho de 1920 do supremacista branco Lothrop Stoddard, *The Rising Tide of Color against White World Supremacy*), ou se consegue dar ao mundo um exemplo de "civilização poderosa o suficiente para permitir que ela se sente no banco da igualdade ao lado dos Poderes da zona temperada, que agora se autoproclamam Senhores da Criação".[19] Nash não prevê o resultado final.

Embora difiram no grau de condescendência em seu tom, todos esses trabalhos compartilham muitas semelhanças: eles examinam as interações dos "portugueses, negros e índios" uns com os outros e com o meio ambiente; eles notam a falta de uma barreira da cor na América do Sul e no Caribe em contras-

---

* National Association for the Advancement of Colored People [Associação Nacional para o Desenvolvimento das Pessoas de Cor]. (N.T.)

te com os Estados Unidos; e todos contestam a criminalidade inerente aos homens negros que foi usada como justificativa para o linchamento nos Estados Unidos, argumentando que a inexistência de estupro por homens negros fora dos Estados Unidos minou as reivindicações da existência do fato no país.[20]

Esses livros foram acompanhados por uma série de artigos e manifestações publicados no *Amsterdam News*, *Baltimore Afro-American*, *Opportunity*, *Atlanta Independent*, *Philadelphia Tribune*, *Tulsa Star*, *Crusader* e *Chicago Defender*, entre outros. Embora os tópicos dos artigos variassem amplamente, a mensagem subjacente para os leitores se mantinha a mesma. Para todos esses escritores, o ponto mais significativo era que o Brasil não tinha a barreira da cor e, além disso, poderia fornecer aos Estados Unidos uma solução para sua divisão racial. Essa solução poderia vir na forma de emigração dos Estados Unidos para o Brasil ou na forma de um exemplo de sociedade em que a mistura racial era incentivada e a discriminação racial desconhecida. Para muitos, a atenção ao Brasil era instrutiva e oportuna.

Subjacentes às comparações entre os Estados Unidos e o Brasil estavam as diferenças percebidas nas relações raciais entre as duas nações. Supunha-se que os Estados Unidos tinham uma barreira claramente definida e rigorosamente aplicada entre as raças negra e branca, que estabelecia que a mistura racial só poderia produzir corpos negros. A barreira da cor era tida como resultante da crueldade da escravidão nos Estados Unidos e das hostilidades da Guerra Civil. Em contraste, a aparente ausência de uma barreira da cor no Brasil foi considerada como decorrente de um sistema relativamente brando de escravidão e da extensão de relações cordiais que levaram à abolição da escravidão por decreto, e não como resultado da guerra.

A escravidão nunca foi cruel nem dura no Brasil. A relação do escravo com o mestre era mais da natureza de um empregado contratado. Eles pertenciam à mesma igreja, observavam os mesmos dias de festa e muitas vezes se casavam com membros da família do mestre. Hoje existe a mesma relação fraterna. Todos celebram a Abolição da Escravatura juntos. É um feriado nacional como o nosso 4 de Julho.

O país [Brasil] tem a sorte de não ter feridas profundas para cicatrizar. Não há divisão no país causada por diferenças de opinião sobre a questão dos escravos. Trinta e dois anos atrás, os escravos foram libertados por consentimento comum universal, sem derramar uma gota de sangue.[21]

Nas primeiras décadas do século 20, visitante após visitante negro à América do Sul em geral e ao Brasil especificamente notava com satisfação que não existia nenhuma barreira da cor ao sul dos Estados Unidos. Colaboradores da imprensa negra proclamavam repetidamente: "Não há absolutamente nenhuma barreira de cor"[22] no Brasil. Um trecho de um artigo de 1914 no *Philadelphia Tribune* apresenta um desses muitos exemplos:

No Brasil [...] [a] questão da cor não existe, embora a data da abolição lá seja mais recente do que neste país. Lá, um homem é julgado por mérito pessoal. Não há barreira de preconceito para ele enfrentar. Todas as oportunidades da vida estão abertas para ele. Se há falha, é do indivíduo e não de qualquer preconceito da classe dominante para rebaixá-lo ou negar-lhe os direitos de homem e cidadão do Brasil. Não há linha de demarcação traçada em parte alguma no mundo dos negócios, nas artes mecânicas, na classe dos artesãos ou na vida social.[23]

Muitos, entre os quais o historiador Carter Woodson, creditavam a alta taxa de miscigenação à ausência de barreira da cor. Observando a penetração de raças "negroides" na Itália, na França e até mesmo na Grã-Bretanha e na Irlanda, Woodson declara que: "[por] causa do temperamento do português, esta infusão de sangue africano foi ainda mais marcante naquele país. Como os portugueses são um povo de boa índole, sem ódio racial, não temeram a miscigenação das raças". Essa atitude se estendera ao Brasil, em que os primeiros colonizadores se misturaram com os povos indígenas. Os descendentes destes serviram para facilitar a "assimilação dos negros" ao se casarem com eles quando estes chegaram ao país. "Depois da abolição, em 1888, a tendência já notória para essa fusão dos escravos com as classes senhoriais aumentou gradualmente."[24]

A caracterização do sistema escravocrata brasileiro como brando no século 20 teria sido uma surpresa para os leitores da imprensa negra do século 19 nos Estados Unidos, que tinham uma visão muito diferente da escravidão no Brasil. Esses leitores haviam tomado conhecimento das condições deploráveis dos africanos escravizados no Brasil, da existência de comunidades de escravos fugidos, ou quilombos, como Palmares, e dos eventos que levaram à abolição tardia da escravatura no Brasil em 1888. No verão de 1884, por exemplo, o *Cleveland Gazette*, um semanário negro, publicou um artigo informando seus leitores sobre a violência contra os escravizados nos esforços pela abolição da escravatura no Brasil.

> Cartas do Rio de Janeiro para o *New York Herald* falam da insatisfação geral predominante e dos sérios problemas que surgiram no movimento pela abolição. Em abril, um rico fazendeiro e o endinheirado sócio de uma casa de café foram para sua fazenda, a cerca de seis milhas de Resende, uma cidade na província do Rio de Janeiro. Na manhã seguinte, ele saiu para ver seus escravos a caminho do trabalho. Os três últimos da marcha lançaram-se

sobre ele, derrubaram-no, cortaram-no com facas e foices e, em poucos minutos, largaram-no ali, um cadáver mutilado. Então eles seguiram para a cidade, se entregaram à polícia e foram presos. Alguns dias depois, uma turba de quatrocentos homens armados, residentes na província, entrou em Resende às quatro horas da madrugada. Eles renderam o guarda, entraram na prisão, arrancaram as chaves do carcereiro, foram às celas dos três escravos que haviam assassinado o patrão, arrastaram-nos para a praça pública e, após atos diabólicos de brutalidade, literalmente os cortaram em pedaços. Então a turba saiu marchando, gritando por justiça. No dia seguinte, telegramas foram enviados ao Rio de Janeiro pedindo ajuda, pois havia chegado a notícia de que os escravos de várias fazendas iriam atacar a cidade e destruí-la. A polícia, que imediatamente partiu para a cidade, encontrou os cidadãos armados e alarmados. Mas os escravos presumivelmente ficaram sabendo da presença dos oficiais e nada foi feito. A propaganda abolicionista funcionou com algum sucesso na província do Rio Grande do Sul, tendo sido libertos setenta e oito escravos em uma reunião abolicionista em Uruguaiana e doze em outra, em Pelotas. Lentamente, mas com certeza, a escravidão está morrendo até mesmo no Brasil. Essas revoltas entre os escravizados, embora ao terrível custo de vidas, podem acelerar a abolição, e esperamos mobilizar, em nome da causa deles, os homens que mais ajudaram materialmente na libertação do negro estadunidense.[25]

Embora essa descrição chame a atenção para o papel dos negros brasileiros em sua própria libertação e confirme seus atos de resistência, ela destaca, entretanto, no relato do linchamento, uma visão da violência da escravidão brasileira de uma forma muito familiar, relacionando a experiência dos negros nos Estados Unidos com a do Brasil. Dado esse pano de fundo, não é de surpreender que os relatos que circularam apenas alguns anos após o fim oficial da escravidão brasileira, atestando que negros e brancos viviam em harmonia, tivessem causado uma forte impressão, convidando os leitores a se perguntarem o que havia acontecido em tão pouco tempo para distinguir o Brasil dos Estados Unidos. O exemplo de uma região do mundo que compartilhara com os Estados Unidos um passado comum de escravidão e, ainda assim, um presente aparentemente diferente, forneceu aos negros estadunidenses um argumento convincente contra a existência da barreira da cor, contra as leis antimiscigenação, contra as leis Jim Crow e contra o linchamento. Se os ataques contra a segurança e a cidadania dos negros não aconteciam mais na América do Sul, raciocinaram eles, por que deveriam continuar nos Estados Unidos?

INTERNACIONALISMO NEGRO: UNIDOS PELO SANGUE E PELO INTERESSE COMUM

A imprensa negra nos Estados Unidos promoveu a imagem de uma democracia racial sul-americana e especificamente brasileira como modelo para a melhoria da situação racial dos negros dos Estados Unidos. Mesmo antes da série de artigos de Robert Abbott, intitulada *My Trip Through South America* [Minha viagem pela América do Sul], em que ele escreve sobre seu desejo de ver negros vivendo sem a consciência de uma diferença racial "tão estranhamente poderosa em impedir a evolução natural e saudável de 12 milhões de negros dentro dos limites da sociedade estadunidense",[26] outros jornalistas e líderes defendiam um modelo brasileiro de democracia racial: "O Brasil é uma prova atual, e em primeira mão, da solução do problema racial por meio de casamentos inter-raciais. Esse exemplo não passará despercebido ao negro estadunidense. Para ele, está ficando cada vez mais claro que quanto mais tempo ele permanecer como um grupo dentro de um grupo, mais tempo o grupo mais forte devorará o mais fraco e menos numeroso".[27] Se, a seguir, neste meu *Democracia canibal*, eu me concentro nos escritos de Abbott, é porque ele é exemplo, e não exceção.

Assim que chegou ao Brasil, Abbott descreveu um "estado político perfeito" completamente homogêneo no que se refere ao sangue, como resultado de casamentos inter-raciais. Ele fez a observação de que "o povo negro está presente por todos os lados, desfrutando com facilidade inconcebível de todos os recursos de uma democracia atual".[28] Segundo Abbott, a adesão do Brasil a uma noção estrita de democracia, entendida como democracia racial, distinguia-o dos Estados Unidos, tornando-o um modelo e um lar em potencial para profissionais afro-estadunidenses. "A ideia será abrir uma via prática para o empreendimento comercial e criar uma conexão no Brasil para o negro dos Estados Unidos que deseje se estabelecer em um novo país, em condições mais harmoniosas com sua noção de liberdade [...]. Nem colonização nem exploração estão envolvidas neste esquema de negócios práticos."[29]

Outros já haviam endossado esse plano. R. W. Merguson, um jornalista de Pittsburgh, por exemplo, havia, em 1915, defendido isso, qualificando, porém, o tipo de emigrante que seria desejável:

> Para o homem de cor ambicioso e inteligente, em busca de campos mais justos para expansão e crescimento, para uma atmosfera não contaminada ou permeada pelas infinitas variedades e formas de preconceito racial encontradas nos Estados Unidos, pode ser bom voltar sua atenção para o Brasil. Para o homem sem capital, os incentivos não são atraentes. Longe disso. Mas se ele tem capital, ou se é um profissional em busca de um ambiente sem restrições e acolhedor,

o Brasil oferece muitos incentivos. Médicos, dentistas, advogados, professores e profissionais de qualquer ramo se saem bem.[30]

Importante destacar que, como os livros sobre o Brasil que discuti na abertura deste capítulo, o artigo de Merguson contém várias fotografias da paisagem, da arquitetura e das pessoas. Essas imagens reforçam a ideia do Brasil como um país agradável e cosmopolita — uma "terra negra",[31] onde pessoas de várias cores e raças interagem com facilidade em ambientes de trabalho e sociais.

Essa sensação de promessa da América do Sul para empresários negros também se refletia na cultura popular. Por exemplo, o *Baltimore Afro-American* considerou digno de nota o fato de que Oscar Micheaux, o prolífico cineasta negro, visse oportunidades além das fronteiras dos Estados Unidos: "Oscar Micheaux, o produtor de cinema", relatava o jornal, "passou no escritório na semana passada e contou sobre um plano de viagem que incluirá uma turnê pelas Índias Ocidentais e pela América do Sul. O objetivo dessa jornada é introduzir as produções de Micheaux nesses locais. Uma campanha publicitária também será lançada para familiarizar os cidadãos com as produções da gente de cor".[32] Ainda não consegui concluir se Micheaux realmente completou essa turnê; no entanto, o momento, enredo e elenco de seu filme de 1927, *The Millionaire*, sugerem que sim.[33] Esse filme, hoje perdido, lançado dois anos após o anúncio de sua planejada viagem, inclui Robert Abbott e sua esposa no elenco. ("Eles desempenharam seus papéis melhor do que o veterano Charlie Chaplin [...] [e] receberam dólares por minuto.") O protagonista do filme é um homem negro que busca na América do Sul a sorte e o alívio para o racismo. Anunciado e resenhado em vários jornais, seu enredo era descrito em prosa sensacionalista:

The Millionaire conta as aventuras de Pelham Guitry, um aventureiro, um homem que, quando jovem, possuidor de grande iniciativa e um objetivo definido, se muda para longe dos redutos de sua raça — a milhares de quilômetros, na América do Sul. Lá, nas planícies selvagens e onduladas da Argentina, ele se torna uma espécie de "Touro Selvagem dos Pampas". Quinze anos se passam e, tendo acumulado uma enorme fortuna, ele retorna à América, com o coração ansioso e faminto pela mais infinita de todas as coisas — uma mulher. Em Nova York, ele conhece Celia Washington, a sereia — uma mulher com complexo de inferioridade —, uma criatura linda, encantadoramente talentosa, mas indigna; a concubina de Lizard, um notório personagem do submundo de Nova York, que, em aliança com Brock, rei do submundo, procura induzi-lo a se casar com a vampira.[34]

A ligação que Micheaux faz em seu filme entre a América do Sul e o Harlem é algo que discutirei com mais detalhes ao final deste capítulo, no que diz respeito ao surgimento do tema em dois romances do Renascimento do Harlem: *Passing*, de Nella Larsen, e *Plum Bun*, de Jessie Redmon Fauset. O filme reforça como a cultura visual literária e popular durante o *New Negro Movement* [Novo Movimento Negro] registrou a discussão pública da relação entre os Estados Unidos e a América do Sul em geral, e o Brasil em particular, como uma discussão oportuna.[35]

Em um artigo cuidadosamente pesquisado sobre o grau em que o governo dos Estados Unidos e o governo brasileiro conspiraram para minar a emigração de negros para o Brasil, Teresa Meade e Gregory Alonso Pirio discutem a história dos sindicatos da colonização que promoveram o assentamento negro fora dos Estados Unidos. Segundo os autores, grupos de negros estadunidenses responderam a uma notícia veiculada na imprensa negra no verão de 1920 divulgando os programas brasileiros de promoção da imigração. O governo brasileiro tinha como alvo empreendedores e trabalhadores brancos para esse plano, que prometia terra, assistência médica gratuita e transporte gratuito, bem como alimentação e hospedagem gratuitas no Brasil até o estabelecimento do imigrante. Os grupos de empresários negros envolvidos na promoção da emigração desconheciam, porém, que esse programa proibia expressamente a entrada de pessoas de cor no país com o objetivo de se estabelecerem. Meses após o aparecimento dessa notícia, um grupo de Chicago associou-se ao Brazilian American Colonization Syndicate (BACS) [Sindicato da Colonização Brasileiro-Americana] em Delaware. O sindicato anunciou seus esforços nos principais jornais negros do período, incluindo *The Crisis*, *Baltimore Afro-American* e *Chicago Defender*. Os anúncios perguntavam: "Você quer liberdade e riqueza em uma terra de fartura? Então compre um terreno no Brasil, América do Sul. Oportunidade e Igualdade Ilimitadas!".[36]

O governo dos Estados Unidos reconheceu que as autoridades brasileiras não queriam que negros entrassem no país e colaborou para levantar barreiras à emigração negra. Em um editorial não assinado do *The Crisis*, presumivelmente escrito por Du Bois, o autor aborda "o esforço extraordinário por parte dos Estados Unidos para impedir que os negros migrem, especialmente para o México e a América do Sul".[37] O artigo transmitia aos leitores a resposta do embaixador estadunidense no Brasil quanto a um pedido do *The Crisis* de esclarecimento sobre a política brasileira em relação à emigração negra:

> Respondendo à sua carta de 21 de janeiro de 1927, permita-me dizer que nem a Constituição nem as Leis brasileiras definem a palavra "negro", mas que, de acordo com a Lei Federal brasileira promulgada pelo Decreto Executivo nº 4.247, de 6 de janeiro de 1921, a entrada

de estrangeiros no território nacional fica sujeita a aprovação da Administração, recusando-se a autorização de entrada quando se considere que a ordem pública ou o interesse nacional são afetados. De acordo com a conveniência do momento, as restrições são aplicadas a todos os estrangeiros, independentemente de raça ou cor, e as restrições que foram impostas em 1921 quanto à admissão de cidadãos de cor dos Estados Unidos foram enquadradas conforme resultado de um relatório a propósito de que um sindicato havia sido formado nos Estados Unidos para enviar negros estadunidenses aos estados de Mato Grosso e Goiás para fins de colonização. O governo brasileiro seguramente estaria disposto a permitir que os negros estadunidenses que desejam visitar o Brasil para fins de viagem ou negócios, ou que estão em trânsito por aquele país, obtenham vistos de passaporte de funcionários brasileiros no exterior que tenham competência para emiti-los.[38]

O editorial interpreta a relutância do Brasil em admitir negros como resultado de propaganda do governo dos Estados Unidos e como usurpação do direito do Brasil de supervisionar a migração, recomendando que os negros estadunidenses "espalhemos propaganda nós mesmos, entre nossos vizinhos do Sul que estão ligados a nós por sangue e interesses comuns".[39]

O autor desse editorial, como muitos outros escritores antes e depois, falhou em reconhecer o papel do Brasil em barrar a imigração de pessoas de cor. Meade e Pirio afirmam em seu artigo que os grandes esforços que o Brasil fez durante a década de 1920 para impedir a entrada de qualquer negro no país não foram apenas para garantir o "sucesso" da estratégia de embranquecimento da população. As autoridades brasileiras também temiam a entrada de ideologias que promovessem a consciência racial, especialmente numa época em que os negros já se organizavam social e politicamente.[40] "Na verdade", afirmam Meade e Pirio, "o branqueamento só acabaria tendo sucesso se não aparecesse nenhuma contraideologia afirmando a igualdade, ou mesmo a superioridade, da negritude".[41]

Os comentários do embaixador, conforme veiculados pelo editorial do *The Crisis*, implicam ainda que foi justamente de acordo com a política de encorajar a imigração branca para acelerar o processo de embranquecimento que, em 1900, 1906 e 1920, o censo omitiu todas as designações de cor. O Instituto Brasileiro de Geografia e Estatística (IBGE) justificou a prática argumentando que a classificação por cor estabeleceria uma barreira da cor incompatível com a recém-formada democracia brasileira. Sam Adamo argumentou, no entanto, que ao omitir as distinções de cor, o IBGE estava menos preocupado com os princípios democráticos do que em ocultar o alto número de negros na população brasileira.[42]

Na verdade, a preparação de Abbott para a viagem com sua esposa foi afetada por essas políticas. Ao descrever os preparativos para a viagem, ele comenta que "Recebemos pronto atendimento cordial de todos, exceto do cônsul brasileiro. Assim, só depois de fazer pressão é que consegui que o cônsul do Brasil liberasse o visto em nossos passaportes. Essa, ao que parece, tem sido a experiência de todo negro estadunidense que nos últimos anos buscou entrar no Brasil", experiência que ele atribui à interferência dos Estados Unidos.[43] Mesmo diante da recusa do cônsul brasileiro em conceder um visto, que acabou sendo obtido pela esposa de pele clara e olhos azuis de Abbott, os artigos e os discursos que ele fez no Brasil revelaram sua determinação de apresentar o país aos norte-americanos e sul-americanos como um ideal tanto de harmonia racial quanto de democracia.

O significado da viagem e dos discursos de Abbott foi visto de forma muito diferente a partir da perspectiva da imprensa afro-brasileira. Tanto sua percepção do Brasil quanto sua proposta de estimular a emigração de empresários negros foram recebidas com desconfiança. A visita de Abbott foi tema de muitos artigos e editoriais nos jornais afro-brasileiros de São Paulo, Rio de Janeiro e Campinas, e proporcionou uma ocasião para discussão sobre a cidadania negra brasileira.

Enquanto o *Chicago Defender* se estabelecia nos Estados Unidos, a imprensa negra no Brasil também crescia em tamanho e importância. O acervo dos jornais negros brasileiros do Instituto de Estudos Brasileiros da Universidade de São Paulo inclui 31 títulos publicados em São Paulo. Vários desses jornais estavam ligados a associações sociais ou políticas. Entre os títulos estão: *O Menelick, O Bandeirante, O Alfinete, O Getulino* (editado em Campinas), *A Liberdade, O Patrocínio, A Rua, A Sentinela, Auriverde, O Kosmos, Elite, O Xauter, O Progresso, O Clarim e O Clarim da Alvorada*, que começaram a ser publicados na década de 1920. *Chibata, Cultura, Tribuna Negra, A Voz da Raça, O Mundo Negro* e *O Brasil Novo* começaram a ser publicados na década de 1930. *Alvorada* e *O Novo Horizonte* começaram a ser publicados na década de 1940, e *Cruzada Cultural, Mundo Novo, O Mutirão, O Ébano, A Velha Guarda, Senzala* e *Níger* começaram a ser publicados nos anos 1950 e 1960.[44]

Esses jornais foram fundados para abordar os efeitos do racismo, construir solidariedade de grupo, educar os leitores sobre a história dos africanos e seus descendentes no Brasil e divulgar a história e as atividades das organizações políticas, sociais e artísticas negras nos Estados Unidos, no Caribe, na Europa e na África. Nas primeiras décadas do século 20, os jornais publicavam regularmente artigos sobre a NAACP, de Marcus Garvey, os Congressos Pan-Africanos, a situação dos negros na África do Sul e os movimentos de independência em todo o mundo. Eles comparavam a situação dos negros nos Estados Unidos e no Brasil e relatavam linchamentos e as respostas a eles por funcionários do governo e pelas comunidades negras. Os jornais publicavam poesia, ficção seriada, anúncios de aniversários, casamentos, falecimentos, fofocas, propaganda, notícias — locais, nacionais e internacionais —, editoriais, fotografias e desenhos. Os jornais eram particularmente assíduos na documentação de acontecimentos dentro e fora do Brasil que demonstravam a necessidade de combater o racismo.[45]

Dois temas predominavam nos artigos originados da viagem de Abbott: o impacto da emigração negra dos Estados Unidos nas relações raciais no Brasil e a correção da percepção de Abbott sobre a condição dos negros brasileiros. Em reconhecimento à sua importância, reproduzo abaixo, na íntegra, a tradução de um artigo de Abílio Rodrigues publicado no *Kosmos*. Esse artigo, parte do qual foi republicado em outros jornais, é na verdade um resumo comentado de um artigo originalmente publicado em um jornal negro do Rio de Janeiro e, mais tarde, amplamente divulgado.

> Por gentileza de um amigo que, como eu e outros, anseia pelo bem-estar dos negros no Brasil, recebi um exemplar do jornal *A Pátria*, publicado no Rio de Janeiro, datado de 11 de março. Não fosse essa gentileza, não teria tido o prazer de ler o artigo, atribuído a José do Patrocínio Jr., sobre o ilustre jornalista estadunidense dr. Robert S. Abott [sic], liderança da raça negra em Chicago, que, há poucos dias, deu uma palestra no Teatro Trianon, no Rio.
>
> José do Patrocínio Jr. começa [o artigo] declarando que sua ausência naquele encontro literário foi certamente notada, pois todos o reconhecem como uma pessoa [importante], tanto pela cor de sua pele quanto pelo legado do nome que ele carrega. [José de Patrocínio Jr. foi um conhecido abolicionista negro e fundador da Sociedade Brasileira Antiescravagista.][46]

[Como editor do jornal, a ausência de Patrocínio Jr.] foi ainda mais surpreendente pelo fato de *A Pátria* ser o único jornal que divulgava e elogiava o ilustre jornalista.

O tema escolhido [por Abbott] foi: a democracia brasileira é a verdadeira democracia, porque se baseia em princípios de igualdade humana.

Segundo José do Patrocínio Jr., a intenção do dr. Abott [sic] de estabelecer uma comparação favorável entre sua nação e a nossa era imensamente lisonjeira.

Mas as palavras que deveriam ter sido ouvidas pelos negros no Brasil não foram aquelas proferidas com tanta eloquência por aquela "liderança"; aquelas palavras deveriam ter sido outras, mais verdadeiras. A tal igualdade [que ele diz] existir para os negros aqui — fantasiosa — é puramente fantasiosa.

Vê-se em cada caminhada da vida que do negro se exige três vezes o esforço para alcançar uma posição melhor. Quando se trata do negro, não se tolera mediocridade, e seu valor é desafiado a cada passo no desejo de eliminá-lo. Essa é a degradação que tem sofrido desde que lhe foi dada a liberdade por piedade 34 anos atrás!

O dr. Abott [sic] acredita "nos princípios da igualdade humana", certamente devido à ilusão resultante de sua impressão inicial do contato entre o negro e o branco em todas as interações sociais; mas isso é apenas [uma visão] superficial porque, principalmente *para o preto daqui* [grifo meu], ele [o contato] nada acrescenta ao que deveria ser ou poderia ser. Os fatos reunidos pelo dr. Abott [sic] evocariam para os negros estadunidenses indícios de evidente felicidade, mas para os negros do Brasil seriam [indícios de] decepção bastante triste — [indícios de] como mantê-los [os negros brasileiros] [confinados] na ilusão de igualdade enquanto perdura o desprezo, e enquanto todas as conquistas são consideradas inúteis ou são mal reconhecidas.

O que deveríamos ter ouvido dos lábios do dr. Abott [sic] era uma lição sobre a energia [que poderia ser aproveitada] para acabar com a letargia que debilita o negro desta terra, ele que acredita que a vida é um sonho que se evapora na sepultura.[47]

O artigo de Abílio Rodrigues continua:

A propaganda abolicionista não foi dirigida aos negros. Os propagandistas dirigiam-se aos brancos para provar-lhes que cometiam uma injustiça, mas não ensinaram os negros a reagir contra essa injustiça. É por isso que, em seus discursos comoventes, José do Patrocínio Jr. cunhou uma frase que se tornou um grito de guerra para a propaganda abolicionista [negra]: *Escravidão é assalto!* A vítima de um assalto reage contra o assaltante; não implora a ele nem sequer o convence de que lhe devolva o que lhe arrebatou à força. Isso [reagir] é que é humano.

A raça negra que pereceu sob o chicote, raça que é a fonte mais fértil da importância e riqueza desta terra, tornou-se inútil se não nociva ao Brasil. Resignados com o compassivo desdém do branco, que os leva a pensar que a guerra entre as raças não existe entre nós, [os negros] nunca alcançaram [a estatura de] um Visconde de Jequitinhonha, de um Rebouças, de um Cotegipe, de um Tobias Barreto. Infelizmente há aqueles que escondem suas origens negras por medo do desdém. Por quê? Há empresas que barram os negros a cargos de status e gestão. Por quê? Quando se menciona a miscigenação como a característica étnica do Brasil, é [para demonstrar que] somente pela miscigenação que os negros ingressam na civilização; imediatamente, porém, levanta-se um clamor contra essa ofensa. Por quê? O sr. Eloy de Souza é um exemplo singular [como o único negro] no Congresso Nacional. Por quê? Ao sr. Juliano de Moreira e ao sr. Evaristo de Moraes,[48] as portas da sociedade se abrem a contragosto, forçadas pela inegável inteligência desses homens. Cruz e Sousa foi o líder de uma escola que renovou a poesia brasileira. E atualmente a Liga Metropolitana de Futebol exclui jogadores de pele escura de partidas em que o time representaria o Brasil. A cada passo esbarramos no preconceito que exclui, que humilha, que esmaga o homem de cor.

E continuamos a ser minados pela ilusão de que "a verdadeira democracia é brasileira porque se baseia nos princípios da igualdade humana".

Graças à gentileza de um amigo, este é, então, o resumo do artigo de José do Patrocínio Jr., que em outras circunstâncias teria me passado ao largo como certamente passou para a maioria dos negros no Brasil.

O que mais me entristece [no entanto] é que depois que nosso ilustre palestrante [Abbott] chegou a São Paulo e se hospedou em um de nossos hotéis, o Palace Hotel, ele, ao voltar de um passeio, foi instado pelo proprietário a sair do hotel porque o quarto já havia sido ocupado por outro. Por quê? O fato é que alguns estadunidenses brancos, que estavam hospedados no hotel, obrigaram o dono do hotel a expulsar seu hóspede negro.

Mesmo aqui, em terra estrangeira, eles querem impor esses velhos preconceitos que existem na América do Norte. No entanto, qual foi a atitude do dono do hotel *como brasileiro* [grifo meu]? Foi atender ao pedido dos estadunidenses. É esta a igualdade observada como padrão da verdadeira democracia brasileira?

Ilusão... pura ilusão.[49]

O fato de o artigo de Abílio Rodrigues ter sido republicado inúmeras vezes e de outros terem surgido discutindo as implicações da visita de Abbott destaca a importância da visita para definir o vínculo entre raça e democracia no Brasil. O artigo de Rodrigues simpatiza com o desejo de Abbott de conhecer um lugar onde a democracia pudesse incluir os negros; no entanto, ele culpa Abbott por não reconhecer o alto custo da inclusão — o desaparecimento dos negros *como tal*.

Abbott foi duramente criticado na imprensa afro-brasileira pelos discursos e artigos que expunham suas impressões sobre o que viu ao chegar ao Brasil. Ele celebrou os negros que viu em cargos de responsabilidade e em todos os estratos da sociedade. Jornalistas e críticos negros brasileiros, porém, o culpavam por não levar em conta que o visível é sempre mediado, que é vendo que *se aprende*. Culpavam-no por não entender que os negros que ele via como negros, e com os quais queria se identificar, não eram realmente negros. Acima de tudo, culpavam Abbott por não entender que, embora houvesse muitos negros no Brasil — a maioria, na verdade —, eles eram tão invisíveis para ele, Abbott, que não se esforçava para enxergá-los,[50] quanto para o Estado brasileiro, para o posicionamento oficial. Jornalistas como Abílio Rodrigues recusavam-se a opor o Brasil aos Estados Unidos de forma simplista. Do ponto de vista deles, a retórica da democracia racial, que dependia do branqueamento e do eventual desaparecimento dos negros, permitia que o racismo se perpetuasse, sob o pretexto de acabar com a racialização.

A determinação de Abbott em ver a democracia brasileira como uma verdadeira democracia, independentemente do que ele vivenciou, foi evidenciada nas colunas que publicou no *Chicago Defender*. Quando foram expulsos de seus hotéis no Rio de Janeiro e em São Paulo, Abbott culpou o "preconceito de cor estadunidense"[51] e não a atitude brasileira hipócrita apontada por Rodrigues, uma atitude que controla uma barreira da cor, ao mesmo tempo em que nega sua viabilidade no Brasil. Essa contradição, conforme articulada no artigo de Abbott, reforça o quanto os Estados Unidos e o Brasil estão mutuamente imbricados. Se os negros estadunidenses precisavam do Brasil para sustentar a possibilidade de uma democracia racial, por mais "ilusória" que fosse, o Brasil precisava, da mesma forma, que os Estados Unidos acobertassem o racismo brasileiro.

Essas provas da determinação de Abbott em ignorar as implicações do que ele viu e sofreu são fornecidas não apenas pelos relatos de reação a sua viagem na imprensa negra brasileira, mas também pelo diário de sua esposa Helen. Segundo o biógrafo de Abbott, Roi Ottley, Helen ficou gravemente ofendida com a reação que ela e o marido provocaram no Brasil. Ela disse à irmã, Idalee Magill, que eles eram examinados como se fossem uma cena de "atração de circo", talvez porque, para os brasileiros, ela fosse branca e o marido, negro. A insistência dela em ser negra teria sido percebida como uma rejeição ao discurso do *embranquecimento*, tornando-a o mais perigoso resíduo resistente. Ela alegou que o marido a envergonhou por não dar atenção aos sinais evidentes de desagrado por parte dos seus anfitriões, insistindo em ir para onde claramente não era bem-vindo. Os incidentes de discriminação eram tão frequentes que ela aparecia cada vez menos em público. Ela também relatou que, depois de serem forçados a deixar o Palace Hotel, foram autorizados a se hospedar em outro hotel. O dono deste hotel, no entanto, os impediu de comer no restaurante, direcionando-os para um restaurante "negro" próximo. Eles deixaram o hotel quando os carregadores do hotel se recusaram a carregar suas malas.[52]

Os discursos de Abbott defendendo a emigração de afro-estadunidenses de classe média coincidiram com debates em torno das políticas de imigração do Brasil. Em artigo na imprensa negra intitulado "Ecos do projeto Fidélis Reis", o jornalista Teófilo Fortunato de Camargo chamava a atenção para a legislação imigratória dos políticos Fidélis Reis e Cincinato Braga, que prometia um desastre para os "milhões" de brasileiros "de pele preta": "a Câmara Alta, que acaba de votar a Lei que será o opróbrio inexoravelmente lançado em face de tantos brasileiros, continuará consciente de que cumpriu o seu dever".[53] A lei pedia a cessação da imigração de pessoas de cor da África e da Ásia e incentivos para aumentar a imigração europeia, a fim de promover a política de embranquecimento. Não por acaso, a lei teve o apoio da Academia Nacional de Medicina.[54]

Embora Camargo reconheça que o aumento do número de negros por meio da imigração só poderia aumentar a miséria em que os negros brasileiros já viviam, ele afirma que o maior perigo para os negros era a seleção de palavras que Fidélis Reis usava para justificar seu projeto: "Sim, por toda uma eternidade vai ficar patente que o sangue negro é uma corrupção, que o elemento negro é uma desordem na formação do caráter etnológico brasileiro".[55] Essa seleção de palavras reforça a conexão entre patologia e negritude tão familiar aos leitores do jornal.

Camargo se preocupa ainda com que no futuro todos os brasileiros e, de fato, o mundo inteiro amaldiçoem:

[...] esse negro que fez o Brasil agrícola com os seus braços, que fez o Brasil intelectual com o sangue das suas esposas, as quais aleitaram com tanto carinho os grandes vultos que hoje sentem prazer em se tornarem os nossos mais encarniçados inimigos.

Os comentários de Abbott sobre o Brasil e o silêncio sobre os Estados Unidos teriam sido particularmente ofensivos para um público bem-informado sobre os eventos que ocorriam nos Estados Unidos, bem como conhecedor e crítico da situação no Brasil.

Na sequência de um artigo sobre a proibição da imigração de pessoas de cor codificada na lei Fidélis Reis, o jornalista negro Evaristo de Moraes aponta que uma das razões comumente apontadas para impedir a imigração de negros estadunidenses é que eles trariam consigo seu ódio aos brancos e que sua predisposição para uma guerra racial era certeza de que eles perturbariam a paz doméstica. O autor emite uma crítica a essa visão ao perguntar "Como é possível prezar a quem nos menospreza?". Ele elenca para o leitor as contribuições dos negros aos Estados Unidos: 400 mil homens e 225 milhões de dólares para a guerra, as faculdades e universidades para negros, as instituições, fazendas, bancos, jornais, fábricas. Ele chama a atenção para as agressões legais contra os negros na forma de proibições contra casamentos inter-raciais, anulação de casamentos inter-raciais que acaba punindo os filhos, e o desrespeito à Décima Quarta e Décima Quinta Emendas à Constituição, além de ressaltar a violência da Ku Klux Klan e o linchamento. Ele conclui que a raiva dos negros em relação aos brancos, dadas essas circunstâncias, é compreensível. Se o ambiente mudasse, também mudariam as atitudes, dando a entender que, se o Brasil realmente tivesse segurança de sua democracia racial, a legítima raiva sentida pelos negros estadunidenses não teria razão de expressão no Brasil. Moraes qualifica esta última observação alertando que aqueles que são preconceituosos no Brasil ainda podem convencer outros brasileiros de que todas as pessoas de cor dos Estados Unidos que desejam vir para o Brasil são indesejáveis.[56]

O editor de jornais afro-brasileiro Benedicto Florencio reconhecia que, para quem vinha dos Estados Unidos, onde os negros eram regularmente linchados, o Brasil devia parecer um lugar ideal, dada a ausência desse tipo de violência.

> De fato, quem chega aqui às pressas e vê a mistura por cima, sem conhecer das substâncias componentes, ilude-se facilmente com a cor da chita. Mas, se o visitante é portador de uma missão diplomática, de cujos resultados depende uma séria orientação a tomar, ele será sempre um leviano quando, sem conhecer a verdadeira situação do que está vendo superficialmente, se arvore a elogiar, garantindo e afirmando coisas que no fundo não são verdadeiras.[57]

Se Abbott pretendesse voltar aos Estados Unidos para dizer aos "nossos irmãos estadunidenses" que no Brasil existia verdadeira igualdade humana, que não havia preconceitos, que a lei era rigorosa na igualdade de sua aplicação, ele estaria muito errado: "Nós, porém, os negros brasileiros, não endossamos de forma alguma os sugestivos entusiasmos do sr. Abbot [sic], porque ninguém mais apto para falar da injustiça do que a própria vítima".

Muitos jornalistas podem ter rejeitado a interpretação de Abbott sobre a atual situação dos negros brasileiros. Outros, no entanto, focaram em sua percepção da ameaça que a imigração em massa de negros estadunidenses representaria: "A vinda dos negros estadunidenses será o golpe de morte para aquela obra matemática do desaparecimento gradativo da raça negra no Brasil".[58] Theodore Roosevelt, refletindo sobre sua própria visita ao Brasil em 1913, assim resumiu essa ideologia: "No Brasil, pelo contrário, a ideia mais aguardada é o desaparecimento da questão negra pelo desaparecimento do próprio negro — ou seja, de sua gradual absorção pela raça branca".[59]

Essa frase "desaparecimento da questão do negro pelo desaparecimento do próprio negro" encadeia vários temas. A noção de democracia racial — que depende de uma narrativa de assimilação em que a "raça negra" é incorporada à raça branca — exclui a possibilidade de uma vida política de pluralidade e diferença. Suas consequências para a cidadania negra não são exageradas. Os artigos da imprensa afro-brasileira deixam claro que a suposta escolha de participar da democracia racial exige, de fato, dos negros, o resíduo da negritude apenas no que há de "racial" na democracia racial. Michael Hanchard considera que, "no Brasil, a ausência de 'dados' raciais ou étnicos é mais profunda do que em outros regimes de governo, mas esta é uma questão de *grau* de instabilidade no que se refere às identificações raciais ou étnicas, e não o caso de um regime de governo conter características 'atemporais' de desigualdades e antagonismos raciais, na comparação com outro regime político que não tenha padrões identificáveis de dominação ou subordinação informados pela raça".[60]

Enquanto Hanchard formula a questão em termos de estável e instável, ou dados e graus, eu a formularia de maneira um pouco diferente. Negritude, em termos de democracia racial, é o nome que se dá ao que a ultrapassa e a torna visível — é o resíduo que torna possível e sustentável a noção de democracia racial, mas sempre fadada ao fracasso. Como narrativa, serve para reforçar uma noção de cidadania especificamente *americana* (do Norte e do Sul).

"É A AMÉRICA DO SUL QUE O ATRAI": O BRASIL NO RENASCIMENTO DO HARLEM

Em agosto de 1928, Nella Larsen completou o manuscrito de seu segundo romance. O título, *Nig*, não apenas lembra *Nigger Heaven*, o título do controverso romance de seu amigo e mentor Carl Van Vechten sobre o Harlem, como também destaca a personagem de Clare Kendry ao referir-se ao apelido que o marido dera para ela, "Nig". De acordo com Thadious Davis, um biógrafo de Larsen, o título foi considerado muito incendiário para um romance de um autor "não relevante", levando o editor a substituí-lo por *Passing* para atrair interesse e atenção sem ofender.[61]

O romance começa quando Irene Redfield, de cuja perspectiva a história é contada, lê uma carta de Clare Kendry, uma conhecida de infância. A carta, em papel estrangeiro, "com sua garatuja quase ilegível, parecia meio deslocada e estranha".[62] Essa leitura dispara em Irene a lembrança de um encontro entre ambas dois anos antes, quando se encontraram por acaso em um terraço de Chicago, e põe em movimento o entrelaçamento de suas vidas, o que compõe o enredo de *Passing*. Numa troca de confidências, Clare revelara a Irene que se passava por branca sempre e em qualquer lugar, mesmo — ainda que não especialmente — com o marido, Jack. Criada pelas tias brancas de seu pai, Clare seguira a ordem delas de manter em segredo que sua mãe era uma "menina negra". Clare explica a Irene: "Quando surgiu a oportunidade de fugir [das tias], essa omissão foi de grande valor para mim. Quando Jack, um estudante conhecido de algumas pessoas da vizinhança, surgiu, vindo da América do Sul com incalculável quantidade de ouro, não havia ninguém para dizer a ele que eu era negra. Você pode imaginar o resto".[63] Eles se casaram. Tendo feito fortuna na América do Sul, Jack não desejava voltar ao lugar que seria ótimo se, como ele afirmava, "algum dia tirassem os negros de lá".[64]

Jack Bellew faz essa avaliação do Brasil durante uma conversa com Irene. Irene conheceu o marido de Clare na suíte deles no hotel onde ela se encontrou com Clare e Gertrude, outra conhecida de infância, para um chá. Antes da chegada de Jack, as três mulheres colocam em dia a conversa sobre suas vidas desde o colégio — Clare teve uma filha com Jack e nenhum dos dois sabe de sua passabilidade; Gertrude se casou com Fred, ex-colega de classe delas, e a família dele mantém em segredo a passabilidade dela. Quando Jack finalmente entra na sala para cumprimentar as mulheres, ele não vê nada que desafie sua suposição de que todas são brancas. Ele rapidamente choca Irene e Gertrude pelo uso do apelido carinhoso com que trata sua esposa — "Nig" —, e pela explicação que Clare o incita a dar a seus convidados: o uso do nome tem a ver com a crença de Jack na comédia do carinho: "Nig", para sua esposa loira. Isso fica bastante claro, pois é o motivo das risadas que se seguem quando Clare, Gertrude e Irene (e o leitor) reconhecem a ironia do momento, já que cada uma está se passando por branca. O que talvez não esteja tão claro é que o apelido (Nig) instaura, em última instância, o elo de uma cadeia significativa que une Clare ao Brasil, com consequências desastrosas para os personagens do romance. O apelido "Nig", tão chocante em seu contexto imediato — uma sala de estar em Chicago —, não é nada chocante (é, aliás, tão comum que mal chama a atenção para si mesmo em outro contexto) no próprio contexto sul-americano, que é a fonte da riqueza de Bellew. "Nig" é a tradução em inglês do espanhol e do português, "negro/nego/neguinho", "negra/nega/neguinha", um termo carinhoso comum, frequentemente, se não necessariamente, descolado de qualquer identificação direta de raça (exceto, como no caso de *Passing*, por contraste), uma vez que é muito usado entre os sul-americanos que se consideram brancos. Em uma demonstração de suas raízes na escravidão, esse termo costuma ser acompanhado pelo possessivo — meu ou minha — meu "nego/neguinho".

Além da declarada ironia proporcionada pelo fato de que Clare se vê precisamente como aquilo que Jack nomeia como uma impossibilidade, há também a ironia da adoção desse termo por Jack. A capacidade da linguagem de superdeterminar e exceder seu falante mina a afirmação do próprio Jack de estar imune à mistura racial. Em resposta à pergunta de Clare sobre que diferença poderia fazer se ele descobrisse que ela era 1% ou 2% negra, ele declara: "Oh, não, Nig, não me venha com essa. Eu sei que você não é negra, então está tudo bem. Por mim, você pode ficar tão preta quanto quiser, já que eu sei que você não é negra. Meu limite é esse. Nenhum negro na minha família. Nunca houve e nunca haverá".[65]

Como um sistema discursivo em que a transmissão cultural, linguística e biológica é precisamente um processo de mistura e contaminação, a América do Sul expressa-se em Jack tanto quanto ele expressa a América do Sul. O sintoma, sua adoção do termo "Nig", revela isso. A América do Sul perdura nele e através dele porque contém em si a percepção de que a pureza nacional/racial é impossível. O fato de que Jack — o personagem que deveria ser inequivocamente branco para os outros personagens do romance, bem como para seus leitores — transmita esse atributo serve para torná-lo ainda mais proveitoso. Há aqui um efeito de tradução que mimetiza não só a miscigenação, mas também a ambivalência que a envolve, expressa, por exemplo, nos ensaios de Chesnutt. Quando é invocado, o Brasil se apresenta como um ideal de democracia racial por "amálgama", mas quando é "importado" torna-se um sintoma do fracasso desse ideal em sua insistência no desaparecimento do negro. O ideal significa diversamente dentro e fora do lugar.[66]

Assim como Jack, o marido de Clare, está vinculado à América do Sul, Brian, o marido de Irene, também está. No caso deste, a simples razão de a América do Sul causar repulsa em Jack faz com que Brian sinta, em vez disso, nojo de seu próprio país. No início do casamento, Irene insistiu com Brian para permanecer nos Estados Unidos, mas ela "sabia, sempre soube, que a insatisfação dele havia continuado, assim como sua antipatia e repulsa por sua profissão e seu país".[67] O desgosto de Brian por sua profissão e seu país é inaceitável para Irene, que vê como o desgosto dele implica a cidadania dela. "Ela não iria para o Brasil. Ela pertencia a esta terra de altíssimos arranha-céus. Ela era estadunidense. Ela crescera deste solo e não seria desenraizada."[68] O desejo de Brian de se mudar para o Brasil deriva de seu ódio à segregação e à violência racial, bem como de sua percepção de que o Brasil, em contraste com os Estados Unidos, poderia oferecer um lar seguro para os afro-estadunidenses. Dada sua posição social e profissional, Brian certamente teria lido os livros e artigos que discuti neste capítulo. Em uma ocasião em que Irene e Brian discordam sobre até que ponto devem discutir com seus filhos as realidades do racismo e da violência racista, a fonte da tensão que estrutura o casamento deles, há muito enterrada, emerge à superfície. Brian diz a Irene que se ela quisesse que ele escondesse dos filhos a violência que poderia afetar suas vidas, deveria ter permitido que a família se mudasse para o Brasil, onde presumivelmente seu desejo de silêncio sobre o tema do racismo poderia ser razoavelmente justificado. O ressentimento de Brian e a insistência de Irene em se opor a uma mudança para o Brasil levam-na a observá-lo e pensar:

> "Não é justo, não é justo." Depois de todos esses anos ainda culpá-la assim. O sucesso dele não provou que ela estava certa ao insistir que ele continuasse com sua profissão ali mesmo em Nova York? Ele não conseguia ver, mesmo agora, que tinha sido melhor assim? Não por ela, oh não, não por ela — ela nunca se levou em consideração de verdade —, mas por ele e pelos meninos. Será que ela nunca iria se livrar daquele medo que a esmagava fundo dentro dela, roubando a sensação de segurança, o sentimento de permanência, da vida que ela havia tão admiravelmente organizado para todos eles e que desejava tão ardentemente permanecer como estava? Aquela estranha e, para ela, fantasiosa ideia de Brian de ir para o Brasil, que, embora não mencionada, ainda vivia dentro dele, como isso a assustava e, sim, a irritava![69]

Na primeira conversa de Irene com Jack, ele pergunta a ela sobre Brian. Irene diz a ele que seu marido é médico, e Jack responde que deve estar dando nos nervos dela ter um marido com pacientes mulheres. Irene afirma, porém, que não teme as pacientes; ela teme mais o desejo de Brian de ir para o Brasil/América do Sul: "Brian não liga para senhoras, principalmente doentes. Às vezes eu gostaria que ele ligasse. É a América do Sul que o atrai".[70] Irene teme que Brian a troque pelo Brasil e substitua um lugar — aquele lugar — por ela, uma mulher negra. Mais tarde, esse medo inicial é substituído pelo medo de que Brian esteja tendo um caso com Clare. O Brasil, então, passa a representar não apenas uma sociedade não racista (onde se poderia esquecer a raça), como também um segredo (os efeitos da raça e do racismo), um espaço reservado para o objeto de um impossível desejo utópico (ser negro mas ainda assim não negro, ser negro e estadunidense, que não é o mesmo que superar a dupla consciência, ser branco) e, ainda, eventualmente, passa a representar um duplo para Clare. Irene e Brian nunca falam sobre o desejo dele pelo Brasil, e é apenas em seus esforços extraordinários para produzir uma "substituição" (essa é a palavra de Irene para indicar sua sensação de que ela deve compensar Brian por permanecer nos Estados Unidos) que o Brasil, como desejo secreto, vem a ser visto: "Todos os seus esforços, todo o seu trabalho para compensá-lo daquela perda, toda a sua batalha silenciosa para provar a ele que seu caminho tinha sido o melhor, todos os seus cuidados para com ele, toda a sua anulação de si mesma, não valeriam nada?".[71] Assim, uma substituição leva a outra, e Irene não pode, ao final, ter certeza de que a substituição foi completa ou ao menos suficiente porque se depara com a lógica do resíduo:

> Então por que se preocupar? A coisa, esse descontentamento que explodira em palavras, com certeza morreria, se apagaria, finalmente. É verdade que, no passado, muitas vezes ela foi tentada a acreditar que a coisa havia morrido, apenas para se conscientizar, de uma maneira sutil e instintiva, de que estava apenas enganando a si mesma por um tempo e que aquilo ainda vivia. Mas morreria. Disso ela tinha certeza. Ela só tinha que direcionar e guiar seu homem, para mantê-lo na direção certa.[72]

Irene finalmente decide que Clare seria uma boa substituta para o Brasil se um relacionamento com ela mantivesse Brian nos Estados Unidos. Se Irene mantiver o segredo de Clare — sobre a sua passabilidade —, Brian pode prosseguir com o caso e, em deferência aos filhos, permanecer em casa com Irene em uma demonstração de casamento contínuo. Ou seja, a substituição permitiria a proteção de sua "família negra", que só poderia existir como tal nos Estados Unidos e não no Brasil. "Agora que ela havia se livrado do que era quase que um conhecimento culpado, e admitido aquilo que, por algum sexto sentido, ela conhecia há muito tempo, poderia novamente fazer planos. Poderia pensar novamente em maneiras de manter Brian ao seu lado, e em Nova York. Pois ela não iria para o Brasil. Ela pertencia a esta terra de altos arranha-céus. Ela era estadunidense. Ela cresceu a partir deste solo e não seria desenraizada. Nem mesmo por causa de Clare Kendry, ou uma centena de Clare Kendrys."[73]

Clare é como o Brasil — ela simultaneamente ameaça e dá sentido à passabilidade nos Estados Unidos. Na mente de Irene, Clare, com seus sorrisos misteriosos e indecifráveis, torna-se um indício da incapacidade de Irene de conhecer e controlar. Essa incapacidade se insinua no relacionamento de Irene com o marido, levando-a a vincular as duas ameaças — talvez ao seu casamento, mas certamente à sua segurança como negra estadunidense e próspera: "Brian novamente. Infeliz, inquieto, retraído. E ela, que se orgulhava de conhecer seus humores, suas causas e seus remédios, achou a princípio impensável e depois intolerável que isso, tão parecido e ao mesmo tempo tão diferente daquelas outras inquietações espasmódicas dele, pudesse ser para ela incompreensível e evasivo".[74] Como o Brasil, Clare introduz, ironicamente, a "autoconsciência". Clare, como alguém em passabilidade, e "Brasil", como o espaço que "apaga" a raça, tornam-se lembretes de insatisfação e divisão. Irene culpa Clare pelo surgimento da dúvida, como prova da inabilidade de conhecer o outro, e do desejo indesejado (descrito posteriormente como um desejo indesejado de desejo), tudo isso como ameaça a sua segurança: "Segurança. Teria sido isso apenas uma palavra? Se não, seria apenas pelo sacrifício de outras coisas, felicidade, amor ou algum êxtase selvagem que ela nunca havia conhecido, que poderia a segurança ser obtida? E muito esforço, muita fé na segurança e permanência, tornaria alguém inapto para essas outras coisas?".[75] Clare, portanto, como o sonho de Brasil de Brian, deve morrer, dirigida e guiada, talvez — a narrativa deixa em aberto todas as possibilidades —, pela mão de Irene, para que ela, Clare, assim como Brian, siga na direção certa.

A morte de Clare — ligada, por meio da imagem de uma chama pálida e da imagem da direção e orientação de Irene, à morte do sonho de Brian de se mudar para o Brasil — indica uma instância final em que Clare e Brasil podem e irão substituir um ao outro. No decorrer do romance, cada um se torna um substituto — um lembrete — para o objeto de um desejo impossível e utópico. Na esteira da Grande Guerra, das migrações para o Norte, dos levantes urbanos, quando o fracasso da oportunidade de o Norte ter cumprido a promessa do Sul se tornou aparente, Larsen, em conversa com seus pares, oferece um Brasil fantasmático, como um Sul que está para além do Sul, não como contrapartida do Norte, mas como apoteose da meridionalidade. Nesse contexto, o embranquecimento seria a expressão máxima do racismo, na medida em que exige a morte da negritude. Essa oferta é ainda mais atraente, à luz da outra alternativa ao Norte estadunidense que Larsen havia oferecido em seu romance *Quicksand*, publicado um ano antes de *Passing*. Em *Quicksand*, a alternativa é o Norte do Norte — a Dinamarca —, para onde Helga Crane "escapa" antes de retornar a uma vida desastrosa no Sul dos Estados Unidos. Parece que Larsen rejeita não tanto o sul do passado, mas o sul do futuro estadunidense estereotipado. *Passing* revela a política do amálgama. Se o amálgama requer uma morte, *Passing* não permitirá que seja a morte da negritude — uma morte impossível, em qualquer caso, até porque Clare, como a sra. Abbott, é um resíduo resistente.

O Sul (o Sul dos Estados Unidos e o Sul da América, o Brasil) recebe uma expressão igualmente complexa em *Plum Bun*, romance de 1928 da amiga e contemporânea de Larsen, Jessie Redmon Fauset, editora literária do *The Crisis*. No romance de Fauset, Angela Murray é apresentada ao leitor como uma jovem estudante da Filadélfia que mora com a mãe — a qual, como Angela, tem pele clara o bastante para caber na passabilidade — e com o pai e a irmã, que não apresentam esta condição. A questão de quem pode alegar ser estadunidense, e de que maneira, é apresentada no início do romance em uma conversa que Angela tem na escola com uma colega que pensa que ela é branca. O talento de Angela reside na sua habilidade para pintar retratos, e ela tem particular interesse em representar "tipos" (raciais):

> Angela levou o esboço de Hetty Daniels para a escola. "Que tipo interessante!" disse Gertrude Quale, a garota ao lado dela: "Que infelicidade cósmica e trágica naquele rosto. O que ela é? Não é americana?".
>
> "Ah, sim, ela é. Ela é uma senhora de cor, que trabalha em nossa família há anos e nasceu aqui na Filadélfia."
>
> "Ah, de cor! Bem, é claro que suponho que você a chamaria de estadunidense, embora eu nunca pense em negros como estadunidenses. De cor — sim, isso explica essa infelicidade no rosto dela. Suponho que todos se importem muito com isso."[76]

Por se importar, sim, Angela se muda para Nova York a fim de se tornar uma estudante de arte, muda seu nome para Angèle Mory, que soa como nome estrangeiro, e se passa por branca. Ela se envolve com o rico e racista Roger Fielding, mas logo se apaixona por Anthony, um colega estudante de arte que Angela acredita ser branco e brasileiro. Anthony mudou seu sobrenome de Cruz — "porque nenhum estadunidense jamais pronunciaria o 'z' direito"[77] — para *Cross*, nome que enfatizava seus entrecruzamentos raciais, linguísticos e nacionais. O pai de Anthony, John Hall, que era negro, tinha sido marinheiro. O pai de John, por sua vez, era um habilidoso fazendeiro da Geórgia, cuja riqueza causava inveja aos brancos pobres ao seu redor. No decorrer de suas andanças, John chegou ao Rio de Janeiro, onde conheceu Maria Cruz, "que tinha sangue de muitas raças nas veias, embora parecesse branca. Ela olhou com bons olhos para o jovem marinheiro cuja cor marrom era como a de seu próprio pai".[78] Depois de se casar, o casal viajou para diferentes países antes de se estabelecer na Geórgia. Após a morte de seu pai, John herdou a propriedade. O ressentimento dos homens brancos da vizinhança com a riqueza de John foi agravado pelo ciúme de seu casamento com a bela Maria. Um desses homens, ridicularizado por seus amigos por mostrar preferência por uma "fulaninha negra", insultou-a com algumas palavras em espanhol que aprendera em suas próprias andanças. Ela deu um tapa nele e, por causa disso, Hall foi linchado e todas as suas propriedades, queimadas.

Depois disso, segundo Anthony, Maria passa a viver com medo dos negros. "Ela acredita que nós, particularmente os escuros, somos amaldiçoados, se não, por que seríamos tão maltratados, tão perseguidos? Dois anos depois da morte de meu pai, ela se casou com um homem branco, mas não um estadunidense — informação da qual fui poupado —, e sim um alemão, que, creio, a trata com muita gentileza. Eu ainda era um garotinho, mas implorei e roguei a ela para deixar todos da raça em paz."[79] No relato de Anthony sobre o linchamento, ele observa que Maria, como brasileira, era necessariamente inocente em relação ao ciúme e ao racismo que levaram à morte do marido. Ela não interpretou as investidas do vizinho branco como potencialmente perigosas para si e para sua família, nem entendeu que certamente seria punida por seu "jeito arrogante".[80] A recusa em ser vista como representante da raça negra leva Maria a "juntar-se" à raça branca como estrangeira, um abraço simbólico no embranquecimento. Seu filho, no entanto, que mantém o nome dela de forma americanizada, jura "sempre odiar [os brancos] com um ódio total".[81]

Anthony conta essa história a Angela para explicar por que, embora se amem, não podem ficar juntos. No início do romance, Angela percebeu que Anthony tinha algum segredo de seu passado, um segredo que o impedia de voltar ao Brasil ("Não... nunca mais vou voltar para o Brasil. Não poderia"). Angela deduziu que o segredo deveria ter a ver com "alguma rixa quente, uma questão de sangue quente e briga de foice".[82] Em vez disso, Anthony informa a ela que, por ser "de cor" e por acreditar que Angela é uma "maldita americana", ele deve se separar dela. Ao descobrir o segredo dele, Angela está ansiosa para restaurar a crença de Anthony na "bondade humana" e por manter oculta para ele a origem racial dela. Mesmo assim, o "sangue" que os separa não é apenas racial, mas também familiar. No momento em que Angela se revela, Anthony, determinado a viver como um homem negro, e sem o conhecimento de nenhum dos envolvidos, está de caso com Jinny, a irmã morena de Angela.

Angela vai sofrer e vivenciar seu sofrimento antes de "passar de volta" para sua comunidade negra como Angela Murray e sair de sua "estrangeiridade" como Angèle Mory.

Mais de uma vez lhe ocorreu o pensamento de morrer. Mas ela odiava desistir; algo inato, algo do espírito, mais forte do que os propósitos de seu corpo, iniciou uma luta obstinada, e ela estava muito machucada e dolorida para combatê-la. "Tudo bem", ela disse para si mesma, cansada, "vou continuar vivendo". Ela pensou então nos negros, na raça de seus pais e em todas as probabilidades de viver que um destino cruel e implacável os havia convocado a suportar. E ela os via como um povo poderoso e quase dominadoramente dotado da essência da vida. Tiveram de persistir, tiveram de sobreviver porque não sabiam morrer.

O modelo brasileiro de democracia racial personificado por Maria Cruz falha no contexto dos Estados Unidos como exemplo que Anthony e Angela pudessem abraçar, mas também não há, no fim do romance, nenhuma declaração positiva a respeito da condição deles nos Estados Unidos. O desenlace do romance se passa em Paris, quando Angela, agora morando no exterior, conhece Anthony, que foi enviado a ela de surpresa como presente de Natal por Jinny, e seu verdadeiro primeiro amor, o moreno Matthew Henson.

Nem *Plum Bun* nem *Passing* resolvem a contradição entre ser negro e ser estadunidense. Cada autora fornece um cenário no qual os Estados Unidos são definidos em relação a uma fantasmática América Latina e seu correspondente ideal utópico de democracia racial. É nesse cenário que podemos apreciar plenamente não apenas a ambiguidade do papel de Irene na morte de Clare, mas também a ambiguidade das palavras finais de Jack para Clare: "Nig! Meu Deus! Nig!".[83] Esse grito de horror e agonia (quando ele a chama pelo apelido carinhoso de "Nig" em vez de "*nigger*" como ele tinha feito quando entrou) com o desaparecimento de Nig/Clare pode ser lido como uma resposta ambivalente à descrição de Roosevelt sobre a abordagem do Brasil no que se refere a eliminar a discriminação racial e como luto pela perda de um objeto de desejo utópico. Mesmo a ambiguidade do fim[84] — a polícia declara a morte de Clare um acidente, mas retorna para examinar o parapeito da janela — joga luz sobre o que deve permanecer como resíduo que sustente a ordem social, racial e sexual na qual a América (do Norte e do Sul) está tão engajada.

Resíduo é memória

Canibalizando os resquícios do passado

> *Considerado do ponto de vista da morte, o produto do cadáver é a vida. Não é apenas na perda de membros, não apenas nas mudanças do corpo envelhecido, mas em todos os processos de eliminação e purificação que tudo o que é cadavérico se desprende do corpo, pedaço por pedaço. Não é por acaso que precisamente as unhas e os cabelos, cortados como matéria morta do corpo vivo, continuam a crescer no cadáver.*
>
> Walter Benjamin,
> *As origens do drama trágico alemão*

"AMAR NOSSOS FILHOS ATÉ A MORTE": IDENTIFICAÇÃO E A DIÁSPORA AFRICANA

Meu estudo explorou a emaranhada rede de alusões à imagem do resíduo, do restante, do que restou, nos Estados Unidos e no Brasil. Como demonstrei, o resíduo, com frequência surpreendente, é sinalizado na escrita afro-americana por meio de referências ao Brasil (ou a uma generalizada América do Sul) e à metáfora do canibalismo. A seguir, mostrarei que questões relacionadas à raça e aos resíduos não estão localizadas em um único momento histórico nem limitadas aos contextos desses dois países. Para além disso, essas questões têm implicações para a constituição de uma diáspora africana. Embora as imagens e os textos de fins do século 20 oriundos de Estados Unidos, Cuba, Jamaica, Guiana e Brasil que analisarei neste capítulo final não sigam a cronologia da minha discussão até aqui, eles revelam um investimento contínuo no que se refere às discussões anteriores que examinei. Essas obras indicam a persistência de um problema que ultrapassa o momento de sua articulação mais ampla, no início do século 20, e evidenciam a insistente atualidade de questões que ainda não foram satisfatoriamente abordadas.

A perpetuação do canibalismo como uma metáfora importante tem seu surgimento sugerido em um momento notável da peça de August Wilson, *Ma Rainey's Black Bottom*, na qual o autor nos leva a pensar sobre a política do canibalismo: quem está comendo quem? O que acontece com o que sobra? O tratamento dado por Wilson ao ato de ingerir demonstra como a figura do canibalismo muda conforme ela migra geograficamente. A peça também reflete a cronologia deste *Democracia canibal*, pois se passa em 1927 e foi encenada pela primeira vez em 1984. *Ma Rainey's Black Bottom* é a segunda de um ciclo de dez peças que exploram a experiência negra dos Estados Unidos ao longo do século 20. Segundo Wilson, cada peça considera uma série de questões significativas para uma década, mas inseridas no contexto da "autobiografia de quatrocentos anos"[1] dos negros nos Estados Unidos. Ambientada na Chicago de 1927, *Ma Rainey's Black Bottom* reúne um grupo de músicos que acompanharão a histórica cantora de blues Ma Rainey, em uma sessão de gravação fictícia. A direção das cenas determina o clima combativo da peça, estabelece seu contexto histórico e social e fornece uma descrição panorâmica da cidade, que reduz seu escopo para focar na população negra, a qual, em apenas dez anos, de 1910 a 1920, quase triplicara como resultado da Grande Migração.

A peça começa quando o proprietário branco do estúdio, Sturdyvant, e o empresário de Ma Rainey, Irvin, discutem sobre o atraso na chegada da cantora, enquanto os músicos passam o tempo em uma sala abaixo debatendo em vez de praticar a música que foram instruídos a tocar. A conversa deles abrange tópicos que contrastam velhos e novos costumes, o Sul e o Norte, as botinas "caipiras" do personagem Toledo e os novos sapatos urbanos de Levee, o arranjo de blues da própria Ma para *Ma Rainey's Black Bottom*, e o arranjo de jazz moderno de Levee para a música. No decorrer da discussão, os músicos — Cutler, o líder da banda, Slow Drag e Levee — ouvem o monólogo de Toledo, que, por ser de longe a fala mais longa da peça, merece atenção:

> É isso que você é. Isso é tudo que a gente é. Uma sobra da história [...]. Agora eu vou mostrar pra vocês como isso acontece... quando você vira apenas um resíduo da história. Todo mundo vem de diferentes lugares da África, certo? Vem de diferentes tribos e tal. Até que eles começam a fazer um grande ensopado. Você tinha aqui cenoura, ervilha, batata e sei lá mais o quê. E lá você tinha carne, noz, quiabo e milho... e então você mistura tudo e deixa cozinhar bem, tudo junto, pra pegar o sabor... e daí você tem uma coisa. Você tem um ensopado.
>
> Daí você vai, pega e come o ensopado. Você pega e faz sua história com aquele ensopado. Tudo bem. Só que agora acabou. Sua história acabou e você já acabou de comer o ensopado. Mas você olha em volta e vê umas cenouras aqui, umas batatas ali. Aquele ensopado ainda tá lá. Você fez sua história, e ele ainda tá lá. Você não pode comer tudo aquilo. Então, o que você tem? Você só tem umas sobras e não pode fazer nada com elas. Você já tá fazendo outra história pra você... preparando outra refeição pra você, e você não precisa mais dessas sobras. O que fazer?

Vejam só, a gente é as sobras. O homem de cor é a sobra. Agora, o que o homem de cor vai fazer consigo mesmo? É isso que a gente tá esperando pra descobrir. Mas, primeiro, a gente tem que conhecer a gente mesmo como sobras. Agora, quem sabe disso? Vocês me encontrem aí um único negro que saiba disso e eu caio fora pra onde vocês quiserem. Eu vou bater continência pra vocês. Não tem. Não tem um único negro. E esse é o problema. O problema não é com o homem branco. O homem branco sabe que você é apenas uma sobra. Porque foi ele quem comeu e sabe o que comeu. Mas a gente não sabe que levaram a gente e a gente virou história. O que a gente fez foi encher a barriga do homem branco e agora ele tá cheio e cansado e quer que a gente saia do caminho e deixe ele em paz. Agora, eu sei do que tô falando. E se vocês quiserem descobrir, basta perguntar ao sr. Irvin o que ele comeu no jantar ontem. E se ele for um homem branco honesto... e isso é como pedir pra achar uma agulha num palheiro... ele vai te dizer *que comeu sua bunda preta* e que, por favor, ele já tá de saco cheio de você... e que, então, "você dê o fora do meu prato e me deixe comer outra coisa qualquer".[2] [Grifo meu]

Em um aspecto, esta passagem resume a posição de Toledo sobre o problema que assola os personagens da peça. Cada personagem expressa a consciência de que está sendo explorado por Sturdyvant e Irvin para o lucro que obterão com aquela gravação. Segundo Kim Pereira: "Esses homens e essas mulheres — cujos antepassados lutaram para trazer a América para o século 20 — são agora mercadorias dispensáveis em um país que se apressa para atingir o topo da escada mundial. Eles serviram a esse propósito, mas a América branca não deseja senão fechar os olhos e torcer para que eles simplesmente desapareçam".[3] A metáfora do canibalismo de Toledo converge, mas também diverge, com o tema da mercantilização dos negros observado por Pereira, expandindo seu sentido para abarcar uma reconsideração da cidadania negra.

Embora a peça se esforce para apresentar os personagens negros como consumidores, ela também mostra que esse seria um caminho prejudicial para eles. As cenas de palco mostram que Ma Rainey, sua comitiva e a banda estão todos bem-vestidos e ao longo da peça discutem em detalhes compras futuras que esperam fazer. Tem-se a sensação de que o apego de Dussie Mae por Ma Rainey pode ser medido em vestidos e sapatos. As consequências desastrosas de suas atividades como consumidores — uma disputa sobre a compra de sapatos Florsheim por Levee leva à morte de Toledo; a insistência de Ma em comprar uma coca-cola exacerba os conflitos no estúdio; e a posse de um carro de luxo quase a leva à prisão quando um policial afirma não acreditar que o carro é dela — coloca esses personagens frente a frente com as forças do sistema capitalista, mas a partir de uma posição de fragilidade devido aos efeitos do racismo, mostrando que o consumismo é, na melhor das hipóteses, um caminho complicado. A peça explora o consumismo não apenas como um trocadilho, mas como uma forma de se tornar estadunidense. A promessa de uma sociedade de consumo é, para os personagens negros de Wilson, uma promessa de destruição e desaparecimento porque na América eles são, afinal, como aponta Toledo, criados para serem os comidos e não os comedores.

O estúdio também é um local de produção e de atitudes de competição no tocante à produção.[4] Sturdyvant e Irvin são representantes do capitalismo como um sistema no qual "nunca há perda; tudo, mesmo a guerra, resulta sempre numa acumulação de valor, num reinvestimento. Esse é o segredo do capitalismo em relação a outros sistemas, seu crescimento inexorável".[5] O desperdício deliberado de Ma Rainey, portanto, obriga todos os envolvidos na produção do disco a confrontar as implicações da fala de Toledo. Ma Rainey sabe que ela é apenas a sobra, o resíduo: "Eles não se importam comigo. Tudo o que eles querem é a minha voz. Assim que eles colocarem minha voz em suas máquinas de gravação, então é como se eu fosse uma puta e eles tivessem trepado e depois vestido as calças".[6] Ma Rainey não nega essa posição — como Levee fará, em detrimento de si próprio — não apenas porque ela tem um mercado para sua música que é invisível para Sturdyvant e Irvin. Pelo contrário, ela contrapõe a economia que rejeita o resíduo com a economia do próprio resíduo; ela perde tempo, dinheiro e oportunidade para afirmar uma sobra que não será rejeitada, que "não vai sair do prato" e que não pode ser reinvestida.

A evasiva ambiguidade dos pronomes e advérbios na fala — você, eles, nós, aqui, ali — fazem a alegoria de Toledo parecer a princípio outra versão do caldeirão racial estadunidense, mais comumente descritiva da experiência imigrante do que da experiência da escravidão. É tarefa da referência ao canibalismo, com sua conotação primária de selvageria e barbárie, distinguir entre essas duas experiências. A interpretação de Toledo dessa analogia, em sua aberta evocação do canibalismo, destaca a política desse consumo; os brancos consomem, e "preto" é o que sobra. Uma ambiguidade também está ligada ao uso da palavra "sobra". No primeiro parágrafo, a sobra refere-se ao que ainda não foi incorporado, mas que um dia poderá ser — o africano. Essa sobra corresponderia a uma visão de democracia que exclui o estrangeiro — o africano —, mas não produz a negritude — encarnada, ao contrário, no "homem de cor", que, ao corresponder ao resíduo, é um efeito da criação dos Estados Unidos da América. É de se notar que o cenário da primeira refeição é "lá" na África, onde a sobra é apenas uma sobra e não um resíduo. O último parágrafo da fala, no entanto, implica um deslocamento temporal e espacial. Essa nova refeição está aparentemente ocorrendo no pós-tráfico negreiro (não mais o africano, mas o "homem de cor" ou *nigger*), presente no espaço dos Estados Unidos ("o prato dele") ocupado pelos músicos e por Irvin. As sobras são agora produzidas por meio de um processo de canibalização ("ele comeu sua bunda preta") e funcionam, não como um sinal do fracasso da democracia, mas do sucesso de uma democracia racial em se constituir por meio de seus resíduos de negritude.

O primeiro ensopado é feito na África, de africanos. No contexto da primeira parte da fala, todos comem e todos fazem a sua própria história, embora entrelaçada. Nos Estados Unidos, no entanto, os negros são consumidos para fazer uma história estadunidense. Em nenhum lugar da fala, entretanto, Toledo argumenta contra o processo de incorporação. Afinal, é assim que os Estados Unidos, como Estados Unidos, surgem. A fala usa um modelo de canibalismo para sugerir que, como processo de formação de identidade na esteira da escravidão, o canibalismo pode ser um processo necessário. É de se notar que a fala não argumenta que os negros deveriam se tornar os consumidores; como indiquei, Wilson faz disso uma opção trágica ao longo da peça. Essa passagem, além do mais, em sua insistência nas sobras, destaca a ideia de que a negritude é um efeito da história, sedimentada como uma repetição disciplinada e disciplinadora que não preexiste a esse processo nem existe como acidente de um sistema que não está funcionando corretamente.

O peso crítico dessa passagem está na exortação de Toledo de que os negros reconhecem e abraçam o fato de que "nós somos as sobras". Implícita nesse reconhecimento está a negação do desejo, "simplesmente" para fazer a democracia funcionar melhor para os negros, uma vez que esse desejo pressuporia uma formação democrática capaz de se consolidar sem sobras. Uma política de sobras ou resíduos, sugerida na fala de Toledo, pode muito bem nos levar a explorar a ideia de práticas de cidadania e suas possibilidades de forma tal que também fale da lacuna iluminada pelo Censo brasileiro, que discuti na introdução deste livro, uma cidadania negra na qual as práticas nem sempre são centradas no Estado; elas não envolvem necessariamente o Estado, nem são sempre administradas por ele.

O que chama a atenção na interpretação que Toledo faz de sua própria metáfora canibalística é a recusa de qualquer relação ética com a sobra, expressa no último parágrafo da fala. Como demonstrei, a maioria dos textos literários e não literários que envolvem, mesmo que obliquamente, uma referência ao canibalismo, sua estrutura e seus resíduos é muito mais ambivalente do que *Ma Rainey's Black Bottom*, uma vez que introduzem em suas tramas ou em seus argumentos a ideia de que poderia haver (de todas as posições) uma relação com o que sobra como resíduo — uma relação de amor, de culpa, de responsabilidade, de perda, de reparação.

Na introdução de *The Black Atlantic: Modernity and Double Consciousness*, Paul Gilroy aborda a dupla consciência e a mistura cultural que distingue aqueles definidos pela diáspora africana. Ele busca pensadores afro-estadunidenses para desafiar o que chama de "estreita visão que se contenta com o meramente nacional". De acordo com Gilroy, esses pensadores "estavam preparados para renunciar às reivindicações fáceis do excepcionalismo afro-estadunidense em favor de uma política de coalizão global na qual o anti-imperialismo e o antirracismo podem ser vistos como interagindo, se não se fundindo".[7] Minha análise das trocas reais e imaginárias que ocorreram entre afro-estadunidenses e afro-brasileiros durante as primeiras décadas do século 20 indica o quão complexas essas políticas de coalizão podem ser e continuam a ser, especialmente no que diz respeito à diáspora africana.

Terminei o capítulo anterior com uma discussão sobre o romance de Nella Larsen, *Passing*, que é emoldurado pela questão de uma diáspora africana. Esse interesse pela diáspora africana é introduzido pela epígrafe do romance, retirada do poema de Countee Cullen, "Heritage":

Um de três séculos removido
Das cenas que seus pais amavam
Bosque de pimenta e canela
O que é a África para mim?[8]

Esses versos apresentam uma epígrafe apenas aparentemente estranha para um romance que parece abordar nada mais do que a situação dos afro-estadunidenses de classe média alta em Nova York e Chicago. O romance, no entanto, de fato explora o que significa ser um povo negro diaspórico na América por meio de suas referências à América do Sul e ao Caribe. A virada para a América em uma obra que "começa" na África convida a refletir sobre o tráfico negreiro, sobre a escravidão e seu legado.

A pergunta — "O que é a África para mim?" — que abre *Passing*, na forma de sua epígrafe, encontra eco em *Paraíso*, da autora ganhadora do Prêmio Nobel, Toni Morrison. Esse romance de 1997 narra a relação entre Ruby, uma cidade negra em Oklahoma, e um convento anteriormente abandonado em seus arredores, agora ocupado por mulheres de várias raças que são amadas e temidas pelos habitantes da cidade. No meio do romance, a professora e historiadora de Ruby, Pat Best, entra em uma discussão com um dos líderes religiosos da cidade, o reverendo Misner, enquanto os dois assistem às crianças montarem o presépio de Natal. Enquanto Misner se perguntava se as aulas de história de Pat seriam muito restritas, ela, como se adivinhasse seus pensamentos, lhe perguntou:

"Você acha que o que eu ensino a eles não é bom o suficiente?"

Ela tinha lido sua mente? "Claro que é bom. Não é suficiente. O mundo é grande e nós fazemos parte dessa grandeza. Eles querem saber sobre a África... "

"Oh, por favor, reverendo. Não seja sentimental comigo."

"Se você se cortar pela raiz, você murcha."

"Raízes que ignoram os galhos se transformam em pó de cupim."

"Pat", disse ele com leve surpresa. "Você despreza a África."

"Não, eu não. Simplesmente não significa nada para mim."[9]

O presépio é uma alegoria da fundação da cidade de Ruby e da forma como sua população se isolou do mundo exterior. Para Misner, esse isolamento é a qualidade mais problemática de Ruby. Para os fundadores e líderes de Ruby, no entanto, esse isolamento é a única garantia da força e da imortalidade da cidade, porque protege Ruby da ameaça que os forasteiros, principalmente brancos e negros de pele clara, representam. Enquanto eles continuam a conversa, Pat reconhece a impaciência de Misner para com o zelo dos anciãos da cidade em usar esse isolamento também para preservar a escuridão de suas peles negras, que eles valorizam, pois nelas não há sinal da mancha da escravidão que as peles mais claras evidenciam.[10] Pat sinaliza para Misner que ele, talvez involuntariamente, alinha-se com o desejo dos anciãos da cidade de negar o vergonhoso legado da escravidão quando ele nostalgicamente volta no tempo e no espaço para a África:

"A África é o nosso lar, Pat, goste você ou não."

"Eu realmente não estou interessada, Richard. Você quer que alguns negros estrangeiros se identifiquem... por que não com a América do Sul?... Ou é apenas algum tipo de passado sem escravidão que você está procurando?"

"Por que não? Havia muita vida antes da escravidão. E devemos saber o que é. Se vamos nos livrar da mentalidade escrava, é isso."
"Você está errado, se essa é sua lavoura, está em solo encharcado. A escravidão é o nosso passado. Nada pode mudar isso, e com certeza não a África."
"Vivemos no mundo, Pat. O mundo inteiro. Separar-nos, isolar-nos — essa sempre foi a arma deles. O isolamento mata gerações. Não tem futuro."
"Você acha que eles não amam seus filhos?"
"... Eu acho que eles os amam até demais."[11]

Essa passagem sugere que a África pode ser um lugar para onde se retorna ou de onde se foge. Pode até ser um lugar vivenciado de forma variada e ambivalente como traído e traidor, tanto por aqueles que partiram quanto por aqueles que não partiram. Independentemente de como se interpreta o significado da África, no entanto, a conversa entre Pat Best e o reverendo Misner implica que seu significado para a América não pode ser entendido sem levar em conta a escravidão.

Aqui, vou primeiramente tratar do trabalho de dois artistas plásticos contemporâneos: María Magdalena Campos-Pons e Keith Piper. Uma vez que abordam em sua arte o legado da escravidão e o trabalho de rememoração diante de um passado disperso e estilhaçado, ambos me permitem abordar as questões de estruturação deste capítulo no que se refere ao visual, tão confuso e importante nas discussões sobre negritude, em um contexto internacional. Esses dois artistas, como os escritores aos quais me dirigirei, não estão interessados em preservar uma falsa integridade do passado; seu trabalho fissurado de rememoração — distinto da conclusão implícita em um trabalho de recordação — depende de fragmentos, transparência, contingência e tecnologia.

Os três romances que abordo na segunda metade deste capítulo — *Paraíso*, de Toni Morrison; *Louisiana*, de Erna Brodber; e *As mulheres de Tijucopapo*, de Marilene Felinto — exploram as maneiras pelas quais a escravidão e a consequente dispersão de pessoas exigem um exame inquietante de como formamos nossas comunidades negras internacionalmente. *Louisiana* preocupa-se com a diáspora, neste caso os laços entre os Estados Unidos e a Jamaica. Ella, uma personagem que lembra Zora Neale Hurston, foi enviada ao Sul para entrevistar Mammy Grant King para um projeto da Works Progress Administration (WPA). As gravações de Ella parecem apagadas até que ela aprenda a ouvir de uma maneira diferente, permitindo-lhe descobrir a história de um entrelaçamento de St. Mary's com a Louisiana e com os Estados Unidos; e de St. Mary's com a Louisiana e com a Jamaica. Essa história gira em torno da complexa figura de Marcus Garvey. Rísia, a protagonista de *As mulheres de Tijucopapo*, anseia por uma revolução que não a deixe para trás, que aborde a vida sem amor que ela levou em uma terra inóspita. Cada um desses romances aborda a formação da comunidade, a violência que essa formação acarreta e as perdas que derivam dessas formações — perdas que são figuradas de várias maneiras, como cadáveres, excrementos e outros resíduos.

No capítulo anterior, discuti como o editor do *Chicago Defender*, Robert Abbott, foi duramente criticado na imprensa afro-brasileira por discursos e artigos que expunham suas impressões sobre o que viu ao chegar ao Brasil. O desconhecimento e a falha de identificação de Abbott com relação aos negros no Brasil nos convidam a perguntar o que, de fato, significa ser constituído na e por meio da diáspora africana — identificar-nos uns com os outros como uma comunidade negra diaspórica? Argumentei ao longo deste estudo que a identificação, no sentido psicanalítico, como a forma narcísica de incorporação, assegura a identidade[12] e promove sua fantasia de totalidade e uma valorização ética da paz. A identidade incorpora a alteridade ou a diversidade, ao mesmo tempo que obscurece a história dessa incorporação, fazendo parecer que a identidade é dada, não construída. Os resquícios das perdas e exclusões passadas da identidade são criptografados e silenciados. Se assim é, como vão aqueles que restam desse processo de americanização — aqueles a quem a artista plástica María Magdalena Campos-Pons chama de "filhos e filhas daqueles que fizeram a longa viagem involuntária e que se lembram de onde [numa referência à escravidão e ao tráfico negreiro] a dor começa" —, como vão eles lidar com suas próprias perdas e exclusões? Se a identificação figurada como canibalismo garantiu a identidade americana, o que devemos fazer com a identidade da diáspora africana? Esses filhos e essas filhas daqueles que fizeram a longa jornada têm uma alternativa para canibalizar os resíduos do passado?

Embora *Paraíso*, *As mulheres de Tijucopapo* e *Louisiana* falem da difícil questão levantada nas últimas linhas da conversa entre Pat Best e o reverendo Misner, citada anteriormente, quando Misner diz a Pat Best que o isolamento mata gerações, ele faz um comentário que também pede para ser examinado à luz do romance *Corregidora*,[13] insistente bordão de como as mulheres de Corregidora vão parindo gerações para testemunhar a brutalidade da escravidão. Esse bordão do romance de Gayl Jones — um romance que complica as relações entre escravidão e liberdade, amor e ódio, isolamento e comunidade, morte e/na vida — pode ser visto como influenciando a resposta de Misner à pergunta de Pat Best. A resposta dele, quando ela pergunta se ele acreditava que eles não amavam os filhos, ressoa em cada um dos romances que examino neste capítulo. No "Posfácio" de sua tradução de *As mulheres de Tijucopapo*, Irene Matthews apresenta sua própria versão da pergunta de Pat como aquela que move

Rísia, a protagonista do romance: "Rísia faz uma pergunta em três partes, mas fundamentalmente inseparáveis: pode um ato perfeito de amor procriar e, se assim for, *somente* um ato perfeito de amor deveria procriar e, se assim for, como se pode justificar, ratificar a existência de uma criança que não nasceu do amor?".[14] Cada um dos romances vincula essa questão, no que diz respeito aos indivíduos, à formação de um povo formado pela violência da escravidão. Será que a justificativa, a ratificação — na maioria das vezes entendida como reparação política e psicológica — de uma comunidade negra diaspórica implica necessariamente, como teme o reverendo Misner, amar nossos filhos até demais?

"REALOCANDO AS SOBRAS": VISUALIZANDO UMA NEGRITUDE DIASPÓRICA

María Magdalena Campos-Pons nasceu em Cuba e reside em Boston desde 1990. Suas instalações combinam fotografia Polaroid em grande escala, VHS, performance, pintura e escultura. Muitos de seus projetos, especialmente a série em três partes *History of a People Who Were Not Heroes* [História de um povo que não foi herói] (1997-2000), no qual me deterei como exemplo, abordam a história da família da artista e de outras famílias como a dela, os atuais habitantes de uma cidade em Matanzas, Cuba. A casa da família Campos-Pons fica no local da senzala que abrigou seu bisavô, um iorubá escravizado, e é tema da primeira parte da *History*, intitulada *A Town Portrait* [Um retrato da cidade] (1994-1997). Incluem-se nessa instalação fotografias de familiares, da senzala e do campanário do engenho de açúcar (então em decadência), uma fonte reconstruída, uma porta independente e uma parede que evoca o território cubano. Uma trilha sonora reproduz a voz da artista cantando canções de ninar, e um vídeo mostra a mesma amarrando flores enquanto se lembra dos rituais da infância.

Spoken Softly With Mama [Falado baixinho com a mamãe] (1998), a segunda parte da série, traz ferros e tripés de vidro, lençóis bordados e tábuas de passar de madeira, cuja forma lembra representações icônicas de navios negreiros. Em pilhas de lençóis e nas paredes são projetadas imagens da artista bordando, sacudindo lençóis e espalhando pérolas no chão polido, enquanto fotos de parentes piscam ao fundo e sons de conversas femininas enchem a sala. Essa parte da exposição homenageia o trabalho íntimo e os espaços de convivência das mulheres da família Campos-Pons, que se sustentavam costurando, lavando e passando roupa. A artista usa materiais finos para exaltar o trabalho delas.

A terceira parte da série, *Meanwhile the Girls Were Playing* [Enquanto as meninas brincavam], é baseada na relação juvenil da artista com suas irmãs em Cuba, veiculada por meio de montes de vidros coloridos que sugerem saias rodopiantes, performance de dança da artista, vídeo e som. Muitos dos componentes da série, que lembram a economia açucareira de sua terra natal, foram produzidos ou coletados em Cuba com a colaboração da irmã e da mãe da artista, que ainda vivem lá. Campos-Pons concebeu algumas das fotografias nos Estados Unidos que foram tiradas em Cuba, segundo suas instruções, por sua irmã ou uma amiga. Os elementos da série — até mesmo o vidro, aparente emblema da transparência, é texturizado, colorido e colado nas partes quebradas, para destacar fraturas no tempo — historicizam e fragmentam a integridade dessa memória-identidade e apresentam o passado, não como *o* passado, mas como um passado mediado.

O trabalho de Keith Piper, como o de Campos-Pons, considera a relação da história com as discussões atuais sobre identidade e cultura. De ascendência caribenha, Piper nasceu em Malta e cresceu em Birmingham, Inglaterra. Piper se juntou a Eddie Chambers, Claudette Johnson e Donald Rodney para formar o BLK Art Group. Em 1981 e 1982, o grupo montou uma série de exposições provocativas intituladas *The Pan African Connection*. As exposições desafiaram a visão aceita de uma cultura estética nacional inglesa, ligada ao modernismo britânico, ao explorar a relação entre lutas políticas negras e práticas artísticas contemporâneas. Após a dissolução do BLK Art Group, Piper expandiu seu interesse por imagens apropriadas para instalações multimídia que reuniam pintura, escultura, textos, tecidos e música. Piper mudou para a tecnologia baseada em computador no fim dos anos de 1980, a fim de criar um espaço em suas colagens para as associações e interpretações do espectador sobre as camadas digitais em constante mudança em seu trabalho. A colaboração entre o artista e o espectador permite uma narrativa coletiva contingente e em desenvolvimento, que desafia uma recontagem linear da história.

Relocating the Remains, de Piper, foi encomendado por The Institute of International Visual Arts (INIVA) e exibido em Londres em 1997. Também estava disponível como um CD-ROM interativo e um site interativo. Suas três seções, intituladas *Unmapped* [Não mapeado], *Unrecorded* [Não registrado], *Unclassified* [Não classificado], retomam o trabalho anterior de Piper e refletem sua preocupação duradoura com os efeitos da escravidão, colonização e industrialização na "geografia dos corpos negros como, alternadamente, um navio, uma mercadoria, um símbolo do expansionismo colonial".[15] De acordo com Piper, "*Unmapped* [é] uma investigação das várias percepções do corpo negro conforme definido pelo olhar dominante. *Unrecorded* examina as lacunas nas narrativas históricas que continuam a distorcer e obscurecer a presença negra. *Unclassified* gira em torno de um exame do impacto das novas tecnologias na vigilância e no policiamento, especialmente em relação às noções de comunidade, nação e diferença cultural".[16]

Os estudiosos da fotografia chamaram a atenção para o modo como a retórica da transparência da fotografia reivindicava a verdade dessa arte, de modo a torná-la uma tecnologia preferida para vigilância e categorização, não menos importante em contextos coloniais. Essa crítica à transparência fotográfica revela uma relação mutuamente apoiada, na qual o Estado, reforçado pelo conhecimento e pelo controle que a evidência fotográfica fornece, investe a fotografia de uma autoridade que não pode ser reduzida a suas propriedades técnicas e semióticas. Enquanto os trabalhos de Piper e Campos-Pons estão em diálogo com essa crítica, o interesse deles pela transparência contém um conjunto diferente de preocupações relacionadas a um investimento estético e ético na diáspora africana.

Antes de realizar a série *History of a People Who Were Not Heroes*, María Magdalena Campos-Pons havia abordado o tráfico negreiro em uma obra intitulada *Tra* (1991). A instalação gira em torno das relações entre três gerações de uma família cubana negra da região açucareira de Matanzas. É composta por três grandes formas em T, cobertas com decalques fotográficos em tecido, pedaços de madeira e vidro e contendo texto esculpido e gravado. Cada forma de T é intitulada; a primeira é *"Travesía"* (tráfico em navio negreiro); a segunda, *"Trata"* (tráfico comercial de escravos); e a terceira, *"Tragedia"* (tragédia). Cada T é inscrito com um poema, e o grupo é ladeado por grandes pedaços de madeira que lembram navios negreiros. O poema que acompanha *"Travesía"* diz:

Foi uma longa jornada involuntária
Como arrancar uma árvore e espalhar suas raízes.

Nem todo mundo conseguiu.
Somos filhos daqueles que se lembram
Apenas onde a dor começou.

O título da instalação liga, pela repetição das três primeiras letras, as várias preocupações da peça: *travesía, trata, tragedia* (tráfico negreiro, tráfico comercial de escravos, tragédia). O título também sugere uma série de palavras indicativas de aprisionamento — *trampa* (armadilha) —, movimento — *traducción* (tradução ou *translation*, no inglês — tanto de um lugar para outro quanto de uma língua para outra) — e *transparencia* (transparência). Campos-Pons relaciona a transparência — um tema persistente em seu trabalho, como técnica e como conceito — ao intermediário:

> Quando eu estava fazendo *History of a People Who Were Not Heroes*, acho que a transparência é um conceito muito, muito, muito importante [...] Transparência é sobre memória. Além disso, acho que transparência [é] sobre deslocamento. Quando você é [uma pessoa deslocada], você está sempre neste lugar intermediário, entre o físico e o não ver, mas eles estão lá.[17]

Tra também evoca a noção de transculturação do antropólogo cubano Fernando Ortiz. Seu estudo da história de Cuba sob a óptica do cultivo da cana-de-açúcar e do fumo deve ser uma importante referência para a obra de Campos-Pons. O conhecido neologismo de Ortiz, cunhado para descrever os resultados do primeiro contato entre culturas distintas no que viria a ser Cuba, distingue-se da aculturação, que é a tradução unidirecional de uma cultura para outra. Para Ortiz, a transculturação visa imortalizar a transformação mútua.

Sou da opinião de que a palavra transculturação expressa melhor as diferentes fases do processo de transição de uma cultura para outra, que é o que a palavra inglesa *acculturation* realmente implica, mas o processo também envolve necessariamente a perda ou o desenraizamento de uma cultura anterior, que pode ser definida como deculturação. Além disso, carrega a ideia da consequente criação de novos fenômenos culturais, que poderíamos chamar de neoculturação. Afinal, como afirma a escola dos seguidores de Malinowski, o resultado de toda união de culturas é semelhante ao da reprodução de indivíduos: a prole sempre tem algo de ambos os pais, mas é diferente de cada um deles.[18]

É essa definição de transculturação que geralmente encontra seu caminho nas discussões sobre hibridismo e diáspora no modo redentor e celebratório. A ideia de que o contato cultural é procriativo e análogo ao contato sexual e que a descendência americana seria uma criança miscigenada não é nova. O neologismo de Ortiz, porém, não é tanto uma tentativa de dar conta de um Novo Mundo, como se convencionou entender, mas de um novo conjunto de incertezas e perdas acumuladas decorrentes da violência do encontro em Cuba. Como Oswald de Andrade havia feito antes dele, Ortiz aponta que, do ponto de vista da América, a Europa é o Novo Mundo e não o Velho Mundo:

> Se as Índias da América eram um mundo novo para os europeus, a Europa era um mundo muito mais novo para o povo da América. Eram dois mundos que se descobriram e colidiram frontalmente. O impacto dos dois um no outro foi terrível. Um deles pereceu como se tivesse sido atingido por um raio. Foi uma transculturação que *fracassou* para os nativos e foi profunda e cruel para os recém-chegados. A base humana aborígine da sociedade foi destruída em Cuba, e foi necessário trazer uma nova população

completa, tanto de senhores quanto de servos. Esta é uma das estranhas características sociais de Cuba, que desde o século 16 todas as suas classes, raças e culturas foram todas exógenas e todas foram arrancadas de seus lugares de origem, sofrendo o choque de seu primeiro desenraizamento e um duro transplante.[19]

É preciso argumentar contra a narrativa de Ortiz sobre o desaparecimento dos povos indígenas. Essa perspectiva descreve a perda e a exclusão de forma a dar conta apenas dos descendentes de europeus e/ou africanos. Além disso, essa passagem deixa claro que a transculturação não resulta automaticamente de cada encontro na "zona de contato".[20] Na descrição de Ortiz, os povos negros e indígenas só podem vivenciar aculturação ou transculturação fracassada (desaparecimento).

> O negro trouxe com seus corpos suas almas [...] Eles, os mais desenraizados de todos, foram arrebanhados juntos [...] sempre num estado de raiva impotente, sempre cheios de uma ânsia por fuga, liberdade, mudança e sempre tendo de adotar uma atitude defensiva de submissão, fingimento e aculturação ao novo mundo. Nessas condições de mutilação e amputação social, milhares e milhares de seres humanos foram trazidos para Cuba ano após ano e século após século, e tudo no doloroso processo de transculturação.[21]

A identidade nacional cubana é assegurada não apenas pela transculturação bem-sucedida dos europeus, mas também por aqueles cuja morte real e morte social[22] em vida decorre de sua incorporação como um outro. A transculturação, em sua descrição e prática, produz os resíduos daqueles que não puderam ou não quiseram ser incorporados a uma identidade cubana. O efeito é que os povos africanos e indígenas nunca podem ser "cubanos", pois essa identidade só pode resultar de uma transculturação bem-sucedida, um processo que a descrição de Ortiz exclui para eles. A transculturação, então, não pode ser entendida separada da morte — da morte figurada em/como seus restos de cadáver.

Em um ensaio convincente publicado no catálogo de *Relocating the Remains*, de Keith Piper, Kobena Mercer defende uma estética da necrofilia negra. Essa ideia deriva de uma entrevista que o cineasta John Akomfrah concedeu sobre o cinema negro britânico. Na entrevista, quando Akomfrah foi questionado sobre a onipresença de cadáveres em filmes negros, ele sugeriu que "a necrofilia está no cerne do cinema negro". Para Akomfrah, necrofilia significa "alimentar-se dos mortos". Ele aponta que o "desejo muda quase da melancolia para a necrofilia. Você quase começa a desejar essas figuras justamente porque elas são irrecuperáveis, impossíveis de capturar, portanto, mortas".[23] Tomando como ponto de partida a sugestiva formulação de Akomfrah, pode-se concluir que, numa relação melancólica com os mortos, os mortos vivem alimentando-se dos vivos, enquanto numa relação necrófila com os mortos, os vivos vivem alimentando-se dos mortos.

Essa formulação encontra suporte em uma observação feita por Nicholas Abraham e Maria Torok em *The Shell and the Kernel*. Abraham e Torok admitem que haja uma relação com a perda que não caia na díade incorporação/introjeção, ambas relacionadas com a identificação. Enquanto a incorporação nega o trauma da perda ao criptografar o objeto perdido e silenciá-lo, a introjeção dá linguagem ao trauma da perda, ajustando-se a ele e superando-o. Nenhuma das opções, como veremos neste capítulo, é satisfatória para os antigos objetos da escravidão — agora sujeitos diaspóricos do legado da escravidão e seus resíduos. A necrofilia/necrofagia, no entanto, oferece um conjunto mais interessante de possibilidades:

Uma refeição [ritualística] imaginária feita na companhia do morto pode ser vista como uma proteção contra o perigo da incorporação. A necrofagia, sempre uma prática coletiva, também é distinta da incorporação. Embora possa nascer de uma fantasia, a necrofagia constitui uma forma de linguagem porque é uma atividade grupal. Ao representar a fantasia da incorporação, o ato de comer o cadáver simboliza tanto a impossibilidade de introjetar a perda quanto o fato de que a perda já ocorreu. Comer o cadáver resulta no exorcismo da tendência potencial do sobrevivente para a incorporação psíquica após a morte. A necrofagia não é, portanto, uma variedade da incorporação, mas uma medida preventiva anti-incorporação.[24]

A necrofilia/necrofagia, ao contrário da introjeção ou da incorporação, pode reconhecer, ao mesmo tempo, o trauma da perda e a impossibilidade de superar o trauma da perda.

Eu afirmaria que um engajamento com a necrofilia, se não com a necrofagia, liga as obras de Erna Brodber, Marilene Felinto e Toni Morrison, cada uma delas sendo desafiada por um modo de se relacionar com os resíduos.[25] A tentação é tão grande quanto perigosa quando diante do desejo de uma relação ética com os remanescentes, um desejo de exprimir essa relação através de reparações: nomear o inominado, representar o não representado, dar voz ao mudo, fazer o invisível visível. Pode-se supor que isso é o que está por trás das portas da instalação de Piper, *Relocating the Remains*, marcadas como "*Unmapped*", "*Unrecorded*", "*Unclassified*". No entanto, por trás das portas há uma proliferação de formas de nomear e categorizar. Piper fragmenta essas imagens com ênfase na categorização e no controle delas e nos pede para considerar a identidade — tanto a preta quanto a branca — por meio de sua representação mediada. As imagens fragmentárias, mutáveis e em camadas do trabalho de Piper expõem a história da imagem mediada.[26] Sua instalação sugere que reparar o fragmento — em outras palavras, oferecer um contradiscurso de integridade curativa e identidade reparada — é oferecer uma solução que reafirma o problema: a imposição da identidade. O trabalho de Piper, com sua valorização do acaso e da contingência, promove a realocação em vez da reincorporação dos resíduos.

O frontispício da edição estadunidense deste livro é uma fotografia da série de Campos-Pons, *When I Am Not Here/ Estoy allá*, que comenta diretamente essas questões de individualidade e identidade. A fotografia, originalmente em cores, é da parte superior do torso da artista coberto de lama, na qual estão traçadas as palavras: "A identidade pode ser uma tragédia". O rosto pontilhado lembra uma máscara africana, e a pose frontal da imagem em tamanho real da artista convida o espectador a olhar para ela, num gesto de simpatia e identificação. No entanto, os olhos não estão abertos. Eles estão fechados, mas pintados de forma a parecerem abertos. Evocando "o olho morto que vê" e o "olho vivo fechado", de Wilson Harris,[27] a apresentação dos olhos registra a violência da identificação com o outro. O observador da fotografia move-se para lá e para cá, entre um outro que não se consegue reconhecer (sendo o reconhecimento a forma política de identificação) e o *eu* que, face à recusa desse reconhecimento, já não pode estar tão seguro de si. Essa fotografia, que parece ser sobre identidade, cria o entremeio,[28] um espaço de relação com o outro que não é, ou ainda não é, apropriador. Trata-se de um espaço de não saber e de não ser levado a saber.

As palavras escritas no corpo da artista também são significativas. Se for para enfatizar a última palavra, a frase "a identidade pode ser uma *tragédia*" parece ser um alerta. A frase poderia, no entanto, ser proveitosamente lida como uma declaração de possibilidade. Bonnie Honig sugere, em *Political Theory and the Displacement of Politics*, que a tragédia é o gênero apropriado para reconhecer o resíduo, pois a tragédia gira em torno do reconhecimento forçado de que não pode haver escolha sem resíduo. Neste caso, "a identidade pode ser uma tragédia".

A recusa da identidade marca o trabalho de María Magdalena Campos-Pons e Keith Piper. Essa recusa não é um fim em si. É uma estratégia política, uma recolocação dos resíduos e não uma reincorporação que visa resgatá-los. A realocação torna os resíduos lembretes não de algo, mas de um modo — inquietante e desconfortável, talvez — de viver com os restos daquilo que nunca poderá ser um todo.

LOCAIS DE ENTRELAÇAMENTO

Louisiana, de Erna Brodber, aborda as conexões entre os descendentes de africanos na África, na Europa, no Caribe e nos Estados Unidos. Ella, a personagem central do romance, é filha de pais caribenhos, cuja herança lhe foi ocultada. Ella deixa sua casa em Nova York para realizar pesquisas etnográficas no Sul. Quando sua entrevistada, Mammy Sue Ann Grant King, morre antes que ela possa registrar sua história oral, Ella se sente motivada pelo dever de dar continuidade ao projeto por seu orientador de pós-graduação no departamento de Antropologia da Universidade de Columbia, prestando contas sobre a história da vida de sua entrevistada. Em seus esforços para conhecer e registrar uma vida de acordo com as convenções de sua formação, ela falha. O gravador que trouxe da universidade logo é substituído pelo próprio corpo de Ella, que se transforma em uma médium para Mammy e sua melhor amiga, Louise. Após a morte, elas querem transmitir-lhe informações que esconderam em vida para proteger sua própria segurança e a de seus colegas. Por meio de seu trabalho de mediunidade, o segredo da associação de Marcus Garvey com Mammy, seu amante Silas e sua amiga Louise, também conhecida como Lowly, é revelado, assim como as associações familiares de Ella com a cidade natal de Garvey na Jamaica. Por meio de sua perigosa encarnação de Mammy e Louise, Ella passa a encarnar a diáspora africana:

> Eu sou o elo entre as margens banhadas pelo mar do Caribe [...] Eu junto o passado ao presente. Em mim, Louise e Sue Ann estão unidas. Diga Suzie Anna quando Louise chama Mammy. Você ouve a Louisiana lá? Agora diga Lowly quando Mammy chama Louise e continue assim com Anna, quando Louise chama Mammy. Você ouve a Louisiana lá? Agora diga Lowly quando Mammy chama Louise e faça o mesmo com Anna quando Louise às vezes chama Mammy. Lowly-Anna. Lá está a Louisiana de novo, especialmente se você tiver língua presa, como poderia ser. Ou você pode ser espanhola e falar dessas duas veneráveis irmãs como *Louise y Anna*. Fui chamada em Louisiana, um estado dos Estados Unidos. Sue Ann viveu em St. Mary, Louisiana, e Louise em St. Mary, Louisiana, Jamaica. Ben é de lá também. Eu sou Louisiana. Eu uso um pingente sólido, com um buraco no centro. Eu olho por este buraco e posso ver coisas. Ainda sou a sra. Ella Kohl, casada com um congolês mestiço criado na Antuérpia por um padrinho encantado. Eu uso longos vestidos brancos no verão e longos mantos pretos sobre eles no inverno. Eu sou Louisiana. Eu dou às pessoas a história delas. Sirvo a Deus e às veneráveis irmãs.[29]

Ella, desejosa de contar uma história coerente, inicialmente recusa-se a aceitar que toda a extensão do entrelaçamento (para usar o termo apropriado de Édouard Glissant) que é a diáspora africana não fosse transmitida de uma forma que acabasse com o mistério, a dor, a confusão, ou a divisão. Sua recusa precoce em se envolver com todas as experiências daqueles que sobreviveram à escravidão deriva da vergonha que ela herdou de seus pais, que aspiram ao sonho americano e à classe média. Sua recusa também a deixa vulnerável à exigência de que ela, como médium, sirva passivamente aos mortos, eles que, na morte, alimentam-se dela, depois de terem, em vida, se alimentado dos mortos. À medida que Ella fica mais fraca e magra ao canalizar Louise/Lowly, descobre que Lowly também lidou melancolicamente com as perdas de seus familiares ao incorporá-los. "Se não fosse possível [para Louise/Lowly] manter contato terreno com seus parentes e o local onde eles a criaram, ela poderia trancá-los em seu coração e se alimentar deles. Material bem mastigado e digerido foi o que Lowly me deu. Essa criança intensa mordiscando intensamente as memórias."[30]

Essa descrição de canibalismo ecoa na descrição da família de Mammy. Mammy cresceu com sua avó, que representava para os habitantes da cidade um lembrete dos resíduos da constituição de sua comunidade:

> Esta é a cultura familiar na qual Mammy cresceu — resistência punida. Cresceu com a avó, uma mulher realmente cheia de dores, que, por este triste fato, alcançou alguma notoriedade na área. Ninguém queria aumentar seu martírio, se é que podiam de algum modo ajudar. Eles se ressentiam de seu status. Ninguém queria ver outra resistência e outro castigo naquela família. A aldeia e seus luminares não queriam que sua vergonha ressurgisse a cada geração. *Essa família era a prova viva de seu canibalismo.*[31]

As pessoas da cidade sabem que a estabilidade de sua comunidade existe à custa da família de Mammy. A mãe de Mammy era coordenadora nos canaviais. Ela foi a terceira pessoa da família a ser morta por atividades políticas; seu pai e seu padrasto foram linchados. Mammy vem de uma longa linhagem de pessoas que resistem. Que elas resistam é um sinal, para os outros moradores acomodados de sua cidade, do preço que pagaram pela aparência de paz. A cidade, porém, cansada do resíduo que é a lembrança de como constituíram sua comunidade, facilita a partida de Mammy. A natureza da resistência de Mammy permanece misteriosa para Ella até que esta renuncie ao esforço de redimi-la por meio da linguagem, de conhecê-la e identificá-la (ou identificar-se com ela). A narrativa desqualifica esse esforço de saber como algo apropriador e argumenta que deve haver espaço e valor no que não pode ser compreendido.

Rísia, a protagonista de *As mulheres de Tijucopapo*, também busca conhecer um passado traumático. Ela empreende uma migração reversa, da cidade de São Paulo rumo ao nordeste, a Recife, estado de Pernambuco, a terra natal que ela e sua família deixaram anos antes, como parte de uma migração em massa para o sul de nordestinos que tentavam escapar da pobreza esmagadora de sua região assolada pela seca. No decorrer de sua jornada, ela relembra os acontecimentos de sua vida que a fazem sentir-se envergonhada e desprezível. Ela luta para encontrar forças para ser o resíduo resistente, e não apenas a sobra a que se resiste (o desprezível). Traída, rejeitada, submissa, a mãe de Rísia representa tudo o que é vergonhoso e, como consequência de sua própria expulsão da linhagem materna — "mamãe é uma merda" —, a mãe privou Rísia do passado heroico de suas ancestrais, as mulheres de Tijucopapo — as mulheres de bocas de barro.[32]

O contexto histórico do romance é estabelecido por duas datas marcantes da história recente do Brasil. A primeira, 1964, marca a instalação da ditadura militar, e a segunda, 1968, a aprovação de leis particularmente repressivas, calculadas para acabar com toda resistência à ditadura. Essas datas também marcam os fracassos da própria revolta pessoal de Rísia, desencadeada para criar um espaço para si mesma em sua família e em sua nação. Os impedimentos para chegar a esse lugar cristalizam-se em uma série de experiências que se entrelaçam em sua memória. Uma se passa durante uma viagem escolar a um clube de campo: "Em Manjopi eu soube de minha diferença. Manjopi — meus cabelos eram cordas duma forca amaciada de brilhantina que mamãe passava e o sol derretia ao meio-dia".[33] Ao contrário de suas colegas gordas e brancas, "as filhas de sargentos ricos", Rísia é uma bolsista pobre, magra e de pele escura, cuja mãe é de religião protestante e cujo pai é mulherengo. O incidente em Manjopi foi crucial para que ela se sentisse desprezível. "Em Manjopi eu morri um pouco. Manjopi. Grande merda. Eu não conseguira. Por quantos Manjopi não passei até que eu pudesse ser como hoje sou — capaz de arranjar uma cara que aguente uma festa de filhas de sargento. No fim é essa merda que se consegue, essa merda duma cara que aguente."[34]

Tendo perdido seu amante e cansada de se deslocar da periferia pobre de São Paulo, onde mora, para o centro da cidade para se juntar aos amigos intelectuais em festas luxuosas, ela decide ir para Tijucopapo. Não querendo mais fazer parte de "São Paulo, [onde] o mundo acontece aos goles, aos gotos e arrotos",[35] Rísia se propõe a descobrir a origem de sua vergonha ao determinar quem é o culpado pelo fato de sua mãe ter sido doada pela própria mãe desta última, avó de Rísia, descrita como uma "negra pesada": "O último originário de mamãe se apagou [...] quando ela foi doada. Tudo de mamãe é adotado e adotivo. Minha mãe não tem origens, minha mãe não é de verdade".[36] A mãe de Rísia foi deixada "na Poti, uma vila-lua onde eu [Rísia] nasci e onde sei que meu avô foi índio. Às vezes eu me olho no espelho e digo a mim mesma que venho de índios e negros, gente escura, e me sinto como uma árvore, me sinto raiz, mandioca saindo da terra. Depois me lembro que não sou nada".[37]

A sensação de Rísia de que ela não é nada deriva de suas tentativas fracassadas de se identificar com as estruturas de poder que a excluem — a ditadura, a nação brasileira, a bandeira, a elite branca, os ricos, a família patriarcal, São Paulo. Ela está cheia de raiva e ressentimento que a consomem. Ela se lembra de uma época de sua infância em que ainda achava que seria possível alcançar a sensação de inclusão que desejava. Ela descreve como se sentia enquanto treinava antecipadamente sua participação para um desfile pátrio:

> Atrás de mim a longa placa de cimento disfarçando a merda que os meus irmãos cagavam. [...] E de tarde eu desfilaria [nas comemorações da Independência do Brasil] orgulhosa de mim na minha roupa de gala. "À merda das minhas lombrigas, papai e mamãe, aos meus oxiúros, às minhas giárdias." Eu desfilaria orgulhosa ao som da fanfarra, o bumbo estrondando tum dum lá na frente. Tum dum, tum dum, tum dum. À merda, à bosta, ao cocô em bolotes. [...] Eu batendo o pé muito firme. À merda, à bosta, ao cocô em bolotes. [...] E eu me sentindo orgulhosa. E eu me esquecendo [...] que papai era um merda, que mamãe não me abraçara [...] Atrás de mim uma placa de cimento contra a qual eu bati a cabeça escorregando do tamborete. [...] Eu caí num abismo, a minha cabeça contra a placa da plena merda que não era, definitivamente, não era para mim. [...] A merda tinha que ser pra mim, Nema? Eu levava, então, a mais grave das minhas quedas, a mais indigna — no dia exato do desfile [...]. Quando eu acordei havia mulheres em volta da cama [...].[38]

Quando Rísia é obrigada a reconhecer que é o resíduo da identidade nacional brasileira, ela acorda para abraçar e ser abraçada pelas mulheres de Tijucopapo, as mulheres que escolheram resistir. Ao chegar ao fim de sua busca, ela é o resíduo resistente tanto visível quanto invisível (já que sombras não aparecem sob o sol do meio-dia) como brasileira — "O que eu fiz foi um pensamento. As mulheres de Tijucopapo eram, enfim, como eu fazendo sombra no chão, meio-dia de sol de fogo, caminho da BR"[39] [BR-116, rodovia que é a principal rota migratória do Norte ao Sul].

Ao se aproximar de Tijucopapo, Rísia se transforma fisicamente para ficar mais parecida com as mulheres de Tijucopapo — "minha pele escurece mais e mais, chegarei negra em Tijucopapo, suando como um negro sua"[40] — e ela se torna uma agente da representação. A jornada de Rísia implica aprender a reconhecer, em vez de esquecer ou mentir sobre si mesma, sua mãe e a condição delas, e implica ver a causa do sofrimento de ambas não pela humilhação, mas pelas forças que criaram as condições que resultaram nas dolorosas escolhas delas. "Estou viajando para pintar a revolução que não derrubará do balcão o meu único guaraná inteiro",[41] e não para se alinhar aos "culpados por todo o desamor que eu sofri e por toda a pobreza em que vivi. Vou dizer aos miseráveis trabalhadores da usina que eles são uns desgraçados infelizes porque há festas de luzes acontecendo em São Paulo. E que, se eles quisessem, tomariam um guaraná inteiro porque lá em São Paulo a vida continua acontecendo aos goles, aos gotos e arrotos".[42]

Ao longo do romance, Rísia diz que quer contar sua história na forma de uma carta em inglês para sua mãe. Ela quer fugir para outro idioma, um que possa lhe dar o final feliz de Hollywood negado a ela em seu próprio idioma. A ironia é que Rísia começa, mas não consegue completar a carta em inglês. O romance termina, significativamente, com a esperança, expressa no subjuntivo, de um final feliz ou ao menos um que dê certo para ela. Essa esperança é transmitida em português brasileiro e não em inglês: "Eu quero que tudo me termine bem".[43]

UM PRESENTE PARA OS CIDADÃOS DE RUBY

Os perigos das identificações que negam o resíduo também são explorados em *Paraíso*. Desejando dar um "presente aos cidadãos de Ruby",[44] Patricia Best decide registrar o passado de Ruby. Este presente, que deveria ter envolvido todos os cidadãos no processo de contar sua história, logo se torna motivo de ressentimento. As mulheres de Ruby, acostumadas a guardar segredos, se recusam terminantemente a participar do projeto justamente quando o assunto é certidão de casamento. Esses mesmos documentos teriam revelado uma contradição fundamental. Eles seriam uma prova de ratificação pelo Estado daquilo a que Ruby renunciava em seu isolamento. No entanto, a recusa das mulheres também revela um senso de propriedade derivado da própria cultura que as renegou e à qual elas ainda estão, apesar de sua insistência em contrário, amarradas. Elas não queriam revelar histórias de incesto, ilegitimidade, amor frustrado e ódio. À medida que as portas para a verdadeira história de Ruby se aproximam dela, Pat percebe o quanto lhes foi apagado da história oficial. "Chegou ao ponto em que o pequeno período do 'c' [de 'casado'] virou uma piada, um sonho, uma violação da lei."[45] Pat é filha de um desses casamentos. Seu pai amava sua mãe — uma estrangeira. A pele clara de sua mãe testemunhava o passado de escravidão e racismo que os anciãos da cidade reprimiam, impedindo para sempre que sua filha fosse considerada um membro pleno de Ruby. Pat não se identifica nem rejeita completamente as famílias fundadoras da cidade, tampouco seus objetivos. Isso dá a ela uma visão mais desapaixonada do passado de Ruby.

A história oficial de Ruby é a história de sua fundação, enraizada na "Rejeição". A primeira "Rejeição" ocorreu quando um pequeno grupo de homens libertos viajou da Louisiana e do Mississippi para Fairly, Oklahoma, em busca de uma nova vida após o fracasso da Reconstrução. Os habitantes negros de pele clara de Fairly recusaram-lhes a entrada na cidade e, assim, as nove famílias excluídas fundaram sua própria cidade, que chamaram de Haven. Após a Segunda Guerra Mundial, os veteranos que retornaram encontraram a cidade empobrecida e atacada por multidões de linchadores. Os descendentes das primeiras nove famílias mudaram a cidade para um local mais remoto e a renomearam como Ruby. Os habitantes da cidade trouxeram consigo um Forno de adoração e o colocaram no meio da cidade. A inscrição original sobre o Forno partiu-se na mudança de Haven para Ruby, deixando a interpretação das palavras restantes, "a Ruga da Testa Dele", aberta ao debate da comunidade.

Enquanto o Forno indica o pretenso centro da cidade, a investigação de Pat logo revela para ela o verdadeiro centro: o túmulo de sua mãe às margens da cidade, onde os segredos de Ruby estão criptografados. O Forno é um sucedâneo que permite a rejeição dos resíduos da cidade. Ninguém havia morrido em Ruby: "Bem, por mais louco que pareça, acredito que a reivindicação da imortalidade é a reprovação desta cidade ao negócio funerário de papai. [...] Eles acham que o papai merece ser repreendido por ter sido o primeiro a quebrar a regra do sangue, e eu não descarto que eles se recusassem a morrer apenas para impedir o sucesso do papai".[46]

A distância emocional de Pat a torna ciente dos fragmentos de histórias, bem como das histórias dos fragmentos que aqueles que foram "postos para fora e rejeitados em Fairly" negam no interesse da história oficial da integridade da cidade. Como aponta Elizabeth Yukins, não é por acaso que Steward Morgan, que será o líder do ataque às mulheres do Convento, faz a declaração mais contundente em favor do passado excludente e estático de Ruby: "Se você, qualquer um de vocês, ignorar, mudar, tirar ou acrescentar palavras na boca daquele Forno, vou explodir a cabeça de vocês, como se fosse a de uma cobra naja".[47]

A primeira Rejeição ocorreu quando Zacarias, o patriarca do grupo, ferido no pé, ficou para trás enquanto seu filho se aproximava da cidade de Fairly:

> Foi a ferida que o obrigou a ficar para trás e deixar seu amigo e seus filhos falarem em seu lugar. Isso provou, no entanto, ser uma bênção porque ele perdeu a Rejeição real; e não teve de ouvir palavras inacreditáveis formadas na boca de homens para outros homens, homens como eles em todos os aspectos, exceto um. Depois o povo deixou de ser nove famílias e mais algumas. Tornaram-se um grupo compacto de viajantes presos pela enormidade do que aconteceu com eles. O horror deles aos brancos era incontrolável, mas abstrato. Eles mantiveram a clareza de seu ódio pelos homens que os insultaram de maneiras confusas demais para serem expressas: primeiro excluindo-os, depois oferecendo-lhes o básico para existir nessa mesma exclusão. Tudo o que alguém quisesse saber sobre os cidadãos de Haven e Ruby estava nas ramificações daquela rejeição, entre muitas outras. Mas as ramificações daquelas ramificações eram outra história.[48]

A narrativa muda abruptamente neste ponto, indo da história da Rejeição para uma descrição de Pat levantando a janela e olhando para o túmulo de sua mãe. A primeira Rejeição foi perpetrada por negros de pele clara ("homens amarelos de olhos azuis, olhos acinzentados, em ternos elegantes") que fizeram uma coleta, ofereceram comida e cobertores, mas não permitiram que seus irmãos de pele escura permanecessem na cidade.

Isso resultou na instituição da regra do sangue "não dita". Ninguém de sangue misto poderia se juntar a Ruby. O pai de Pat, Roger Best, foi o primeiro a violar a regra do sangue. Menus foi o segundo, com uma "menina ruiva da Virgínia".[49]

> Assim, a regra foi estabelecida e viveu uma vida silenciosamente pulsante porque nunca se falou dela, exceto pela insinuação nas palavras que Zacarias forjou para o Forno. Mais que uma regra. Um enigma: "Cuidado com a ruga na testa dele", em que o "você" (subentendido), no vocativo, não era uma ordem para os crentes, mas uma ameaça para aqueles que os haviam rejeitado. Então os adolescentes organizados por Misner, que queriam mudar a frase para "Seja a ruga na testa dele", foram mais perspicazes do que imaginavam. Eles eram os agentes, e não Deus — eles é que fizeram Menus devolver sua garota.[50]

Zacarias, que não estava presente na Rejeição para ouvir as "palavras inacreditáveis" ou para experimentar o insulto "confuso demais para ser expresso", estabelece a regra de sangue não dita. Ele mobiliza a comunidade em torno das palavras gravadas no Forno e trabalha para desviar a atenção de Ruby dos resquícios da constituição de sua comunidade. Pat lembra a reação da cidade quando ela chegou com sua mãe, Delia:

> O queixo deles deve ter caído quando chegamos, mas, além de Steward, ninguém disse nada diretamente. Não precisavam. Olive foi para a cama. Fulton continuou grunhindo e esfregando os joelhos. Apenas Steward teve a ousadia de dizer em voz alta: "Ele está trazendo o *esterco* que deixamos para trás". Dovey o silenciou. Soane também. Mas Fairy DuPres o amaldiçoou, dizendo: "Deus não ama esses modos feios. Cuidado, ele não nega o que você ama também". Observação sobre a qual Dovey deve ter pensado muito

até 1964, quando a maldição se concluiu. Mas elas eram apenas mulheres, e o que diziam era facilmente ignorado por bons homens corajosos a caminho do Paraíso. Eles chegaram lá também e acabaram tendo a satisfação de ver o *esterco* enterrado. A maior parte, de todo modo. O resto ainda está na superfície, instruindo seus netos em um grau de inteligência que os mais velhos nunca adquirirão.[51]

A mãe de Pat é o "esterco", o resíduo e o lembrete da rejeição das Oito Pedras da história da escravidão e seu papel em constituí-los como estadunidenses negros.

Se as ramificações da morte da mãe de Pat pela regra do sangue forem deslocadas e rejeitadas no Forno, elas serão explicadas e aceitas no Convento. As nove mulheres do Convento são os resíduos, ligados pelas imagens de excrementos e detritos à mãe de Pat (e a Pat), que são lembretes que não vão sustentar a paz. De acordo com os homens de Ruby:

> Elas [as mulheres do Convento] não precisam de homens e não precisam de Deus. Não se pode dizer que não foram avisadas. Primeiro perguntaram e depois avisaram. Se elas ficassem entre elas mesmas, isso já seria alguma coisa. Mas elas não ficam. Elas se intrometem. Atrair as pessoas como moscas para a merda e todos que se aproximam delas serem deformados de alguma forma, e ainda a bagunça voltando para dentro de *nossas* casas, *nossas* famílias. Isso nós não vamos tolerar, todos vocês. Não vamos tolerar isso de jeito nenhum.[52]

No dia do massacre no Convento, os homens de Ruby demonstraram que preferem matar a reconhecer seus próprios resíduos:

Mais cedo, quando eles abriram a porta do Convento, a natureza da missão os deixou tontos. Mas o alvo, afinal, eram os detritos: pessoas descartáveis que às vezes voltavam para a sala depois de serem varridas porta afora. Então, o veneno é administrável agora. Atirar na primeira mulher (a branca clarificou como manteiga: o óleo puro do ódio por cima, a dureza estabilizada por baixo).[53]

As mulheres do Convento, ao contrário dos homens de Ruby, abraçam o resíduo sem o acolher. Cada uma das mulheres chega ao Convento com uma compreensão de si mesma como abjeta. Esse entendimento é fomentado pela sociedade que os homens de Ruby representam. Enquanto se reúnem para planejar o assalto ao Convento, os homens discutem, "com gratidão", o que sacrificaram para viver em Ruby. A discussão demonstra como os homens fizeram do Convento o repositório dos resíduos de seus sacrifícios:

"Do que vocês [moradores de Ruby] abriram mão para morar aqui?", perguntou [o reverendo Cary, um dos líderes do massacre e inimigo de Misner], elevando a voz como um soprano. "Que sacrifício você faz todos os dias para viver aqui na beleza de Deus, em Sua generosidade, em Sua paz? [...] Espetáculos de imagens, música nojenta." Ele continuou com os dedos da mão esquerda. "Perversidade nas ruas, roubo à noite, assassinato pela manhã. É disso que você desistiu."

Cada item provocava suspiros e gemidos de tristeza. Cheios de gratidão por terem recusado e escapado do sórdido, do cruel, do ímpio, de todos os males atuais disfarçados de prazer, cada membro da congregação podia sentir seu coração se encher de pena daqueles que enfrentaram aqueles "sacrifícios".

Mas não havia piedade ali. Ali [no Convento], quando os homens falavam da ruína que se abatia sobre eles — sobre como Ruby estava mudando de maneira intolerável — eles não pensavam em consertar as coisas estendendo a mão em gesto de companheirismo ou amor. Em vez disso, planejaram a defesa e aprimoraram as evidências conforme a necessidade, até que cada peça se encaixasse numa fenda já determinada.[54]

Os homens sentem pena daqueles que não fizeram os mesmos sacrifícios que eles fizeram, mas não sentem pena dos que restaram desses mesmos sacrifícios. A relação com o resíduo, com os que restaram, separa inexoravelmente os homens de Ruby das mulheres do Convento. As mulheres do Convento aprendem a sentir pena e compaixão pelo resíduo, enquanto os homens de Ruby matam no interesse de preservar a ilusão de um mundo sem restos.

Quando os homens entram no Convento com a intenção de matar todas as suas habitantes, encontram no chão contornos a giz que as mulheres fizeram com seus próprios corpos. Dentro e ao redor desses contornos, elas tinham representado tudo o que as tornava mortas para si mesmas antes da chegada ao Convento. "Lá embaixo, sob longos raios lentos de um Black & Decker, Steward, Deek e K. D. observam profanação, violência e perversões para além da imaginação. A imundície cuidadosamente desenhada cobre o chão de pedra."[55] A reação de Steward é rejeitar (novamente) o que vê e negar qualquer relação com isso: "O mal está nesta casa", disse Steward. "Desça naquele porão e veja por si mesmo."[56] Deek, no entanto, reconhece o que restou, mesmo que brevemente: "Meu irmão está mentindo. Isso fomos nós que fizemos. Nós, e mais ninguém. E nós assumimos a responsabilidade".[57]

As mulheres do Convento desenharam seus corpos no chão por insistência de Consolata. Para entender todo o significado de seu gesto, devemos analisar as referências deste trecho ao Brasil. Ainda criança, Consolata foi resgatada pela madre superiora, Mary Magda, e levada aos Estados Unidos para ser educada no Convento. Consolata conta a história de seu resgate como parte do ritual de exposição dos restos mortais, do qual os desenhos fazem parte:

> Meu corpo de criança, machucado e sujo [de excremento] pula nos braços de uma mulher que me ensina nada de meu corpo e tudo de meu espírito. Eu concordei com ela até quando conheci outro. Minha carne estava tão faminta em si mesma que comeu o outro. Quando ele sumiu, a mulher me resgatou de meu corpo novamente. Duas vezes ela o salvou. Quando o corpo dela adoeceu, cuidei dele de todas as maneiras que a carne permite. Eu o segurei em meus braços e entre minhas pernas. Limpei-o, acalentei-o e o envolvi para mantê-lo respirando. Depois que ela morreu, não consigo superar isso. Meus ossos nos dela são a única coisa boa. Não o espírito. Ossos. Não é diferente com o homem. Meus ossos nos dele são a única coisa verdadeira. Então, eu me pergunto onde está o espírito perdido nisso? É verdade, como ossos. É bom como ossos. Um doce, outro amargo. Onde está perdido o espírito? Ouçam-me, escutem. Nunca dividam-nos em dois. Mas nunca coloquem um acima do outro. Eva é a mãe de Maria. Maria é filha de Eva.[58]

Consolata teve um caso com Deek e expressa esse amor através do desejo de canibalizá-lo. Ela o perdeu quando "estava decidida a comê-lo como uma refeição",[59] o que acabou sendo seu grande erro.[60] "Querido Senhor, eu não queria comê-lo. Eu só queria ir para casa [...] ela queria dizer [...] *ele e eu somos o mesmo.*"[61] Antes que possa ajudar as outras mulheres do Convento, Consolata, tendo perdido Deek e Mary Magda, deve aprender uma maneira diferente de amar. Ela aprende, por meio de um exercício de sentimento compartilhado de piedade e compaixão, a deixar o outro permanecer.

Consolata[62] invoca a Virgem Maria em seu discurso às sofridas mulheres do Convento e imediatamente a relaciona com Iemanjá, a qual, embora não seja nomeada como tal, é figura central no ritual de compreensão em *Paraíso*: "Então ela lhes contou sobre Piedade, que cantava mas nunca dizia uma palavra".[63] Consolata descreve para as mulheres como Piedade tinha cuidado dela:

> Nós nos sentamos na calçada à beira da praia. Ela me banhou em água esmeralda. Sua voz fez mulheres orgulhosas chorarem na rua [...]. Piedade tinha músicas capazes de deter uma onda do mar, pausá-la na crista para que ela ouvisse uma língua que não ouvia desde que o mar se abriu [...]. De noite ela tirou as estrelas do cabelo e me envolveu com a lã das estrelas. Seu hálito cheirava a abacaxi e castanha de caju [...].

Adorada na forma de muitas alcunhas, incluindo Pietà e Mater Dolorosa, o nome de Maria tem suas raízes na palavra hebraica *marah*, que significa "amargura" ou "mar amargo".[64] No Brasil, Iemanjá é sincretizada com Nossa Senhora da Piedade, Nossa Senhora do Rosário, Nossa Senhora das Candeias, Nossa Senhora da Conceição, Nossa Senhora dos Navegantes e Nossa Senhora das Dores.[65] Iemanjá, Yemayá, Yemanji são nomes dados à personificação americana de Yemojà, divindade de um rio iorubá. Diz-se que ela é a mãe da maioria dos orixás, sendo Exú, o mensageiro, a notável exceção. Como Iemanjá está associada à maternidade e ama todas as crianças, acredita-se que ela acompanhou seus filhos e suas filhas escravizados da África para as Américas. No trajeto, ela se transformou de uma divindade do rio em uma divindade do mar, para melhor proteger seus filhos escravizados. O nome de Iemanjá é derivado do iorubá, *Yèyé omo ejá* (mãe dos filhos que são peixes). No Brasil, ela é frequentemente representada como uma sereia com cabelos que ondulam com a água, com uma coroa de pérolas, conchas e pedras do mar. Suas cores são azul-claro, branco e cristal transparente; seus atributos são um leque e colares de contas. Ela é designada por nomes que refletem esse aspecto: Mãe da Água, Rainha do Mar, Princesa do Mar, Sereia do Mar e Dona Janaína (sincretizada com a divindade indígena das águas).

Assim como Maria, com quem é sincretizada na tradição católica, Iemanjá protege os marinheiros. Por exemplo, na praia de Jaboatão dos Guararapes, no estado de Pernambuco, no nordeste do Brasil, uma estátua de Iemanjá fica na entrada da Igreja de Nossa Senhora da Piedade. Maria e Iemanjá costumam ser adoradas juntas e compartilham dias de festa. Os seguidores de Iemanjá a presenteiam com velas, flores, moedas, enfeites brilhantes, pedaços de espelhos e vidros, colares e pulseiras de contas azuis e brancas lançadas ao mar por barcos a remo.

O romance *Paraíso* termina com uma longa invocação de Iemanjá/Piedade. A descrição confunde as figuras das mulheres do Convento com a figura de Iemanjá. No fluxo do mar, emaranhada uma na outra, cercadas pelos restos do tráfico negreiro, elas esperam para abraçar as que chegaram mais recentemente:

> No silêncio do oceano, uma mulher negra como carvão está cantando. Ao lado dela está uma mulher mais jovem cuja cabeça repousa no colo da cantora. Dedos lesionados percorrem o cabelo castanho-chá. Todas as cores das conchas — trigo, rosa, pérola — se fundem no rosto da jovem. Seus olhos esmeralda adoram o rosto negro emoldurado em azul cerúleo. Ao redor delas, na praia, o lixo da areia brilha. Tampas de garrafa descartadas brilham perto de uma sandália quebrada. Um pequeno rádio mudo toca na arrebentação silenciosa.

Nada supera esse consolo de que trata a canção de Piedade, embora as palavras evoquem lembranças que nenhuma das duas teve: de envelhecer na companhia da outra; da fala compartilhada e do pão dividido cheirando no fogo; a felicidade inequívoca de ir para casa para estar em casa — a facilidade de voltar ao amor começou.

Quando o oceano se agita mandando ondas de água para a terra, Piedade olha para ver o que veio. Outro navio, talvez, mas diferente, rumo ao porto, tripulantes e passageiros, perdidos e salvos, tremem, pois já há algum tempo estão desconsolados. Agora eles vão descansar antes de assumir o trabalho sem fim para o qual foram criados aqui no paraíso.[66]

Ao longo de *Paraíso*, os habitantes de Ruby e seus remanescentes, os resíduos, demonstraram os perigos para uma comunidade negra diaspórica que recusa seus remanescentes. Iemanjá, negra e parda, traçou uma forma ética de amar os resíduos, de acompanhar em vez de acolher, de abraçar em vez de incorporar, de sentir com em vez de sentir por.

Epílogo

> *Wishrop é curiosamente cortado em dois — o inimigo enredado-no-outro, o outro enredado no inimigo* [...].
> Wilson Harris, *Palace of the Peacock*

Paraíso, de Toni Morrison, termina com um apelo àqueles criados na escravidão para arcar com o trabalho de reparação "aqui no paraíso". Essas palavras lembram o encerramento de *The Kingdom of This World*, de Alejo Carpentier. Este romance de 1949, do autor cubano, narra a Revolução Haitiana segundo a prática literária de *lo real maravilloso* [o real maravilhoso], que ele definiu no prefácio da edição espanhola dessa obra:[1]

> No Reino dos Céus não há grandeza a ser conquistada, pois ali tudo é uma hierarquia estabelecida, o desconhecido é revelado, a existência é infinita, não há possibilidade de sacrifício, tudo é descanso e alegria. Por isso, curvado pelo sofrimento e pelos deveres, belo em meio à sua miséria, capaz de amar diante das aflições e provações, o homem só encontra sua grandeza, sua medida plena, no Reino deste Mundo.[2]

Se as linhas finais de *Paraíso* lembram essas linhas de *The Kingdom of This World*, elas também ressoam com a evocação do paraíso de Wilson Harris em sua introdução ao *The Guyana Quartet*. "Palace of the Peacock", a primeira das novelas reunidas nessa obra densa, conta a história a partir da perspectiva desintegradora do Narrador/Sonhador de uma viagem de barco da costa da Guiana ao interior. Donne, o irmão do narrador, lidera a tripulação de *El Doradonne* na busca pelos trabalhadores da missão Mariella, que escaparam para o interior, onde devem realizar uma série de rituais. Mariella, a amante violentamente maltratada de Donne, lidera o grupo. A jornada da tripulação é uma repetição de várias jornadas anteriores: uma viagem de Donne quando ele capturou Mariella; uma viagem de uma tripulação que se afogou anteriormente, tendo os mesmos nomes e aparência que esta; a marcha colonialista de El Dorado; e a viagem de Marlow em *Heart of Darkness*. Ao final da novela, Carroll, personagem que sobreviveu à viagem apenas para mergulhar para a morte em uma tentativa fatal de escalar uma cachoeira, toca uma flauta cuja música "implica um paraíso no qual os atos infernais da tripulação do *El Doradonne* são tão arraigados que aparentemente nada mudou desde que o cavaleiro enforcado/baleado/afogado [Donne, sonhado pelo narrador] parece tombar nas fases iniciais de *Palace* e prenunciar mais de uma morte para a tripulação [...] Nada mudou no paraíso de Carroll, exceto pela 'segunda morte' que reabre ou revisita cada façanha cega do passado".[3] A evocação do paraíso por Harris confirma o desejo de buscar a possibilidade de mudança no reino deste mundo e não no mundo do porvir. Este paraíso é concretizado através de "uma arte de ficção onde os agentes do tempo começam a sobreviver aos reveses reais que o espírito humano já suportou, ao verdadeiro abismo de dor em que entrou, e não aos aparentes fortalecimentos, vitórias e batalhas que ganhou".[4]

Morrison, Carpentier e Harris, bem como os outros escritores a quem abordei no último capítulo deste estudo, tentam conceber uma forma de escrita que possa explicar o que foi deixado para trás como resíduo do legado da escravidão. Para Harris, a história das origens perdidas, chamadas de a tragédia do Caribe, ou seja, a tragédia dos filhos da escravidão, só é trágica quando essa perda é vivida como a privação de um destino final e não como uma comédia da evasão de um destino final — a morte. Segundo Samuel Durrant, a tripulação do *El Doradonne* ganha em sua jornada:

> uma consciência [que] não é simplesmente uma compreensão racional do ciclo de repetição em que estão presos, pois tal compreensão apenas satisfaria o desejo de uma "verdade cínica", levando a uma aceitação niilista da incapacidade deles de alterar seus destinos. Pelo contrário, é uma *revelação* da existência em que o tédio de ser se transforma na inocência do devir, uma revelação que vai além do niilismo do determinismo histórico na medida em que abre para a tripulação "o fantasma de uma chance" de descartar sua natureza herdada [...]. Não é simplesmente uma questão de trocar uma natureza por outra, de se tornar um sujeito mais moral ou ético. Isso seria apenas repetir o romance pedagógico burguês, centrado no progresso do sujeito individual, que Harris clama por ir além. Abandonar a "vontade de governar" é, de fato, abandonar a própria subjetividade. O objetivo da narrativa harrisiana é a dissolução em vez da educação do sujeito individual, a revelação do que ele chama de nossa "complexa mutualidade".

O "desejo de governar" é inerente à demanda por identificação e à violência dessa demanda. Uma "mutualidade complexa" forneceria uma alternativa, e a metáfora preferida de Harris para essa alternativa é a flauta de ossos caribenha.

Na introdução de *The Guyana Quartet*, Harris afirma que sua pesquisa sobre a flauta de ossos após a publicação de *Palace of the Peacock* reforçou sua compreensão intuitiva de seu significado como uma validação de sua ficção, "uma ficção que busca consumir seus próprios preconceitos". Essa validação veio para Harris quando ele descobriu que a flauta de ossos caribenha/canibal tinha uma longa história na Guiana.[5]

Para descrever a flauta de ossos, Harris se refere ao trabalho de Michael Swan. Em um apêndice ao relato de suas viagens ao interior da Guiana, intitulado "Os caribes", Swan discutiu as frequentes acusações de canibalismo contra os caribes. Voltando-se para a autoridade do etnógrafo Richard Schomburgk, Swan o cita longamente para defender os caribes:

> Embora [ele diz] os caribes na Colônia sejam geralmente acusados de canibalismo, especialmente pelos negros, que ainda relatam com horror o que seus pais lhes contaram sobre comerem a carne dos caídos durante a repressão da revolta dos negros em 1763, isso foi claramente negado não apenas por meu próprio chefe, mas por todos os outros a quem fiz perguntas. O primeiro me disse o seguinte sobre isso. Depois de uma vitória conquistada, seus ancestrais geralmente traziam de volta ao assentamento um braço ou uma perna do inimigo abatido como troféu, que seria então cozido para tirar a carne dos ossos com mais facilidade; uma flauta era feita com os ossos para ser usada como instrumento na próxima expedição de guerra. Ainda é frequente encontrar nos acampamentos caribenhos tais flautas feitas de ossos humanos.[6]

Swan observa que o ritual que envolve a produção da flauta de ossos pode incluir a ingestão de um pedaço da carne do inimigo se os participantes individuais assim o desejarem. O significado do ritual era produzir um instrumento que, na concepção de Harris, oferecesse uma alternativa à canibalização dos restos mortais do inimigo, à canibalização dos restos do passado. A música da flauta proporciona uma relação do "inimigo enredado-no-outro e do outro enredado no inimigo", uma relação que deriva não de incorporação, mas de abraço recíproco, um abraço que reconhece sem insistir em incorporar o outro, em nome do conhecimento, da compreensão e da paz.

Notas

PREFÁCIO [PP. 7-19]

1. Shelly Fisher Fishkin, "Crossroads of Cultures: The Transnational Turn in American Studies — Presidential Address to the American Studies Association, November 12, 2004". *American Quarterly*, vol. 57, n. 1, mar. 2005, pp. 17-57.

2. J. B. Clarke, Comissão de Proclamação de Emancipação de Nova York (Estado), *A Memento of the Emancipation Proclamation Exposition of the State of New York*. Nova York: Robert N. Wood, 1913.

3. José Clarana, "Getting Off the Color Line". *The Crisis*, set. 1913.

4. Jessie Faucet [sic] e Cezar Pinto, "The Emanicipator of Brazil". *The Crisis*, mar. 1921.

5. Robert M. Levine e John J. Crocitti (Orgs.), *The Brazil Reader: History, Culture, Politics*. Durham: Duke University Press, 1999.

6. *The Crisis*, dez. 1916.

7. Cornell University, Cornell Alumni Directory 1922, vol. 13, n. 12.

8. William Edgar Easton, *Christophe: A Tragedy in Prose of Imperial Haiti*. Los Angeles: Press Grafton, 1911.

9. "Satisfeita porque seu honrado amigo tinha motivos razoáveis para parabenizar o neto da rainha Vitória em sua coroação, a srta. Miller garantiu à tia Harriet [Tubman] que ela poderia enviar uma carta ao rei da Inglaterra, mas que ela me pediria [Clarke] para escrevê-la, pois, como súdito britânico das Índias Ocidentais, eu estaria mais familiarizado com a forma de tratamento adequada. E tia Harriet imediatamente respondeu: 'Eu soube de onde ele vinha, logo que o ouvi falar'." J. B. Clarke, "An Hour with Harriet Tubman", in W. E. Easton, op. cit.

10. James B. Clarke, "Race Prejudice at Cornell". *Cornell Era*, vol. 43, n. 5, mar. 1911, in W. E. Easton, op. cit.

11. Anexadas a *America the Peacemaker*, publicado sob o nome de Jaime Clarana Gil, há uma série de cartas criticando surtos de violência contra asiáticos e filipinos que se justificavam como defesas contra o "perigo amarelo" e uma para o *Jewish Tribune* criticando a cobertura de uma discussão iminente no parlamento francês sobre racismo na França. Jaime C. Gil, *America the Peacemaker*. Nova York: Veritas, 1924. Como José Clarana, ele também publicou o editorial "Haitian Support of Bolivar". *New York Times*, 21 abr. 1921.

12. Jaime C. Gil, "Race Feeling in France", editorial do *New York Times*, 8 jul. 1923.

13. José Clarana, "Plácido — Poet and Martyr". *The Crisis*, jul. 1913.

14. Id., "The Schooling of the Negro". *The Crisis*, jul. 1913.

15. Id., "The Colored Creoles of Louisiana". *The Crisis*, fev. 1916.

16. James B. Clarke, "The Negro and the Immigrant in the Two Americas". *Annals of the American Academy of Political and Social Science*, vol. 49, set. 1913. Entre os artigos, estão: "Professional and Skilled Occupations", do filósofo e reitor da Universidade Howard, Kelly Miller; "Industrial Education and the Public Schools", de Booker T. Washington; e "The Negro in Literature and Art", de W. E. B. Du Bois.

17. George Lakoff e Mark Johnson, *Metaphors We Live By*. Chicago: University of Chicago Press, 1980.

18. Paul Gilroy, *The Black Atlantic: Modernity and Double* Consciousness. Cambridge: Harvard University Press.

19. Pode-se destacar, por exemplo, que as décadas de transição para a abertura e o fim do século 20 marcam dois momentos de análise das metas de inclusão racial tanto no Brasil quanto nos Estados Unidos. Nos Estados Unidos, na abertura do século 20, a análise baseava-se no final da Reconstrução, no aumento dos linchamentos e no aumento das barreiras (legais) à cidadania plena. No Brasil, foi motivada pela abolição da escravatura em 1888, que tornaria cidadãos os ex-escravizados, e pelo fracasso da Primeira República, instaurada em 1889. Na década de 1920, tanto o Brasil quanto os Estados Unidos vivenciaram movimentos modernistas, Modernismo e Renascimento do Harlem, respectivamente, que se voltavam para o espaço da cultura para resolver questões de raça e especificidade nacional, e para promover uma revolução na estética — ligada em muitos casos à pesquisa antropológica —, o que sinalizaria uma ruptura com o passado. Central para ambos os movimentos foi a tentativa de definir racialmente o brasileiro, o estadunidense. No final do século 20, por sua vez, a análise foi estimulada pelo cumprimento incompleto da promessa do movimento pelos direitos civis nos Estados Unidos e pela reação contra a ditadura no Brasil. Ambas as nações experimentaram uma fé renovada

no espaço da cultura, particularmente entre cineastas e escritores, que garimparam os movimentos modernistas da década de 1920 em busca de temas, metáforas e heróis. Além disso, estudos acadêmicos recentes, ficção e reportagens da mídia descrevem uma inversão das imagens do Brasil e dos Estados Unidos, à medida que os Estados Unidos são descritos como se tornando "pardos" e o Brasil institui políticas de ação afirmativa mais radicais. Ver, por exemplo, Howard Winant, *Racial Condition: Politics, Theory, Comparisons*. Minneapolis: University of Minnesota Press, 1994; e Edward Telles, *Race in Another America: The Significance of Race in Brazil*. Princeton: Princeton University Press, 2004. Espero, além disso, que outros estudiosos se interessem em estender minha discussão até meados do século, onde há uma rica veia de material a ser considerado.

INTRODUÇÃO [PP. 20-52]

1. Essas organizações incluíam o Instituto Brasileiro de Análises Sociais e Econômicas, Instituto de Pesquisa das Culturas Negras, Agentes de Pastoral Negros, Instituto de Estudos da Religião, Núcleo da Cor-IFCS/UFRJ, *Jornal Maioria Falante*, Centro de Articulação de Populações Marginalizadas, Centro de Estudos Afro-Asiáticos, Instituto Palmares de Direitos Humanos, Centro de Referência Negro-mestiça, Fundação Ford e Terra Nova.

2. Texto do verso do pôster assinado pelas organizações citadas anteriormente.

3. Thomas E. Skidmore, *Black into White: Race and Nationality in Brazilian Thought*. Nova York: Oxford University Press, 1974.

4. Philip D. Curtin, *The African Slave Trade: A Census*. Madison: University of Wisconsin Press, 1969. Há um debate sobre o número de africanos escravizados que foram trazidos à força para o Brasil. O historiador brasileiro Afonso d'E. Taunay estima um total de 3,6 milhões de escravos: 100 mil no século 16; 600 mil no século 17; 1,3 milhão no século 18; 1,6 milhão entre 1800 e 1852 (*Subsídios para a história do tráfico africano no Brasil*. São Paulo: Melhoramentos, 1941). O historiador Caio Prado Jr. calcula número ainda mais alto, de 5 a 6 milhões, antes do aumento maciço do tráfego durante a primeira metade do século 19 (*Formação do Brasil contemporâneo*. São Paulo: Brasiliense, 1973).

5. Mary C. Karasch, *Slave Life in Rio de Janeiro, 1808-1850*. Princeton: Princeton University Press, 1987.

6. Frederico Leopoldo Cezar Burlamaqui, *Memória analítica à cerca do comércio d'escravos e à cerca dos males da escravidão doméstica*. Rio de Janeiro: Comercial Fluminense, 1837, citado por Celia Maria Marinho de Azevedo, *Onda negra, medo branco: o negro no imaginário das elites — século XIX*. Rio de Janeiro: Paz e Terra, 1987.

7. Silvio Romero, *A literatura brasileira e a crítica moderna* [1880], citado por Celia Maria Marinho de Azevedo, op. cit.

8. Roberto Ventura, *Estilo tropical: história cultural e polêmicas literárias no Brasil*. São Paulo: Companhia das Letras, 1991.

9. Nancy Leys Stepan, "Race and Gender: The Role of Analogy in Science", in *The "Racial" Economy of Science: Toward a Democratic Future*. Sandra Harding (Org.). Bloomington: Indiana University Press, 1993. Expressando ideia semelhante, Florestan Fernandes afirma que os negros são os "elementos residuais do sistema social". Florestan Fernandes, *A integração do negro na sociedade de classes*. São Paulo: Ática, 1978. Ver também Nancy Leys Stepan, *The Hour of Eugenics*. Ithaca: Cornell University Press, 1991, em que Stepan analisa a influência do positivismo nos debates sobre a aptidão do Brasil para abraçar a modernidade.

10. Entre esses muitos estudos, estão: Skidmore, *Black into White*; Stepan, *The Hour of Eugenics*; Anthony W. Marx, *Making Race and Nation: A Comparison of South Africa, the United States, and Brazil*. Nova York: Cambridge University Press, 1998; Azevedo, *Onda negra...*, op. cit.; Dante Moreira Leite, *O caráter nacional Brasileiro*. São Paulo: Pioneira, 1983; Lilia Moritz Schwarcz, *O espetáculo das raças: cientistas, instituições e a questão racial no Brasil — 1870-1930*. São Paulo: Companhia das Letras, 1993; Ventura, *Estilo tropical...*, op. cit.; Jurandir Freire Costa, *Ordem médica e norma familiar*. Rio de Janeiro: Graal, 1979; Abdias do Nascimento, *O genocídio do negro brasileiro: processo de um racismo mascarado*. Rio de Janeiro: Paz e Terra, 1978; Clóvis Moura, *O negro: de bom escravo a mau cidadão?* Rio de Janeiro: Conquista, 1977; Thales de Azevedo, *Democracia racial: ideologia e realidade*. Petrópolis: Vozes, 1975; Melissa Nobles, *Shades of Citizenship: Race and the Census in Modern Politics*. Palo Alto: Stanford University Press, 2000; Howard Winant, *Racial Conditions: Politics, Theory, Comparisons*. Minneapolis: University of Minnesota Press, 1994; Robert Stam, *Tropical Multiculturalism: A Comparative History of Race in Brazilian Cinema and Culture*. Durham: Duke University Press, 1997; George Reid Andrews, "Brazilian Racial Democracy, 1900-90: An American Counterpoint". *Journal of American History*, vol. 31, n. 3, jul. 1996; Michael Hanchard, *Orpheus and Power: The Movimento Negro of Rio de Janeiro and São Paulo, Brazil, 1945-1988*. Princeton: Princeton University Press, 1994.

11. Wilson Martins, *The Modernist Idea*. Trad. de Jack E. Tomlins. Nova York: New York University Press, 1970.

12. M. Nobles, op. cit.

13. David T. Haberly, *Three Sad Races: Racial Identity and National Consciousness in Brazilian Literature*. Nova York: Cambridge University Press, 1983.

14. Bonnie Honig, *Political Theory and the Displacement of Politics*. Ithaca: Cornell University Press, 1993. Desloquei esta útil citação de seu contexto

original. No capítulo do qual ela é retirada, "Rawls and the Remainder of Politics", Honig analisa as teorias de justiça e democracia de John Rawls.

15. Carl Schmitt, *The Crisis of Parliamentary Democracy*. Trad. de Ellen Kennedy. Cambridge: MIT Press, 1985.

16. Louis Althusser, *Lenin and Philosophy and Other Essays*. Trad. de Ben Brewster. Nova York: Monthly Review Press, 2001.

17. Chantal Mouffe, *The Democratic Paradox*. NovaYork: Verso, 2000.

18. Honig, *Political Theory...*, op. cit.

19. A cordialidade como qualidade distintiva das relações raciais brasileiras durante e após a escravidão está intimamente ligada ao discurso da democracia racial. Ver Leite, *Caráter nacional...*, op. cit., e Sérgio Buarque de Hollanda, *Raízes do Brasil*. Rio de Janeiro: José Olympio, 1969.

20. A Association for International Conciliation, que logo se tornaria parte do Carnegie Endowment for Peace, publicou um documento antiguerra em 1917 intitulado "A Defense of Cannibalism". A introdução do ensaio foi supostamente escrita pelo tradutor, Preston William Slosson, doutor em História pela Universidade Columbia, funcionário do Departamento de Estado e assistente da Comissão Americana para Negociar a Paz. Ali ele afirma a relação do documento com a guerra então em curso: "O curioso argumento a seguir, que apareceu pela primeira vez em *La Revue* de 15 de fevereiro de 1909, sob a assinatura de B. Beau, lembrará ao leitor de certos livros e artigos agora escritos para provar que a guerra é inevitável e que a esperança da paz internacional é essencialmente quimérica". O ensaio é apresentado como um discurso de um "curandeiro caribenho" aos guerreiros que foram influenciados por um missionário cristão que pregava contra o canibalismo. Ensaiando argumentos, mesmo os mais cínicos, que haviam sido emitidos em apoio à guerra, o curandeiro conclui: "A diferença essencial entre um compatriota e um inimigo é que é um direito e muitas vezes um dever comer o último. Suprimir essa diferença é enfraquecer o vínculo que une a tribo. Será ainda mais enfraquecido se formos levados a acreditar que chegará o dia em que se poderá andar entre estranhos sem correr o risco de ser comido por eles. Se esta doutrina se espalhar, será, portanto, à custa do amor que é devido à tribo". Esse documento não apenas atesta a difusão da metáfora do canibalismo nas discussões sobre democracia, mas também o papel dessa metáfora na articulação de como as identidades são construídas.

21. Honig, *Political Theory...*, op. cit.

22. Oswald de Andrade, "Manifesto Antropófago", in Gilberto Mendonça Telles (Org.), *Vanguarda europeia e modernismo brasileiro*. Petrópolis: Vozes, 1976.

23. Mário de Andrade, *71 cartas de Mário de Andrade*. Rio de Janeiro: São José, s.d.

24. Karl Abraham, m.d., "A Short Study of the Development of the Libido, Viewed in the Light of Mental Disorders", in *Selected Papers of Karl Abraham*. Trad. de Douglas Bryan e Alix Strachey. Nova York: Basic Books, 1953. Ver também Melanie Klein, "Love, Guilt and Reparation", in *Love, Hate and Reparations*. Nova York: Norton, 1964.

25. Agradeço a John Noyes por esta observação.

26. Sigmund Freud, *Totem and Taboo*. Trad. de James Strachey. Nova York: W. W. Norton & Co., 1950.

27. Sigmund Freud, *Three Essays on the Theory of Sexuality*. Trad. de James Strachey. Nova York: Basic, 1964.

28. Em *New Introductory Lectures on Psychoanalysis*, Freud afirma que a automodelagem envolve "a assimilação de um ego pelo outro, sendo o resultado disso que o primeiro ego se comporta como o segundo em certos aspectos, imita-o e, em certo sentido, retoma-o em si mesmo. A identificação não foi, assim, inadequadamente comparada com a incorporação oral e canibal da outra pessoa". A expressão "em certos aspectos" mostra como essa teoria percebe sintomaticamente, mas repudia seus próprios restos. A psicanálise, em sua confiança em uma metáfora, historicizada como está em minha discussão, é limitada por suas fontes antropológicas e seu próprio processo de devir, e se revela não como um discurso de mestre, mas como um discurso de maestria (fracassada). Sigmund Freud, *New Introductory Lectures on Psychoanalysis (1915-1916)*. Trad. de James Strachey. Nova York: Norton, 1977.

29. "O residual, por definição, foi efetivamente formado no passado, mas continua ativo no processo cultural, não apenas e, muitas vezes, absolutamente não como elemento do presente. Assim, certas experiências, significados e valores que não podem ser expressos ou substancialmente verificados em termos da cultura dominante são, no entanto, vividos e praticados com base no resíduo — cultural e social — de alguma instituição ou formação social e cultural anterior." Raymond Williams, *Marxism and Literature*. Nova York: Oxford University Press, 1977.

30. Outra maneira de pensar o resíduo é através do processo matemático de divisão pelo número "Pi", no qual o resto é infinito e infinitamente produzido. Ver também a descrição de Honig de resto/residual, que foi indispensável para me ajudar a articular meu argumento. Honig, *Political Theory...*, op. cit.

31. Winant, *Racial Conditions...*, op. cit.

32. Alexander Crummell, "The Race-Problem in America", in *Africa and America: Addresses and Discourses*. Nova York: Negro Universities Press, 1969. Crummell aborda casos passados e presentes de absorção, fusão e coexistência separada. Destes últimos, ele dá o exemplo dos papuas e malaios no Pacífico; os galeses, ingleses e escoceses na Grã-Bretanha; e o indígena, o espanhol e o negro no Brasil.

33. Kelly Miller, "Amalgamation Again". *The Amsterdam News*, 30 nov. 1927.

34. Theodore Roosevelt, "Brazil and the Negro". *The Outlook*, vol. 106, n. 8, 21 fev. 1914.

35. Há uma vasta bibliografia sobre este assunto. Ver, por exemplo, Peter H. Schuck e Rogers M. Smith, *Citizenship without Consent*. New Haven: Yale University Press, 1985.

36. Philip Ainsworth Means, *Racial Factors in Democracy*. Boston: Marshall Jones, 1919. Means também discute essas ideias no artigo "Race and Democracy in Latin America". *The Nation*, vol. 109, n. 28, 1º nov. 1919.

37. Citado por David A. Brading, "Manuel Gamio and Oficial Indigenismo in Mexico", in *Bulletin of Latin American Research*, vol. 7, n. 1, 1988.

38. Brading, "Indigenismo".

39. A valorização da raça também é uma posição ética: "Em uma palavra, a valorização da raça é uma doutrina ou política impregnada de um espírito de bondade e generosidade; estava ansioso para encontrar elementos bons e úteis entre todas as pessoas onde e sempre que possível e, ao encontrá-los, empregá-los em benefício da humanidade em geral" (Means, *Racial Factors...*, op. cit.). Embora os indígenas sejam frequentemente incluídos nas descrições dos processos que produzem o resíduo, eles não são restos/resíduos da maneira que estou usando o termo para descrever a negritude, porque eles já estavam na América. Embora existam semelhanças, essa diferença não permite uma consideração sustentada dos povos indígenas em meu estudo.

40. W. E. B. Du Bois, "The Negro Takes Stock". *New Republic*, vol. 37, n. 474, 2 jan. 1924. Grifo meu. Esses oito pontos foram: "1. Ter voz no próprio governo deles. 2. Direito de acesso à terra e seus recursos. 3. Julgamento por júris de seus pares. 4. Ensino fundamental gratuito para todos; ampla formação em técnica industrial moderna; e formação superior de talentos selecionados. 5. Desenvolvimento da África para os africanos, e não apenas para o lucro dos europeus. 6. Abolição do tráfico de escravos e do tráfico de bebidas. 7. Desarmamento mundial e abolição da guerra; mas, não havendo isso, e enquanto os brancos portassem armas contra os negros, direito dos negros de portarem armas para sua própria defesa. 8. Organização do comércio e da indústria de modo a transformar os principais objetos do capital e do trabalho no bem-estar de muitos, em vez de enriquecer poucos". Entre os casos específicos, estavam as demandas por governo interno na África Ocidental e nas Índias Ocidentais; lei nativa na Nigéria e Uganda; representação das colônias no parlamento francês; reconhecimento da maioria negra na África do Sul; fim da exploração econômica no Congo Belga, Haiti, Libéria, Abissínia e África Portuguesa; e fim do linchamento e das barreiras à cidadania plena nos Estados Unidos.

41. Abílio Rodrigues, "Preto e branco". *Kosmos*, 18 set. 1923.

42. W. E. B. Du Bois, *The Conservation of Races*. Nova York: Arno Press, 1969.

43. Eugene C. Harter, *The Lost Colony of the Confederacy*. Jackson: University of Mississippi, 1985.

44. Charles Mills, *The Racial Contract*. Ithaca: Cornell University Press, 1997.

45. Cyrus B. Dawsey e James B. Dawsey, *The Confederados: Old South Immigrants in Brazil*. Cyrus B. Dawsey e James B. Dawsey (Org.). Tuscaloosa: University of Alabama Press, 1995.

46. H. Winant, op. cit. O importante trabalho de Winant serviu como a pedra de toque sombria ao longo desta seção de minha discussão sobre democracia racial.

47. Estudiosos que trabalham com movimentos negros no Brasil incluem: George Reid Andrews, *Blacks and Whites in São Paulo, Brasil, 1888-1988*. Madison: University of Wisconsin Press, 1991.; Kim D. Butler, *Freedoms Given, Freedoms Won*. New Brunswick: Rutgers University Press, 1998; M. Nobles, op. cit.; Edward Telles, *Race in Another America: The Significance of Race in Brazil*. Princeton: Princeton University Press, 2004; France Winddance Twine, *Racism in a Racial Democracy: The Maintenance of White Supremacy in Brazil*. New Brunswick: Rutgers University Press, 1998; H. Winant, op. cit.; João José Reis e Eduardo Silva, *Negociação e conflito: a resistência negra no Brasil escravista*. São Paulo: Companhia das Letras, 1989; Clóvis Moura, *Brasil: as raízes do protesto negro*. São Paulo: Global, 1983; Ana Lúcia E. F. Valente, *Ser negro no Brasil hoje*. São Paulo: Editora Moderna, 1991.

UNIDOS PELA ANTROPOFAGIA [PP. 53-92]

1. Menotti del Picchia, citado por Daniel Pécault, *Os intelectuais e a política no Brasil*. São Paulo: Ática, 1990. Para discussões gerais sobre o modernismo brasileiro, ver Aracy Amaral, *Artes plásticas na Semana de 22*. São Paulo: Perspectiva/Edusp, 1972; Mário de Andrade, *O movimento Modernista*. Rio de Janeiro: Casa do Estudante do Brasil, 1942; Affonso Ávila (Org.), *O Modernismo*. São Paulo: Perspectiva, 1975; Alfredo Bosi, *História concisa da literatura brasileira*. São Paulo: Cultrix, 1981; Mário da Silva Brito, *História do Modernismo brasileiro: antecedentes da Semana de Arte Moderna*. Rio de Janeiro: Civilização Brasileira, 1978; Lúcia Helena, *Modernismo brasileiro e vanguarda*. São Paulo: Ática, 1986; Jorge Schwartz, *Vanguardas latino--americanas: polêmicas, manifestos, e textos críticos*. São Paulo: Edusp, 1995; Gilberto Mendonça Teles, *Vanguarda europeia e modernismo brasileiro: apresentação dos principais poemas, manifestos, prefácios e conferências vanguardistas de 1857 a 1972*. Petrópolis: Vozes, 1982; Wilson Martins, *The Modernist Idea: A Critical Survey of Brazilian Writing in the Twentieth Century*. Trad. de Jack E. Tomlins. Nova York: New York University Press, 1970; Robert

Stam, *Tropical Multiculturalism: A Comparative History of Race in Brazilian Cinema and Culture*. Durham: Duke University Press, 1997.

2. Carlos de Moraes Andrade, citado por Moacir Werneck de Castro, *Mário de Andrade: exílio no Rio*. Rio de Janeiro: Rocco, 1989.

3. W. Martins, op. cit.

4. Mário de Andrade, "Modernismo e ação". *Jornal do Comércio*, 24 maio 1925.

5. José Bento Monteiro Lobato (1882-1948) foi romancista, jornalista e editor. Como autor de romances extremamente populares, incluindo *Urupês* (1918), republicado em nove edições entre 1918 e 1923, Lobato era visto como um precursor do Modernismo. Sua relação com os modernistas era complexa. Eles o viam como um líder na renovação das letras brasileiras, mas desconfiavam de sua fé nas técnicas do realismo literário do final do século 19. Como diretor da revista mais importante, a *Revista do Brasil*, além de proprietário de sua própria editora homônima, Lobato foi uma pessoa muito importante e figura literária influente.

6. Para mais informações, ver M. Cavalcanti Proença, *Roteiro de Macunaíma*. Rio de Janeiro: Civilização Brasileira, 1969; e Luís da Câmara Cascudo, *Antologia do folclore brasileiro*. São Paulo: Martins, 1965.

7. Mário da Silva Brito, op. cit.

8. Para descrição deste encontro, ver Mário da Silva Brito, op. cit.

9. A. Bosi, op. cit.

10. Plinio Barreto, "Academia de Letras", publicação não identificada, Recortes Mário de Andrade, Arquivo Mário de Andrade, Instituto de Estudos Brasileiros, Universidade de São Paulo, São Paulo.

11. Jorge Schwartz, op. cit.

12. Oswald de Andrade, "Reforma literária". *Jornal do Comércio*, 19 maio 1921, citado em Mário da Silva Brito, op. cit. No início dos anos 1920, o grupo dos cinco (a gangue dos cinco) autodenominava-se "futurista". Quando Mário de Andrade reclamou que o termo exalava um ar demasiado "europeu", eles renomearam-se "modernistas".

13. Menotti del Picchia, "A questão racial". *Correio Paulistano*, 10 maio 1921. Recortes Mário de Andrade, Arquivo Mário de Andrade, Instituto de Estudos Brasileiros, Universidade de São Paulo, São Paulo.

14. Ibid.

15. Ibid.

16. Menotti del Picchia, "Capacetes cossacos...". *Correio Paulistano*, 15 jul. 1921. Recortes Mário de Andrade, Arquivo Mário de Andrade, Instituto de Estudos

Brasileiros, Universidade de São Paulo, São Paulo. Ao ler isso, é importante lembrar que Menotti del Picchia, um respeitado jornalista de boa reputação por todo o Brasil, foi considerado o porta-voz dos modernistas, particularmente do "grupo dos cinco", e responsável pela divulgação de suas ideias através da imprensa.

17. Roberto Reis, *The Pearl Necklace: Toward an Archaeology of Brazilian Transition Discourse*. Trad. de Aparecida de Godoy Johnson. Miami: University Press of Florida, 1992.

18. Citado por R. Reis, op. cit., p. 24.

19. Celia Maria Marinho de Azevedo, *Onda negra, medo branco: o negro no imaginário das elites — século XIX*. Rio de Janeiro: Paz e Terra, 1987.

20. Moacir Werneck de Castro, op. cit.

21. Ibid., p. 64.

22. Mário de Andrade, "Eu sou trezentos", in *Poesias completas*. São Paulo: Livraria Martins, 1972.

23. Telê Porto Ancona Lopez, *Mário de Andrade: ramais e caminhos*. São Paulo: Duas Cidades, 1972.

24. Mário de Andrade, "Carta a Alceu Amoroso Lima", in Lygia Fernandes (Org.), *71 cartas de Mário de Andrade*. Rio de Janeiro: Editora São José, s.d.

25. Sigmund Freud, "The Dissection of the Psychical Personality", in *New Introductory Lectures on Psychoanalysis*. Trad. de James Strachey. Nova York: W. W. Norton, 1965. Ver também a seguinte descrição: "O primeiro deles é o oral ou, como poderia ser chamado, o da organização sexual pré-genital. Aqui a atividade sexual ainda não foi separada pela ingestão de alimentos; nem as correntes opostas dentro da atividade são diferenciadas. O objeto de ambas as atividades é o mesmo; o objetivo sexual consiste na incorporação do objeto — o protótipo de um processo que, sob a forma de identificação, desempenhará mais tarde uma parte psicológica tão importante". Sigmund Freud, *Three Essays on the Theory of Sexuality* [1915-1916]. Trad. de James Strachey. Nova York: Basic Books, 1975.

26. A referência aqui é ao objetivo do instinto sexual, por um lado, e ao objetivo do instinto do ego (o instinto de autopreservação), por outro. Freud destaca que as funções da sexualidade e da nutrição estão ligadas.

27. J. Laplanche e J.-B. Pontalis, *The Language of Psycho-analysis*. Trad. de Donald Nicholson-Smith. Nova York: Norton, 1973.

28. "O teu cabelo não nega", adaptação de Lamartine Babo sobre motivo da marcha "Mulata" dos Irmãos Valença. Rio de Janeiro: Mangione, Filhos, 1931. Agradeço a Camilo Penna por chamar minha atenção para esse samba.

29. Sigmund Freud, *Totem and Taboo*. Trad. de James Strachey. Nova York: W. W. Norton & Co., 1950.

30. Ibid., p. 143.

31. Ibid., p. 142.

32. Ibid., p. 155.

33. Diz-se que a palavra "canibal" é uma corruptela da palavra "Carib". Muitos estudiosos argumentam que esta palavra levou à escolha do nome "Caliban" por Shakespeare, figura adotada por muitos escritores latino-americanos e caribenhos como personagem apropriado para a região. Ver Roberto Fernández Retamar, *Caliban and Other Essays*. Trad. de Edward Baker. Minneapolis: University of Minnesota Press, 1989.

34. Ver W. Arens, *The Man-Eating Myth: Anthropology and Anthropophagy*. Nova York: Oxford University Press, 1979. Arens nota a ironia da representação dos Tupinambá como devoradores de europeus, uma vez que os Tupinambá foram praticamente exterminados pelos europeus. Benedito Nunes faz observação semelhante: "Após contribuírem para a composição étnica do Brasil, os aborígenes perdem sua vida objetiva, mas interiorizam-se como espírito nacional". Benedito Nunes, *Oswald Canibal*. São Paulo: Perspectiva, 1979.

35. David W. Forsyth, "The Beginnings of Brazilian Anthropology: Jesuits and Tupinamba Cannibalism". *Journal of Anthropological Research*, vol. 39, verão 1983. Forsyth revisa os escritos dos missionários jesuítas sobre o Brasil para refutar a tese de Arens de que os Tupinambá não praticavam a antropofagia como havia sido relatado por viajantes franceses e alemães.

36. Oswald de Andrade, "Manifesto Antropófago" (1928). Trad. de Leslie Bary, in "Oswald de Andrade's Cannibalist Manifesto". *Latin American Literary Review*, vol. 19, jul.-dez. 1991.

37. Leslie Bary, Robert Stam e Haroldo de Campos, entre outros, propuseram esta interpretação.

38. Oswald de Andrade, "Manifesto Antropófago", op. cit., p. 354.

39. Oswald de Andrade, "Manifesto da Poesia Pau-Brasil". *Correio da Manhã*, 18 de março de 1924.

40. Sigmund Freud, *Beyond the Pleasure Principle*. Trad. de James Strachey. Nova York: W. W. Norton & Co., 1975.

41. Karl Abraham, M. D., "A Short Study of the Development of the Libido, Viewed in the Light of Mental Disorders", in *Selected Papers of Karl Abraham, M. D*. Trad. de Douglas Bryan e Alix Strachey. Nova York: Basic Books, 1953.

42. Melanie Klein, "Some Theoretical Conclusions Regarding the Emotional Life of the Infant", in Joan Rivière (Org.), *Developments in Psycho-analysis*. Londres: Hogarth Press, 1952.

43. Sigmund Freud, "Negation", in Philip Reiff (Org.), *General Psychoanalytic Theory*. Nova York: MacMillan, 1963.

44. Nicholas Abraham e Maria Torok, *The Shell and the Kernel*. Trad. e ed. de Nicholas T. Rand. Chicago: University of Chicago Press, 1994. Discuto a distinção entre incorporação e introjeção com mais detalhes no próximo capítulo.

45. Jacques Derrida, "Plato's Pharmacy", in *Dissemination*. Trad. de Barbara Johnson. Chicago: University of Chicago Press, 1981.

46. José de Alencar, *O demônio familiar: uma comédia em 4 atos*. Rio de Janeiro: Ministério de Educação e Cultura, 1957.

47. Ver Thomas Skidmore, *Black into White: Race and National Identity in Brazilian Thought*. Nova York: Oxford University Press, 1974.

48. Nancy Stepan, *The Hour of Eugenics*. Ithaca: Cornell University Press, 1991.

49. Isso não quer dizer que no discurso racializado a negritude não volte atrás para descrever o estrangeiro. Isso também não obscurece o fato de que o resíduo também tem um resto. Ver o capítulo 5 deste livro.

50. Oswald de Andrade citado em Benedito Nunes, op. cit., p. 26.

51. Ver Jean-Claude Blachère, *Le Modèle nègre: aspects littéraires du mythe primitiviste au XXe siècle chez Apollinaire, Cendrars, Tsara*. Dakar: Nouvelles Editions Africains, 1981.

52. Benedito Nunes, op. cit.

53. Mário de Andrade, *Macunaíma: o herói sem nenhum caráter*. Edição crítica. Coord. Telê Porto Ancona Lopez. Florianópolis: Editora da UFSC, 1988. Outras referências serão feitas no corpo do texto. A tradução para o inglês é de E. A. Goodland (Nova York: Random House, 1984).

54. Para uma discussão sobre a rapsódia, ver Telê Porto Ancona Lopez, "Rapsódia e resistência", in *Macunaíma — edição crítica*. Ed. de Telê Porto Ancona Lopez. Rio de Janeiro: Alumbramento/Livroarte, 1984.

55. Mário de Andrade, "Prefácio para *Macunaíma*", não publicado. Arquivo Mário de Andrade, Instituto de Estudos Brasileiros, Universidade de São Paulo, São Paulo.

56. Mário de Andrade, "Carta a Alceu Amoroso Lima, 19 de maio de 1928", in Lygia Fernandes (Org.), *Cartas de Mário de Andrade*. Rio de Janeiro: Editora São José, s./d.

57. Raimundo de Moraes citado por Mário de Andrade, "A Raimundo Moraes". *Diário Nacional*, São Paulo, 20 set. 1931. Registros Mário de Andrade, Arquivo

Mário de Andrade, Instituto de Estudos Brasileiros, Universidade de São Paulo, São Paulo.

58. Ibid.

59. Mário de Andrade, citado por Eneida Maria de Souza, *A pedra mágica do discurso: jogo e linguagem em Macunaíma*. Belo Horizonte: Editora UFMG, 1988.

60. Jean Cocteau, citado por Benedito Nunes, op. cit.

61. Mário de Andrade, *Macunaíma*, op. cit., p. 168.

62. Para distinguir entre "Makunaíma", de Koch-Grünberg, e "Macunaíma", de Mário de Andrade, mantive a grafia preferida de cada um.

63. Theodor Koch-Grünberg, *Del Roraima al Orinoco, Tomo II*. Trad. de Frederica de Ritter. Caracas: Ernesto Armitano Editor, 1981. Consultei a tradução espanhola bem como uma tradução de Mário de Andrade do original alemão para o português. Manuscrito não publicado (1929), Arquivo Mário de Andrade, Instituto de Estudos Brasileiros, Universidade de São Paulo, São Paulo.

64. Mário de Andrade, "A superstição da cor preta". *Boletim Luso-Africano*, dez. 1938. Este artigo foi baseado numa palestra que Mário proferiu numa conferência comemorativa ao quinquagésimo aniversário da Abolição. Ele exortou o público a reconhecer as maneiras sutis pelas quais a linguagem da cor reforça o racismo e sabota o orgulho racial dos negros.

65. Mário de Andrade, "Carta a Augusto Mayer", 17 jul. 1928, em *Mário de Andrade escreve cartas a Alceu, Meyer e outros*. Org. Lygia Fernandes. Rio de Janeiro: Ed. do Autor, 1968.

66. Mário de Andrade, *Macunaíma*, op. cit., p. 166.

67. Theodor Koch-Grünberg, op. cit. Ver também Mário de Andrade, *Namoros com a medicina*. São Paulo: Martins, 1980.

68. Mário de Andrade, *Macunaíma*, op. cit., p. 87.

69. Ibid., p. 88.

70. "O romance pode ser definido como uma diversidade de tipos de discurso social (às vezes mesmo diversidade de línguas) e uma diversidade de vozes individuais, artisticamente organizadas. [...] O discurso autoral, o discurso dos narradores, os gêneros discursivos inseridos, o discurso dos personagens são apenas aquelas unidades composicionais fundamentais com cuja ajuda a heteroglossia pode adentrar o romance; cada uma delas permite uma multiplicidade de vozes sociais e uma ampla variedade de seus vínculos e inter-relações (sempre mais ou menos dialógicas)." M. M. Bakhtin, *The Dialogic Imagination*. Org. Michael Holquist. Trad. de Caryl Emerson e Michael Holquist. Austin: University of Texas, 1985. Para informação útil sobre a leitura bakhtiniana de *Macunaíma*, ver Robert Stam, "Subversive Pleasures", in M. M.

Bakhtin, *Cultural Criticism and Film*. Baltimore: Johns Hopkins University Press, 1989.

71. Eneida Maria de Souza, op. cit.

72. Mário de Andrade, *Macunaíma*, op. cit., p. 89.

73. Mikhail Bakhtin, *Rabelais and His World*. Trad. de Helen Iswolsky. Cambridge: MIT Press, 1968.

74. Mário de Andrade, *Macunaíma*, op. cit., p. 69.

75. Esta palavra funciona da mesma forma que *sloth* (bicho-preguiça) em inglês, para indicar o nome de um animal bem como sua característica definidora.

76. Maria Augusta Fonseca, citada em Mário de Andrade, *Macunaíma*, op. cit.

77. Paulo Prado, *Retrato do Brasil*. Rio de Janeiro: F. Briguiet, 1931.

78. Goodland traduz esta frase como: "*With fewer ants and better health / Brazil will lead the world in wealth*" [Com menos formigas e melhor saúde / O Brasil vai liderar o mundo em riqueza].

79. M. Cavalcanti Proença, op. cit.

80. "Na segunda década do século 20, a terrível miséria e os problemas de saúde dos pobres cristalizaram-se na consciência pública como uma questão nacional — como a 'questão social'. O grupo que mais inquietava médicos, especialistas em saneamento e reformadores no Brasil era, em grande parte, o de negros e mulatos; esses profissionais presumiam que os males sociais se acumulavam na base da hierarquia racial e social. [...] Os preconceitos raciais e de classe fundiam-se, portanto, na linguagem da hereditariedade." Nancy Stepan, *The Hour of Eugenics*, op. cit.

81. P. Prado, op. cit., p. 154.

82. Mário de Andrade, *Macunaíma*, op. cit., pp. 37-8.

83. J. W. Boddam-Whetham, *Roraima and British Guiana*. Londres: Hurst e Blackett, 1879.

84. John R. Swanton, *Myths and Tales of the Southeastern Indians*. Washington: Government Printing Office, s.d.

85. Fidélis Reis, *País a organizar*. Rio de Janeiro: Coelho Branco, 1931. O documento da Academia Nacional de Medicina encontra-se em anexo ao livro.

86. Mário de Andrade, "Prefácio para *Macunaíma*", manuscrito não publicado. Arquivo Mário de Andrade, Instituto de Estudos Brasileiros, Universidade de São Paulo, São Paulo.

87. "Conceber literariamente o Brasil como entidade homogênea = um conceito étnico nacional."

88. Marilene Chaui, citada em Roberto Reis, op. cit.

89. Mário de Andrade, *Namoros com a medicina*, op. cit.

90. Ibid., p. 74.

91. Ibid., p. 82.

92. Ao longo de *Democracia canibal*, concentro-me na negritude como um resíduo. Embora em diferentes momentos discuta os povos indígenas, naquilo em que a falta de representação dos indígenas como brasileiros coincida com a dos negros, não vejo a situação deles como equivalente. A complexa relação dos povos indígenas com a identidade brasileira e como isso mudou ao longo do tempo está além do escopo deste estudo.

INCLUINDO OS MORTOS [PP. 93-124]

1. Moacir Werneck de Castro, *Mário de Andrade: exílio no Rio*. Rio de Janeiro: Rocco, 1989. O discurso de Mário foi publicado em Mário de Andrade, "A expressão Musical dos Estados Unidos", in *Música, doce música*. São Paulo: Livraria Martins Editora, 1944.

2. Mário de Andrade, "Nova Canção de Dixie", manuscrito (25 jan. 1944). Arquivo Mário de Andrade, Instituto de Estudos Brasileiros, Universidade de São Paulo, São Paulo. Publicado postumamente no *Correio Paulistano* (25 fev. 1946). Permissão família Mário de Andrade.

3. Jeffrey Needell, "Identity, Race, Gender, and Modernity in the Origins of Gilberto Freyre's Œuvre". *American Historical Review*, vol. 100, n. 1, fev. 1995.

4. Não apenas essas duas figuras vêm imediatamente à mente em qualquer discussão sobre cultura brasileira nas primeiras décadas do século 20, mas Mário de Andrade e Gilberto Freyre também estão associados à sensação de uma mudança profunda na percepção de raça e identidade nacional durante esse período. Eles foram, de fato, associados pessoalmente um com o outro. Entre a finalização e a publicação de *Macunaíma*, Mário de Andrade fez sua primeira viagem pelo Nordeste e pela Amazônia. No Recife, foi acompanhado por Gilberto Freyre em um passeio. Uma cópia da carta de agradecimento de Mário pode ser encontrada entre os papéis de Freyre na Fundação Joaquim Nabuco, em Recife, Pernambuco, juntamente com um exemplar de *Macunaíma*. Uma edição de *Casa-Grande & Senzala*, um presente de Gilberto Freyre, encontra-se entre os arquivos de Mário. O exemplar apresenta extenso comentário manuscrito de Mário. Arquivo Mário de Andrade, Instituto de Estudos Brasileiros, Universidade de São Paulo, São Paulo.

5. Vi pela primeira vez o trabalho inédito em 1990, quando Luiz Buarque de Hollanda me consultou sobre aspectos do texto. O roteiro já foi publicado

como: Joaquim Pedro de Andrade, *Casa-Grande e cia*. Rio de Janeiro: Aeroplano Editora, 2001. Ver também Robert Stam, *Tropical Multiculturalism: A Comparative History of Race in Brazilian Cinema and Culture*. Durham: Duke University Press, 1997.

6. Os quilombolas eram moradores dos quilombos, comunidades quilombolas estabelecidas por escravos fugitivos, indígenas e outros fugitivos.

7. Robert Stam, op. cit.

8. Ibid., p. XXI.

9. Gilberto Freyre, *Casa-Grande & Senzala*. Rio de Janeiro: José Olympio, 1987.

10. Gilberto Freyre, *The Masters and the Slaves* [1933]. Trad. de Samuel Putnam. Berkeley: University of California Press, 1986, p. XXVII. Salvo indicação em contrário, todas as traduções são de Putnam. Quaisquer modificações estarão entre colchetes.

11. Jurandir Freire Costa, *História da psiquiatria no Brasil: um corte ideológico*. Rio de Janeiro: Campus, 1981. Ver também Roberto Reis, *The Pearl Necklace: Toward an Archeology of Brazilian Transition Discourse*. Trad. de Aparecida de Godoy Johnson. Miami: University of Florida, 1992; Roberto Machado Angel Loureiro, Rogério Luz e Kátia Muricy, *Danação da norma: medicina social e constituição da psiquiatria no Brasil*. Rio de Janeiro: Graal, 1978.

12. Claude Lévi-Strauss, *Tristes Tropiques* [1955]. Trad. de John e Doreen Weightman. Nova York: Atheneum, 1981.

13. Ernest Renan, "What Is a Nation?" [1882]. Trad. de Martin Thom, in *Nation and Narration*. Org. Homi K. Bhabha. Nova York: Routledge, 1990.

14. Com a independência do Brasil de Portugal em 1822, foi necessário determinar os critérios de cidadania. A constituição de 1824 definia o Império como "associação política de todos os cidadãos brasileiros", que "formam uma nação livre e independente". A cidadania foi concedida a cidadãos portugueses residentes no Brasil. Cidadania não foi concedida aos nascidos na escravidão, que constituíam a maioria da população. Os libertos receberam apenas direitos políticos limitados, que terminavam sem o direito de ser eleitor. As mulheres não tinham direitos políticos. Durante as primeiras décadas do século 19, apenas dois por cento da população poderia votar por causa dos requisitos de alfabetização e propriedade. Roderick J. Barman, *Brazil: The Forging of a Nation, 1798-1852*. Stanford: Stanford University Press, 1988.

15. José Murilo de Carvalho, *Os bestializados: o Rio de Janeiro e a República que não foi*. São Paulo: Companhia das Letras, 1987.

16. Jurandir Freire Costa, *Ordem médica e norma familiar*. Rio de Janeiro: Graal, 1979.

17. G. Freyre, *Casa-Grande & Senzala*, op. cit., p. 314.

18. Euclides da Cunha, *Ciclo d'Os Sertões*. Rio de Janeiro: José Aguilar, 1966.

19. Roberto Ventura, *Estilo tropical: história cultural e polêmicas literárias no Brasil*. São Paulo: Companhia das Letras, 1991.

20. "O método de desafricanização do 'novo' negro que foi seguido aqui foi o de misturá-lo com a massa de 'ladinos', ou mais velhos, de tal forma que as senzalas se tornaram uma escola prática de abrasileiramento." G. Freyre, *The Masters and the Slaves*, op. cit.

21. Ibid., p. XXXIII.

22. Ibid., p. XXXV.

23. Id., *Casa-Grande & Senzala*, op. cit., p. 321.

24. Essa dicotomia também é descrita como a diferença entre "um passado histórico principalmente europeu e um passado antropológico principalmente ameríndio e africano". G. Freyre, *The Masters and the Slaves*, op. cit., p. XLII.

25. Id., *Casa-Grande & Senzala*, op. cit., p. 195.

26. Ibid., p. 201.

27. Ibid., p. 5.

28. Ibid., p. 6.

29. Id., *The Masters and the Slaves*, op. cit., p. XXX.

30. As mulatas "resultavam quase sempre da união do melhor elemento masculino — os brancos socialmente elevados das casas-grandes — com o melhor elemento feminino das senzalas: a mais bonita, a mais saudável e a mais fresca das negras e mulatas". G. Freyre, *The Masters and the Slaves*, op. cit.

31. Id., *Casa-Grande & Senzala*, op. cit., p. 47.

32. Ibid., p. 94.

33. Ibid., p. 116.

34. Ibid., pp. 315-6.

35. Ibid., p. 329.

36. Ibid., p. 429.

37. Ibid., p. 353.

38. Ibid., p. 309.

39. Ibid., pp. 295-316.

40. Ibid., pp. 299-300.

41. Ibid., p. 311; grifo meu.

42. Ibid., p. 45.

43. Segundo Freyre, as mulheres indígenas, por terem uma cultura patrilinear, queriam ter filhos com colonizadores brancos porque reconheciam que esses homens pertenciam a uma raça "superior". G. Freyre, *The Masters and the Slaves*, op. cit.

44. Clovis Moura, *Brasil: as raízes do protesto negro*. São Paulo: Global, 1983.

45. *Progresso*, 23 jun. 1928.

46. Nina Rodrigues, citado em C. Moura, op. cit.

47. Ibid., p. 119.

48. G. Freyre, *Casa-Grande & Senzala*, op. cit., p. 285.

49. Ibid., p. 148.

50. Ibid., p. 168.

51. Ibid., p. 147.

52. Ibid., p. 327.

53. Ibid., p. 372.

54. R. Machado, A. Loureiro, R. Luz e K. Muricy, op. cit.

55. A miscigenação costuma ser marcada em *Casa-Grande & Senzala* por doenças. Gilberto Freyre diz que a cicatriz deixada pela sífilis, a "tara [*tare*] étnica [racial] inicial da qual Azevedo Amaral fala, era antes de tudo, uma tara sifilítica". G. Freyre, *The Masters and the Slaves*, op. cit. Uma observação feita por Bruno Latour em um contexto diferente é útil: "Tanto [Freud quanto Pasteur] anunciavam que falavam em nome de forças invisíveis, rejeitadas, terrivelmente perigosas, que devem ser ouvidas para que a civilização não entre em colapso. Como os psicanalistas, os pasteurianos se colocam como intérpretes exclusivos das populações às quais ninguém mais tinha acesso". Bruno Latour. *A pasteurização da França*. Trad. Alan Sheridan e John Law. Cambridge: Harvard University Press, 1988.

56. G. Freyre, *Casa-Grande & Senzala*, op. cit., p. 445.

57. Falando dos padres, ele destaca "o fato de que na formação da sociedade brasileira não faltou um elemento superior recrutado nas melhores famílias e capaz de transmitir à sua descendência grandes vantagens do ponto de vista da eugenia e patrimônio social". G. Freyre, *The Masters and the Slaves*, op. cit.

58. G. Freyre, *Casa-Grande & Senzala*, op. cit., p. 442.

59. Ibid., p. 331.

60. Mário de Andrade satiriza essa atitude em *Macunaíma* no capítulo "Carta aos Icamiabas".

61. G. Freyre, *Casa-Grande & Senzala*, op. cit., p. 333; grifo meu.

62. Nicholas Abraham e Maria Torok, *The Shell and the Kernel*. Trad. e org. de Nicholas T. Rand. Chicago: University of Chicago Press, 1994.

63. Ibid., p. 111.

64. Ibid., pp. 110-5.

65. Ibid., p. 128.

66. Ibid., pp. 126-7.

67. Ann Cheng apresenta o argumento convincente de que devemos pensar em incorporação e introjeção menos como oposições do que como estágios no processo de luto. Ann Anlin Cheng, *The Melancholy of Race*. Nova York: Oxford University Press, 2000.

68. N. Abraham e M. Torok, op. cit., p. 113.

69. Essa discussão sobre vergonha pode contribuir para uma compreensão da vergonha que o "ex-homem-de-cor" vive ao testemunhar o linchamento que vai incliná-lo à opção pela passabilidade. Ele se identifica tanto com o homem morto que também morre como homem negro, para viver daquele momento em diante como um homem branco "medíocre". James Weldon Johnson, *The Autobiography of an Ex-Coloured Man*. Nova York: Vintage Books, 1989, p. 131.

70. Dante Moreira Leite, *O caráter nacional brasileiro*. São Paulo: Pioneira, 1983.

71. Antônio Sérgio Bueno, *O modernismo em Belo Horizonte: década de 1920*. Belo Horizonte: Proed, 1982, p. 120. Vale lembrar que "leite" também é uma gíria para "sêmen".

72. G. Freyre, *Casa-Grande & Senzala*, op. cit., p. 453.

73. Em nota de rodapé, Freyre refere-se a Freud para reforçar a relação que este faz entre amor, sexo, linguagem e comida como formas de assimilação. Para Freyre, um exemplo defensável entre muitos é a palavra "comer", que associa o ato de comer a sexo, em linguagem obscena (coprolalia). G. Freyre, *The Masters and the Slaves*, op. cit.

74. G. Freyre, *Casa-Grande & Senzala*, op. cit., p. 458.

75. Ibid., p. 470.

76. Ibid., p. 464.

77. Ibid., p. 464.

78. Ibid., p. 160.

79. Ibid., p. 283.

O ESTRANGEIRO E O RESÍDUO [PP. 125-64]

1. W. E. B. Du Bois, *The Conservation of Races*. Nova York: Arno Press, 1969.

2. James Bryce, *South America: Observations and Impressions*. Nova York: Macmillan, 1914; Sir Harry Johnston, *The Negro in the New World*. Nova York: Johnson Reprint Company, 1969; Roy Nash, "The Origin of Negro Slavery in Brazil". *The Crisis*, out. 1923; Roy Nash, *The Conquest of Brazil*. Nova York: Harcourt, Brace and Company, 1926, pp. 479-82.

3. George Shepperson, "Introduction", in H. Johnston, op. cit.

4. George Reid Andrews, "Brazilian Racial Democracy, 1900-90: An American Counterpoint". *Journal of American History*, vol. 31, n. 3, jul. 1996.

5. José Clarana, *Os estados unidos pela civilização e a civilização dos Estados Unidos*. Rio de Janeiro: Oficinas Gráficas do Jornal do Brasil, 1919.

6. Ibid., pp. 39-40.

7. Ibid., p. 16.

8. Ibid., pp. 17-8.

9. Ibid., pp. 39-40.

10. Id., "The Schooling of the Negro". *The Crisis*, jul. 1913.

11. W. E. B. Du Bois, *The Souls of Black Folk*. Chicago: McClurg, 1904.

12. Priscilla Wald, *Constituting Americans: Cultural Anxiety and Narrative Form*. Durham: Duke University Press, 1995.

13. W. E. B. Du Bois, "The Souls of White Folk", in *Darkwater: Voices from inside the Veil*. Mineola: Dover, 1999.

14. P. Wald, op. cit., p. 187.

15. Du Bois, Marcus Garvey, James Weldon Johnson e Zora Neale Hurston, todos descrevem como chegaram à compreensão de suas identidades racializadas em um contexto escolar.

16. P. Wald, op. cit.

17. Du Bois, op. cit., p. 17.

18. Ibid., p. VIII.

19. Ibid., p. 17.

20. O advento da miscigenação não distingue o Brasil dos Estados Unidos: "Há milhões de negros no Brasil; a fusão entre raças (o amálgama) é tão comum lá agora como era na região sul dos Estados Unidos antes da Guerra da Rebelião". "Brazilian Visitors in Norfolk". *Colored American Magazine*, ago. 1905, in David Hellwig (Org.), *African-American Reflections on Brazil's Racial Paradise*. Philadelphia: Temple, 1992. A perceptível atitude de incentivo à miscigenação torna o Brasil notável para esses escritores.

21. Sallyann H. Ferguson, "Chesnutt's Genuine Blacks and Future Americans". *Charles Chesnutt: Selected Writings*. Org. Sallyann H. Ferguson. Boston: Houghton Mifflin, 2001.

22. Sallyann H. Ferguson, "Rena Walden: Chesnutt's Failed 'Future American'", in Joseph R. McElrath Jr. (Org.), *Critical Essays on Charles Chesnutt*. Nova York: G. K. Hall, 1999.

23. William Andrews, *The Literary Career of Charles W. Chesnutt*. Baton Rouge: Louisiana State University Press, 1980.

24. Edward W. Knappman (Org.), *Great American Trials*. Detroit: Visible Ink, 1994.

25. Charles Lofgren, citado por Eric Sundquist, *To Wake the Nation: Race in the Making of American Literatures*. Cambridge: Harvard, 1993. Minha apresentação do caso Plessy é extraída principalmente de Sundquist.

26. Justice Henry Billings Brown, "Majority opinion in *Plessy v. Ferguson*", in Benjamin Munn Ziegler (Org.), *Desegregation and the Supreme Court*. Washington: Heath and Company, 1958.

27. Charles W. Chesnutt, *The Marrow of Tradition*, p. 51.

28. Ibid., p. 57.

29. Ibid., p. 72.

30. Ibid., pp. 74-5; grifo meu.

31. Thomas Jefferson, "Notes on Virginia", in Philip Foner (Org.), *Basic Writings of Thomas Jefferson*. Garden City: Halcyon, 1944.

32. Bruce Rosen, "Abolition and Colonization: The Years of Conflict, 1829-1834", in Alexa Benson Henderson e Janice Sumler-Edmond (Orgs.), *Freedom's Odyssey: African American History Essays from Phylon*. Atlanta: Clark Atlanta University Press, 1999.

33. Frederick Douglass, "The Present Condition and Future Prospects of the Negro People", in Philip S. Foner (Org.), *Frederick Douglass: Selected Speeches and Writings*. Chicago: Lawrence Hill, 1999.

34. S. H. Ferguson, op. cit., p. 430.

35. Howard H. Bell, "The Negro Emigration Movement: 1849-1854: A Phase of Negro Nationalism", in A. Benson Henderson e J. Sumler-Edmond (Orgs.), *Freedom's Odyssey*, op. cit.

36. Charles Chesnutt, "A Multitude of Counselors", in Joseph R. McElrath Jr., Robert C. Leitz III e Jesse S. Crisler (Orgs.), *Charles W. Chesnutt: Essays and Speeches*. Stanford: Stanford University, 1999.

37. Cyrus B. Dawsey e James B. Dawsey, "Leaving: The Context of Southern Emigration to Brazil", in Cyrus B. Dawsey e James B. Dawsey (Orgs.), *The Confederados: Old South Immigrants in Brazil*. Tuscaloosa: University of Alabama Press, 1995.

38. Estes estão listados em James M. Gravois e Elizabeth J. Weisbrod, "Annotated Bibliography", in C. B. Dawsey e J. B. Dawsey (Orgs.), *The Confederados...*, op. cit.

39. Michael L. Coniff, "Forward", in C. B. Dawsey e J. B. Dawsey (Orgs.), *The Confederados...*, op. cit.

40. Sarah Bellona Smith Ferguson, "The Journey: The Narrative of Sarah Bellona Smith Ferguson", in C. B. Dawsey e J. B. Dawsey (Orgs.), *The Confederados...*, op. cit.

41. Ver Frank P. Goldman, *Os pioneiros americanos no Brasil*. Trad. de Olivia Krähenbühl. São Paulo: Livraria Pioneira Editora, 1972; William Clark Griggs, *The Elusive Eden*. Austin: University of Texas Press, 1997; Alfred Jackson Hanna e Kathryn Abbey Hanna, *Confederate Exiles in Venezuela*. Tuscaloosa: Confederate Publishing Company, 1960; Eugene C. Harter, *The Lost Colony of the Confederacy*. Jackson: University of Mississippi, 1985; William B. Hesseltine e Hazel C. Wolf, *The Blue and the Grey on the Nile*. Chicago: University of Chicago Press, 1961; Lawrence Francis Hill, "Confederate Exiles to Brazil". *Hispanic American Historical Review*, vol. 7, n. 2, maio 1927 e "The Confederate Exodus to South America", *Southwestern Historical Quarterly*, vol. 39, n. 3, 1936; Judith MacKnight Jones, *Soldado descansa! Uma epopeia norte-americana sob os céus do Brasil*. São Paulo: Jarde, 1967; Betty Antunes de Oliveira, *Movimento de passageiros norte-americanos no porto do Rio de Janeiro, 1865-1890: uma contribuição para a história da imigração norte-americana no Brasil*. Rio de Janeiro: s.n., 1982; Ana Maria Costa de Oliveira, *O destino não manifesto: os imigrantes norte-americanos no Brasil*. São Paulo: União Cultural Brasil-Estados Unidos, 1995; Andrew W. Rolle, *The Lost Cause: The Confederate Exodus to Mexico*. Norman: University of Oklahoma, 1965; Daniel E. Sutherland, *The Confederate Carpetbaggers*. Baton Rouge: Louisiana State University Press, 1988.

42. Albion Tourgée, citado por Eric Sundquist, op. cit., p. 247.

43. Charles Chesnutt, "The Future American: What the Race Is Likely to Become in the Process of Time", 1900; "The Future American: A Stream of Dark Blood in

the Veins of Southern Whites", 1900; e "The Future American: A Complete Race Amalgamation Likely to Occur", 1900, in J. R. McElrath Jr., R. C. Leitz III e J. S. Crisler (Orgs.), *Charles W. Chesnutt: Essays...*, op. cit.

44. Ibid., p. 123.

45. Ibid., p. 125. Frações decrescentes de negritude criam o tipo homogêneo único de Chesnutt. A lógica das frações pressupõe sobras.

46. Ibid., p. 130.

47. Ibid., p. 135.

48. Id., *The Marrow of Tradition*, op. cit., p. 49.

49. Ibid., p. 57.

50. Charles Chesnutt, "What Is a White Man?", 1889, in J. R. McElrath Jr., R. C. Leitz III e J. S. Crisler (Orgs.), *Charles W. Chesnutt: Essays...*, op. cit. O caso referido é o 71 *State versus Davis,* sc 2 Bailey 558, 1831, pp. 70-1.

51. Ibid., p. 71.

52. Ibid., p. 73.

53. Id., "A Solution for the Race Problem", pp. 394-5.

54. Ibid., p. 395.

55. Ibid., p. 395.

56. W. E. B. Du Bois, "Brazil". *The Crisis,* abr. 1914, citado em David Hellwig (Org.), *African-American Reflections,* op. cit.

57. Ibid., p. 32.

58. Ibid., p. 34.

59. C. Chesnutt, "A Solution for the Race Problem", op. cit., p. 400.

60. Ibid., p. 399.

61. Id., *The Marrow of Tradition*, op. cit., p. 258; grifo meu.

62. Chesnutt havia usado a presunção da ilegitimidade dos filhos de um pai negro e uma mãe branca como argumento contra as leis antimiscigenação. Para ele, essa presunção associava imoralidade a todos os negros de pele clara. "Qualquer que seja a sabedoria ou a justiça dessas leis (proibindo casamentos entre brancos e pessoas de cor), há uma objeção a elas que não recebe destaque suficiente na consideração do assunto, mesmo quando é discutido; elas transformam o sangue miscigenado em uma prova *prima facie* de ilegitimidade. É fato que atualmente, nos Estados Unidos, presume-se que um homem ou uma mulher negros de tez branca ou quase branca, na ausência de

qualquer conhecimento de seus ancestrais, seja fruto de uma união não santificada pela lei [...]. Mais da metade das pessoas de cor nos Estados Unidos são mestiças; casam-se e dão-se em casamento, e geram filhos de compleição semelhante às suas próprias, [mas estas] leis [...] carimbam essas crianças como ilegítimas." C. Chesnutt, *Chesnutt: Essays...*, op. cit.

63. O consumo do documento ofensivo pelo fogo associa esta passagem à descrição dos restos de um linchamento que incluiu a queima do corpo, ocorrido durante a revolta racial. O resíduo, então, une as duas tramas do romance: o romance da família e o relato fictício do Massacre de Wilmington de 1898.

64. C. Chesnutt, *The Marrow of Tradition*, op. cit., p. 266.

65. Ibid., p. 329.

66. Ibid., pp. 320-1; grifo meu.

67. Sigmund Freud, *Inhibitions, Symptoms and Anxiety*, 1926. Trad. de Alix Strachey. Rev. e org. James Strachey. Nova York: Norton, 1959. Não estou argumentando que a negritude é um sintoma da brancura. Ao historicizar as noções de Freud, um dos meus objetivos é mostrar como a posição de Freud sobre o sujeito moderno, por meio de sua incorporação de uma metafórica do canibalismo — o que a antropologia relega ao passado —, lança luz sobre as ansiedades que acompanham o canibalismo e seus resíduos. Em outras palavras, em vez de fazer da psicanálise um discurso senhorial, mostro que as angústias reveladas nas metáforas do canibalismo e seus denegados resíduos estão sempre lá, mas quando eles são relacionados ao sujeito moderno, os resíduos deixam de ser pacíficos, por mais que "Freud" conseguisse acalmá-los. Eu poderia criar um argumento paralelo para contestar qualquer ideia de que o resíduo pode ser lido como abjeto.

O NOVO NEGRO E A VIRADA PARA A AMÉRICA DO SUL [PP. 165-206]

1. Robert Abbott, "My Trip through South America", in David Hellwig (Org.), *African-American Reflections on Brazil's Racial Paradise*. Filadélfia: Temple, 1992.

2. Minhas fontes para a biografia de Abbott e para a história do jornal são: Roi Ottley, *The Lonely Warrior: The Life and Times of Robert S. Abbott*. Chicago: Henry Regnery, 1955; e Juliet E. K. Walker, "The Promised Land: The Chicago Defender and the Black Periodical Press in Illinois, 1862-1970", in Henry Lewis Suggs (Org.), *The Black Press in the Middle West, 1865-1985*. Westport: Greenwood Press, 1996.

3. W. E. B. Du Bois, "The Migration of Negroes" [1923], in Herbert Aptheker (Org.), *Selections from "The Crisis": 1911-1925*, vol. 1. Millwood: Krauss-Thomson, 1983.

4. Do jornal *Broad-Axe*, citado em J. E. K. Walker, op. cit.

5. Ibid. Numerosos apelos foram feitos a organizações encarregadas de resolver o desfecho da guerra, incluindo "Um apelo às nações da Terra reunidas na Conferência para a Limitação de Armamentos", que incluía uma exposição sobre linchamentos, para reforçar que "Mesmo enquanto esta Conferência está acontecendo, agora, 14 dez. 1921, linchamentos ocorreram. Dez soldados foram linchados em um ano, quando voltaram do serviço no além-mar, onde lutaram pela Democracia Mundial". C. M. Tanner, "Um apelo às nações da Terra reunidas na Conferência sobre a Limitação de Armamentos". Washington: Biblioteca do Congresso, 1921, panfleto.

6. Kelly Miller, "Disgrace of Democracy" (4 ago. 1917), in *The Everlasting Stain*. Washington: Associated Publishers, 1924.

7. Ibid., pp. 148-9.

8. W. E. B. Du Bois, "Vive la France!", in H. Aptheker, op. cit.

9. Id., "*For What?*" (1919), in H. Aptheker, op. cit.

10. David Levering Lewis, *W. E. B. Du Bois: The Fight for Equality and the American Century, 1919-1963*. Nova York: Henry Holt, 2000.

11. Ionie Benjamin, *The Black Press in Britain*. Staffordshire: Trentham Books, 1995. Ver também Du Bois, *The Crisis*, 19 jan. 1920, citado em H. Aptheker, op. cit.: "Sempre considerei a Inglaterra a melhor administradora dos povos de cor, e atribuí seu sucesso ao seu sistema de Justiça. Mas, agora, estou de novo começando a desistir dessa ideia. Conversei com indianos, egípcios, ocidentais e sul-africanos, e eles deixaram uma grande e incômoda dúvida em minha mente — um sentimento de apreensão mundial".

12. *The African Telegraph*, citado em I. Benjamin, op. cit., p. 17.

13. George Shepperson, "Introduction", in Sir Harry Johnston, *The Negro in the New World*. Nova York: Johnson Reprint, 1969.

14. Shepperson, in Sir Harry Johnston, op. cit. Ver também David Levering Lewis, *W. E. B. Du Bois: Biography of a Race, 1868-1919*. Nova York: Henry Holt, 1993.

15. Kelly Miller, "The Negro in the New World and the Conflit of Color" [1914], in *Out of the House Bondage*. Nova York: Neale Publishing, 1914. Miller criticou o trabalho por ser muito impressionista e por focar muito em Booker T. Washington e Tuskeegee em sua discussão sobre a educação negra. Ele também o culpou por não dar atenção suficiente à religião.

16. Lord Olivier, *White Capital and Colored Labour* [1906]. Nova York: Russell e Russell, 1970. Sir Sydney Olivier recebeu Du Bois em uma festa no jardim durante sua visita à Jamaica em 1915. D. L. Lewis, op. cit.

17. James Bryce, *South America: Observations and Impressions*. Nova York: Macmillan, 1914.

18. Roy Nash, *The Conquest of Brazil*. Nova York: Harcourt/Brace, 1926. Nash também publicou artigos sobre o Brasil no *The Crisis*: "The Origin of Negro Slavery in Brazil" (out. 1923); e "The Origin of Negro Slavery in Brazil" (abr. 1927).

19. "Brazil: A Review of 'The Conquest of Brazil' As Told by Roy Nash", *The Crisis* (abr. 1927). Curiosamente, um artigo de Gilberto Freyre elogiando o livro de Nash como um dos melhores escrito por um estrangeiro cita essas mesmas passagens. Ver Gilberto Freyre, "O fator racial na política contemporânea". *Ciência & Trópico*, vol. 10, n. 1, 1982.

20. Por exemplo, Olivier argumentava que por não ter havido "nenhum terrorismo, nenhuma lei especial, nenhuma discriminação ilegal contra os negros", as mulheres brancas estavam tão seguras em público quanto em qualquer região da Europa. Embora isso possa ser visto como uma comparação duvidosa, igualmente duvidosos — ou mais — são os fundamentos desta caracterização positiva em relação aos Estados Unidos: "Só posso deduzir que qualquer propensão para tais ataques [contra mulheres brancas por homens negros] nos Estados Unidos seja estimulada pelo próprio caráter da atitude do branco em relação à população de cor. Há uma tempestade constante de sugestões às mais imaginativas e incontroláveis paixões de uma raça excitável e imaginativa". Lord Olivier, op. cit.

21. Associated Negro Press, "Wonderful Opportunities Offered in Brazil for Thrifty People of all Races". *Tulsa Star*, 11 dez. 1920, citado por David Hellwig (Org.), *African-American Reflections*, op. cit.

22. L. H. Stinson, "South America and Its Prospects in 1920". *Atlanta Independent*, 23 dez. 1920, in David Hellwig (Org.), *African-American Reflections*, op. cit. Esta frase é repetida na maioria dos artigos sobre o Brasil.

23. "Brazil and the Black Race". *Philadelphia Tribune*, 14 mar. 1914, citado por Hellwig, David Hellwig (Org.), *African-American Reflections*, op. cit.

24. Carter Godwin Woodson, "The Beginnings of Miscigenation of the Whites and Blacks", *Journal of Negro History*, vol. 3, n. 4, out. 1918.

25. "Slavery in Brazil". *Cleveland Gazette*, 14 jun. 1884.

26. R. Abbott, "My Trip through South America", op. cit., p. 56.

27. Id., "Brazil and the Black Race". *Philadelphia Tribune*, 14 mar. 1914, in David Hellwig (Org.), *African-American Reflections*, op. cit.

28. Ibid., p. 58.

29. Ibid., p. 77.

30. R. W. Merguson, "Glimpses of Brazil". *The Crisis*, nov. 1915, p. 41.

31. "Brazil a Western Negro Land". *The Colored American Magazine*, set. 1906.

32. *Baltimore Afro-American*, 12 dez. 1925.

33. Pearl Bowser, uma importante estudiosa da obra de Micheaux, afirmava estar convencida de que Micheaux esteve no Brasil. (Comunicação pessoal, Nova York, 10 maio 2002.) Para obter mais informações sobre Micheaux e o filme, consultar Pearl Bowser, Jane Gaines e Charles Musser (Orgs.), *Oscar Micheaux and His Circle*. Bloomington: Indiana University Press, 2001. Ver também Thomas Cripps, *Slow Fade to Black*. Nova York: Oxford University Press, 1977; e Henry T. Sampson, *Blacks in Black and White: A Source Book on Black Films*. Metuchen: Scarecrow Press, 1995.

34. "Editor Abbott and Wife Star in the Movies". *Chicago Defender*, 19 nov. 1927, 10A. Ver também "The Millionaire, Drama of Soldier of Fortune, with Race Cast, on Dunbar Screen". *Baltimore Afro-American*, 21 jan. 1928.

35. No prefácio de *The Book of American Negro Poetry*, uma coleção que ajudou a inspirar o Renascimento do Harlem, outro nome dado ao "Novo Movimento Negro", James Weldon Johnson escreve: "A menção a [Paul Lawrence] Dunbar leva em consideração o fato de que, embora ele seja a figura mais destacada da literatura entre os afro-estadunidenses, ele não está sozinho entre os afro-estadunidenses de todo o mundo ocidental. Há Plácido e Manzano em Cuba, Vieux e Durand em Haiti, Machado de Assis no Brasil, Leon Laviaux na Martinica, e outros que podem ser mencionados e estão no mesmo plano ou mesmo acima de Dunbar. Plácido e Machado de Assis figuram como grandes nas literaturas de seus respectivos países sem qualquer qualificação que seja... Machado de Assis é um tanto prejudicado a esse respeito por ter como língua e veículo o menos conhecido português. Mas Plácido, escrevendo na língua... de quase toda a América do Sul é universalmente conhecido". Walter White também destacou Machado de Assis e Plácido em *The Negro's Contribution to American Culture: The Sudden Flowering of a Genius-Laden Artistic Movement*. Girard: Haldeman-Julius Publications, 1928.

36. Teresa Meade e Gregory Alonso Pirio, "In Search of the Afro-American 'Eldorado': Attempts by North American Blacks to Enter Brazil in the 1920s". *Luso-Brazilian Review*, vol. 25, n. 1, 1988. Este ensaio também discute a emigração negra para outras áreas da América do Sul, incluindo o México, e presta especial atenção às experiências de Cyril Briggs e os seguidores de Marcus Garvey. Os autores descrevem como o FBI relatou ao governo brasileiro (entre outros, incluindo o da África do Sul) os resultados de sua vigilância à Universal Negro Improvement Association (Associação Universal de Melhoramento do Negro), em um esforço para deter a propagação da militância negra nos Estados Unidos e no exterior.

37. W. E. B. Du Bois, "Keeping Us Home". *The Crisis*, maio 1929.

38. Ibid., p. 132.

39. Ibid.

40. Ibid., p. 98.

41. Ibid., p. 102.

42. Sam Adamo, *The Broken Promise: Race, Health and Justice in Rio de Janeiro, 1890-1940*. Tese de doutorado. University of New Mexico, 1983, citado por T. Meade e G. A. Pirio, op. cit.

43. A dificuldade que os negros estadunidenses tinham em obter vistos para o Brasil era também noticiada na imprensa negra no Brasil. Evaristo de Moraes, "Expansão de um preconceito ou esboço de um protegido?". *O Getulino*, 16 fev. 1924, p. 58.

44. Essas coleções estão disponíveis em microfilme para estudiosos nos Estados Unidos: Michael Mitchell (Org.), *The Black Press of Brazil*. Princeton: Princeton University, s.d.; e Miriam Nicolau Ferrara (Org.), *A imprensa negra*. São Paulo: Instituto de Estudos Brasileiros, 1985, disponível em CD-ROM na University of Maryland, College Park. Para resumo da coleção, ver também Miriam Nicolau Ferrara, *A imprensa negra paulista (1915-1963)*. São Paulo: FFLCH/USP, 1986.

45. Para histórico e discussões da imprensa negra brasileira sobre movimentos sociais, ver Ferrara, *Imprensa negra*; Kim D. Butle., *Freedoms Given, Freedoms Won: Afro-Brazilians in Post-Abolition São Paulo and Salvador*. New Brunswick: Rutgers University Press, 1998; George Reid Andrews, *Blacks and Whites in São Paulo, Brazil, 1888-1988*. Madison: University of Wisconsin Press, 1991; Rogério Bastide, *O negro na imprensa e na literatura*. São Paulo: Escola de Comunicação e Artes/USP, 1972; Clovis Moura, *Imprensa negra*. São Paulo: Imprensa Oficial do Estado, 1984.

46. Jessie Redmon Fauset publicou um artigo no *The Crisis* detalhando a biografia de José de Patrocínio e suas contribuições para o movimento abolicionista no Brasil. Jessie Faucet [sic] e Cézar Pinto, "The Emancipator of Brasil". *The Crisis*, out. 1923.

47. Abílio Rodrigues, "Preto e branco". *Kosmos*, 18 set. 1923.

48. Francisco Gomes Brandão, visconde de Jequitinhonha, também conhecido como Francisco Jê Acaiaba Montezuma — uma combinação de nomes em português, africano, tupi e asteca — foi advogado, político e abolicionista. André Rebouças foi engenheiro, orador e abolicionista. João Maurício Wanderley, barão de Cotejipe, foi senador e figura-chave na promoção da mais significativa legislação antiescravagista. Tobias Barreto foi um filósofo, poeta e jurista. Juliano Moreira foi um psiquiatra pioneiro. Evaristo de Moraes foi jornalista, historiador, fundador da Associação Brasileira de Imprensa, um dos fundadores do Partido dos Trabalhadores e o fundador do Partido Socialista. Embora ele ainda não estivesse formado, destacou-se como advogado de João Cândido Felisberto, o líder negro da famosa Revolta da Chibata, de 1910, contra o castigo corporal.

49. Abílio Rodrigues, "Preto e branco". *Kosmos*, 18 set. 1923. Para outros relatos sobre a visita de Abbott, veja a série de três artigos de Benedicto Florencio, "Cartas de um negro, I". *Getulino*, 23 set. 1923; "Cartas de um negro, II". *Getulino*, 30 set. 1923, reimpresso em 7 out. 1923; e "Cartas de um negro, III". *Getulino*, 21 out. 1923; e "A questão de raça". *Auriverde*, abr. 1928.

50. Benedicto Florencio, "Cartas de um negro, II". *Getulino*, 30 set. 1923.

51. Ibid., p. 64.

52. R. Ottley, op. cit. Curiosamente, as simpatias do biógrafo estão com Abbott, e ele trata as opiniões de Helen de maneira condescendente.

53. Teóphilo F. de Camargo, "Echos do Projeto F. Reis". *Elite*, 20 jan. 1924. Para maiores discussões sobre o projeto, ver Evaristo de Moraes, "Brancos, negros, e mulatos". *Getulino*, 30 dez. 1923; e Teóphilo F. de Camargo, "O pan-latinismo e os negros: a proposta do Projeto F. Reis". *Getulino*, 13 jan. 1924.

54. Fidélis Reis, *País a organizar*. Rio de Janeiro: Coelho Branco, 1931. O documento da Academia Nacional de Medicina é anexado ao livro.

55. Ibid., p. 1.

56. Evaristo de Moraes, "Os negros nos Estados Unidos e no Brasil". *Getulino*, 13 jan. 1924.

57. Benedicto Florencio, "Cartas de um negro, III". *Getulino*, 21 out. 1923.

58. Id., "Cartas de um negro, II". *Getulino*, 30 set. 1923.

59. Roosevelt, "Brazil and the Negro". Essa citação é discutida em Thomas E. Skidmore, *Black into White: Race and Nationality in Brazilian Thought*. Nova York: Oxford University Press, 1974, p. 410.

60. Michael George Hanchard, *Orpheus and Power*. Princeton: Princeton University Press, 1994.

61. Thadious Davis, *Nella Larsen, Novelist of the Harlem Renaissance: A Woman's Life Unveiled*. Baton Rouge: Louisiana State University Press, 1994.

62. Nella Larsen, *Passing*, p. 143.

63. Ibid., p. 189.

64. Ibid., p. 203.

65. Ibid., p. 201.

66. Ver Roberto Schwarz, "As ideias fora do lugar", in *Ao vencedor as batatas — forma literária e processo social nos inícios do romance brasileiro*. São Paulo: Duas Cidades, 1988.

67. Nella Larsen, op. cit., p. 218.

68. Ibid., p. 267.

69. Ibid., p. 217.

70. Ibid., p. 203.

71. Ibid., p. 224.

72. Ibid., p. 218.

73. Ibid., p. 267.

74. Ibid., p. 246.

75. Ibid., p. 267.

76. Jessie Redmon Fauset, *Plum Bun: A Novel without a Moral*. Boston: Beacon, 1990, p. 70.

77. Ibid., p. 95.

78. Ibid., p. 290.

79. Ibid.

80. Ibid., p. 282.

81. Ibid., p. 291.

82. Ibid., p. 141.

83. Ibid., p. 239.

84. Este final foi adicionado à edição de 1971 da Macmillan de *Passing*.

RESÍDUO É MEMÓRIA [PP. 207-47]

1. Sandra G. Shannon, "An Interview with August Wilson", in *The Dramatic Vision of August Wilson*. Washington: Howard University Press, 1994.

2. August Wilson, *Black Bottom de Ma Rainey*. Nova York: Plume, 1985.

3. Kim Pereira, *August Wilson and the African-American Odyssey*. Urbana: University of Illinois, 1995.

4. Agradeço a Biodun Jeyifo por chamar minha atenção para este aspecto da cena.

5. Mark Poster, "Introduction" [1973], in Jean Baudrillard, *The Mirror of Production*. Trad. de Mark Poster. St. Louis: Telos, 1975.

6. August Wilson, op. cit., p. 79.

7. Paul Gilroy, *The Black Atlantic: Modernity and Double Consciousness*. Cambridge: Harvard University Press, 2000.

8. Countee Cullen, "Heritage", in Gerald Early (Org.), *My Soul's High Song: The Collected Writings of Countee Cullen*. Nova York: Anchor, 1991.

9. Toni Morrison, *Paradise*. Nova York: Plume, 1999, p. 210. [Ed. bras.: *Paraíso*. Trad. de José Rubens Siqueira. São Paulo: Companhia das Letras, 1998.] Demais referências estarão no corpo do texto.

10. Valerie Boyd cita uma carta de Zora Neale Hurston para sua patroa Charlotte Mason na qual ela descreve, com orgulho, Eatonville, sua cidade natal totalmente negra, em termos parecidos: "Você sabia que em mais de cinquenta anos de existência desta cidade nunca nasceu um único filho de gente branca aqui? [...] Não há nenhum caso conhecido de relacionamento de branco com negro por aqui. Nem mesmo prostituição de branco com negro". Valerie Boyd, *Wrapped in Rainbows: The Life of Zora Neale Hurston*. Nova York: Scribner, 2003.

11. Morrison abordou este tema em *Amada* [Trad. de José Rubens Siqueira. São Paulo: Companhia das Letras, 2007.]. Em *Paraíso*, porém, a ênfase em amar os filhos até a morte convida a considerar a comunidade em vez da liberdade.

12. Nicholas Abraham e Maria Torok, *The Shell and the Kernel* [1987]. Trad. e ed. de Nicholas T. Rand. Chicago: University of Chicago Press, 1994.

13. Gayl Jones, *Corregidora*. Boston: Beacon, 1986. *Corregidora* narra a história de quatro gerações de mulheres que se reproduzem para preservar na pele e em suas mentes a história não escrita da escravidão no Brasil. Ursa, a última mulher de Corregidora e a primeira a nascer nos Estados Unidos, faz uma histerectomia como resultado de um ferimento sofrido quando seu marido a empurrou escada abaixo. Ela luta para aprender como garantir a continuidade da história que ela é obrigada a contar quando não pode produzir a próxima geração. Toni Morrison foi editora de Gayl Jones.

14. Irene Matthews, "Afterward", in Marilene Felinto, *As mulheres de Tijucopapo*. Trad. de Irene Matthews. Lincoln: University of Nebraska Press, 1994, p. 125.

15. Dan Cameron, absolutearts.com

16. Keith Piper, *Relocating the Remains*. Londres: Institute of International Visual Arts, 1997.

17. Michael D. Harris, "Meanwhile the Girls Were Playing: María Magdalena Campos-Pons", *Nka 13*, primavera-verão 2001. Ver também María Magdalena Campos-Pons, *Everything Is Separated by Water*. Org. Lisa D. Freiman. Indianapolis/New Haven: Indianapolis Museum of Art/Yale University Press, 2007.

18. Fernando Ortiz, *Cuban Counterpoint: Tobacco and Sugar* [1940]. Trad. de Helena de Onis. Nova York: Knopf, 1947.

19. Ibid., p. 100; grifo meu.

20. Mary Louise Pratt apresenta o termo zona de contato em *Imperial Eyes: Travel Writing and Transculturation*. Nova York: Routledge, 1992.

21. Ibid., pp. 101-2.

22. A expressão "morte social" é de Orlando Patterson. Ver *Slavery and Social Death: A Comparative Study*. Cambridge: Harvard University Press, 1982.

23. Kass Banning, "Feeding off the Dead: Necrophilia and the Black Imaginary, An Interview with John Akomfrah". *Border/Lines 28/29*, inverno 1993.

24. Nicholas Abraham e Maria Torok, *The Shell and the Kernel*. Trad. e ed. de Nicholas T. Rand. Chicago: University of Chicago Press, 1994, pp. 129-30.

25. Não estou sugerindo que necrofilia/necrofagia seria a única forma de conceber a ligação entre estas obras ou na diáspora africana. A complexidade da relação com o passado também tem sido abordada em trabalhos que exploram aspectos históricos e continuidades culturais.

26. A história da representação mediada e as armadilhas para o artista são elucidadas no pensamento de Marlene Nourbese Philip sobre o assunto: "Eu quero escrever sobre cabelo crespo e nariz achatado — talvez eu devesse escrever sobre a linguagem que encaracolou o cabelo, achatou narizes e tornou as mandíbulas prognatas". Marlene Nourbese Philip, "The Absence of Writing or How I Almost Became a Spy", in *She Tries Her Tongue, Her Silence Softly Breaks*. Charlottestown: Ragweed, 1989.

27. Wilson Harris, *The Guyana Quartet*. Boston: Faber and Faber, 1985.

28. Em entrevista, Campos-Pons descreve como o espaço intermediário é muito importante para o trabalho dela. Ver Michael D. Harris, op. cit.

29. Erna Brodber, *Louisiana*. Jackson: University Press of Mississippi, 1997, pp. 124-5.

30. Ibid., p. 122.

31. Ibid., p. 152; grifo meu.

32. Marilene Felinto, *As mulheres de Tijucopapo*. Trad. de Irene Matthews. Lincoln: University of Nebraska Press, 1994. A localização das mulheres onde a terra encontra o mar e sua associação com a maternidade ligam-nas a Iemanjá, um orixá que discutirei com mais detalhes posteriormente neste capítulo. Irene Matheus observa que as históricas mulheres de Tijucopapo, sobre as quais as fictícias mulheres de Tijucopapo, de Felinto, se baseiam, desempenharam um

papel importante na revolta contra os invasores holandeses no século 17. Outras referências estarão no corpo do texto.

33. Marilene Felinto, *As mulheres de Tijucopapo*. Rio de Janeiro: Paz e Terra, 1982, p. 72. Indico quaisquer modificações na excelente tradução de Matthews entre colchetes.

34. Ibid., p. 60.

35. Ibid., p. 89.

36. Ibid., pp. 22-3.

37. Ibid.

38. Ibid, pp. 108-9.

39. Ibid., p. 120.

40. Ibid., pp. 94, 81.

41. Ibid., p. 83.

42. Ibid., p. 91.

43. Ibid., p. 133.

44. Toni Morrison, *Paradise*, op. cit., p. 187.

45. Ibid.

46. Ibid., p. 199.

47. Elizabeth Yukins, "Bastard Daughters and the Possession of History in *Corregidora* and *Paradise*". *Signs*, vol. 28, outono 2002, p. 87.

48. Toni Morrison, *Paradise*, op. cit., p. 189.

49. Ibid., p. 195.

50. Ibid.

51. Ibid., pp. 201-2; grifo meu.

52. Ibid., p. 276.

53. Ibid., p. 4.

54. Ibid., p. 275.

55. Ibid., p. 287.

56. Ibid., p. 291.

57. Ibid.

58. Ibid., p. 263.

59. Ibid., p. 239.

60. Ibid., p. 237.

61. Ibid., p. 241; grifo meu.

62. As missionárias de Consolata dedicam-se a Maria e ao conforto dos aflitos e abandonados. Entrevista com Irmã Maria Inês St. Aubyn, Colégio Amor de Deus, Porto, Portugal, 22 jan. 2003.

63. Toni Morrison, *Paradise*, op. cit., p. 264.

64. Conforme Anthony Chiffolo, *100 Names of Mary*. Cincinnati: St. Anthony's Messenger Press, 2002, para as seguintes informações sobre a adoração a Mary e Marian.

65. Zora A. O. Seljan, *Iemanjá mãe dos orixás*. São Paulo: Ed. Afro-Brasileira, 1973. Ver também Armando Ayala, *Iemanjá*. Montevidéu: Arca, 1993; Pierre Verger, *Notas sobre o culto aos orixás e voduns da Bahia de Todos os Santos no Brasil, e na antiga costa dos escravos na África*. São Paulo: Edusp, 1999.

66. Toni Morrison, *Paradise*, op. cit., p. 318.

EPÍLOGO [PP. 248-52]

1. "*A cada passo hallaba lo real maravilloso. Pero pensaba, además, que esa presencia y vigencia de lo real maravilloso no era privilegio único de Haití, sino patrimonio de la América entera... ¿Pero qué es la historia de América toda sino una crónica de lo real maravilloso?*" ["A cada passo eu me defrontava com o real maravilhoso. Mas eu pensava também que a presença e a prevalência do real maravilhoso não eram privilégio exclusivo do Haiti, e sim patrimônio da América inteira... Pois o que é a história de toda a América senão uma crônica do real maravilhoso?"]. Alejo Carpentier, *El reino de este mundo*. Havana: Editorial Pueblo y Educación, 1979.

2. *The Kingdom of This World*. Trad. de Harriet de Onís. Nova York: Farrar, Straus e Giroux, 1989.

3. Wilson Harris, "A Note on the Genesis of The Guyana Quartet", in *The Guyana Quartet*. Boston: Faber and Faber, 1985.

4. Wilson Harris, "Interior of the Novel: Amerindian/African/European Relations", in Hena Maes-Jelineck (Org.), *Explorations: A Selection of Talks and Articles*. Mundelstrup: Dangaroo, 1981. Ver também Samuel Durrant, "Hosting History: Wilson Harris's Sacramental Narratives". *Jouvert*, vol. 5, n. 1, 2000.

5. W. Harris, op. cit., p. 9.

6. Michael Swan, *The Marches of El Dorado: British Guiana, Brazil, Venezuela*. Boston: Beacon Hill, 1958. Swan cita Richard Schomburgk, *Travels in British Guiana 1840-1844*, vol. 2. Trad. de Walter E. Roth. Georgetown: Daily Chronicle, 1922-1923.

Índice remissivo

Abbott, Helen, 190
Abbott, Robert, 165-6, 177-8; resposta da imprensa afro-brasileira à viagem de, 179, 183-91, 218
abjeto, 92, 136, 233, 242, 276n
abolição da escravatura (Brasil, 1888), 174-5, 254n
abraço recíproco, 246, 252
Abraham, Karl, 68
Abraham, Nicholas, 18, 68, 117-20, 227
absorção: amalgamação versus, 41-3; canibalismo como tropo recorrente no processo de, 43; democracia racial requer consentimento em, 43-9; método brasileiro de, 43, 156-8; *ver também* incorporação
Academia Brasileira de Letras, 55
Academia Nacional de Medicina, 88, 191, 266n, 281n
açucareira, economia em Cuba, 221, 223
aculturação, 224, 226
Adamo, Sam, 183
África: significado para a América, 216-7; *ver também* escravidão
afro-americanos: ativismo de, 130-1; avaliação da cidadania negra na sociedade democrática, Brasil como ponto de referência duradouro, 39, 41, 124; Grande Migração, 167, 208; profissionais, senso de promessa da América do Sul para, 178-83, 197
agricultura, no Brasil, 23, 106; em Cuba, 221, 223
Akomfrah, John, 18, 227
Aleijadinho (Antônio Francisco Lisboa), 72
Alencar, José de, 69
Alvarenga, Oneyda, 75
Amada (Morrison), 283n
amalgamação, 138, 141, 148, 150, 158, 197, 202, 273n; absorção versus, 41-3
amamentação por amas de leite negras no Brasil, 114-7, 122; aprendizado da língua e, 116-8
Amaral, Tarsila do, 38, 55, 72
amas de leite negras no Brasil, 122; aprendizado da língua e, 114-7, 116-8
América do Sul, virada para a: Brasil no Renascimento do Harlem, 180, 194-206; internacionalismo negro, 177-94; modelos e destinos democráticos, 165-77

América Latina (Bomfim), 110
"America the Peacemaker" [América, a Pacificadora] (Gil), 10
American Colonization Society, 144
Amsterdam News, The, 39, 173
Anchieta, José de, 66
Andrade, Carlos Augusto de, 59
Andrade, Joaquim Pedro de, 96-7
Andrade, Mário de, 7, 17, 20, 34, 38, 53-5, 62, 72, 74, 97, 261n, 267n, 265n; biografia, 59-61; discurso sobre música estadunidense em "Lições de um estilo de vida americano", 93-4; fascínio pelo excremento, 90-2; Freyre e, 267n; Oswald de Andrade e, 35; como "Papa" ou Papa do Modernismo, 59; plágio por, 74-9; *ver também Macunaíma: O herói sem nenhum caráter* (Andrade)
Andrade, Oswald de, 33, 38, 53, 61-2, 66, 225; defesa de Anita Malfatti, 55; exposto à vanguarda europeia, 72-3; Mário de Andrade e, 35; metáfora do canibalismo usada por, 33, 35, 37; sobre a questão racial, 56; teoria da identidade nacional brasileira, 66-8
Andrews, George Reid, 129, 260n
anglo-saxões, 152
antropofagia, 53, 59, 63-92; incorporação e cordialidade, 62-71, 128-9, 257n; língua miscigenada, 79-82; Macunaíma, o canibal, 82-90; medicina excremental, 90-2; plágio ou canibalismo textual, 74-9; raízes da apropriação dos modernistas brasileiros, 72-4
Arekuna, povo, 77
Arens, W., 263n
assimilação, 43, 46, 71, 175; ambivalência sobre, 50, 52; autoconstrução e, 63, 258n; em *Casa-Grande & Senzala*, 97, 101, 103, 107, 111, 116, 122-4; pressuposição de resíduo na construção de identidade por, 37, 38, 137, 193; *ver também* absorção; incorporação; miscigenação
Association for International Conciliation, 257n
ativismo negro, 130-1; Revolta da Vacina (1904), 101-2
Atkinson, J. J., 65
Atlanta Independent, 39, 173
Autobiography of an Ex-Coloured Man (Johnson), 133
autoconsciência, 134, 200
autoconstrução, Freud sobre, 63, 258n
autoidentificação racial dos brasileiros, 28
autorrepresentação na esfera pública, 31
Azevedo, Celia Maria Marinho de, 58, 87, 255n, 256n, 262n

Bakhtin, M. M., 82
Baltimore Afro-American, The, 39, 157, 173, 179, 181
Bandeira, Manuel, 78
bandeirantes, 23
barreira da cor: ausência, na América do Sul e no Caribe, 172, 174; Chesnutt sobre, 139, 142-3, 151; decisão do caso *Plessy* versus *Ferguson* e, 139-42, 147, 151; nos Estados Unidos, razões para a, 173; internacional, 132; intransigência da, 143; Supremo Tribunal da Carolina do Sul sobre a dificuldade de traçar uma barreira da cor fixa, 152, 154
Barreto, Tobias, 280n
Barrett, John, 9
Baudrillard, Jean, 120
Beau, B., 257n
Benjamin, Walter, 207
Bibb, Henry, 144
Bilac, Olavo, 56

bissexualidade, 107, 113
Black Atlantic: Modernity and Double Consciousness, The (Gilroy), 16, 214
Black into White: Race and Nationality in Brazilian Thought (Skidmore), 22
BLK Art Group, 222
Boas, Franz, 45, 65, 106
Boddam-Whetham, J. W., 87
Bomfim, Manoel, 110
Book of American Negro Poetry, The, 279n
Boston Evening Transcript, 149
Bowser, Pearl, 279n
Brading, David A., 46
Braga, Cincinato, 88, 190
brancos sulistas emigram para o Brasil, 48, 50, 145, 147
Brandão, Francisco Gomes, 280n
branquitude: movimento das mulheres em direção à, 108-9, 114; passabilidade institucionalizada para a, 154; possibilidade de construir a, 70
Brasil: abolição da escravidão (1888), 173, 175, 254n; absorção do negro no, 43, 156-8; como apoteose do Sul em *Passing* de Larsen, 201; ausência de barreira da cor, 172, 174; breve história do, 22-6; censo, 21-2, 27-9; centenário da Independência do, 55; comparações com os Estados Unidos, 171-4, 176; Confederados promovem emigração para o, 48, 50; conspiração com o governo dos Estados Unidos para minar a emigração de negros para o, 180-4; contradições de ser representado como negro e brasileiro, 17; cordialidade em destaque nas relações raciais, 62-71, 128-9, 257n; diferenças percebidas nas relações raciais entre Estados Unidos e, 173; dívida moral com os Estados Unidos, 131-3; eleição presidencial (1989), 21; escravos da África no, 23, 96, 104-7, 114-7, 122-3, 128, 174-5, 269n; como Estados Unidos do Brasil, 130; estudiosos que trabalham com movimentos negros no, 260n; instalação da ditadura (1964), 233; inversão de imagens entre Estados Unidos e, 254n; legislação de imigração, 87-8, 183, 190; livros sobre, no início do século 20, 171-2; metas atingidas de inclusão racial no, 254n; como modelo de democracia racial, 129, 177-8; papel do curumim na formação do, 114; presença de africanos e seus descendentes, 25; programas promovendo a imigração, 181; queda da primeira república (1889), 254n; "questão social" no início do século 20 no, 266n; reação à ditadura no, 254n; relação colonial com Portugal, 67; no Renascimento do Harlem, 194-206; representado, na imprensa negra, 18, 39, 165-80; sindicatos negros da colonização promovem imigração para o, 12; status como nação ocidental, 21; visita de Roosevelt ao, 42-3, 155-6, 158, 171, 193, 205
Brasil Reader, The (Levine and Crocitti), 10
Brazilian American Colonization Syndicate (BACS) [Sindicato da Colonização Brasileiro-Americana], 181
"Brazilian Racial Democracy, 1900-90: An American Counterpoint" (Andrews), 129
Briggs, Cyril, 279n
Brodber, Erna, 218, 228, 230-3
Brown, Henry Billings, 141
Browning, Robert, 150

brutalidade, unidade efetuada por meio da, 100
Bryce, James, 128, 171
Bueno, Antônio Sérgio, 121
Burlamaqui, Frederico Leopoldo Cezar, 25

Cabral, Pedro Álvares, 22
café, cultivo no Brasil, 24
Camargo, Suzana, 82
Camargo, Teófilo Fortunato de, 190-1
Campos-Pons, María Magdalena, 52, 217, 219, 220-4, 229, 284n
cana-de-açúcar, cultivo de, 23
"Canção de Dixie" (Andrade), 94-5
Cane (Toomer), 133
"canibal" como deformação da palavra Caribe, 66, 263n
canibalismo textual, 74-9
canibalismo, metáfora do, 36-7; ambivalência da prática do canibalismo, 35-6; canibalismo textual, 74-9; centralidade nas considerações da cultura brasileira, 33; como modelo para a formação da identidade nacional, 62-92; como modelo para a redefinição de uma relação cultural entre o Brasil e o mundo exterior, 61; como modelo útil para a democracia, 32, 257n; onipresença na virada do século 20, 126; papel na articulação de como as identidades são construídas, 257n; perpetuação em *Ma Rainey's Black Bottom* da, 208-14; processo visível apenas através de seus resíduos, 36; em *Totem e tabu* de Freud, 36, 62, 64-5; como tropo para o processo de inclusão, 50; como tropo recorrente para processo de absorção, 43; uso nas primeiras décadas do século 20, 36; uso por Oswald de Andrade da, 33, 35-6

Cannibale (revista), 72
Cardim, Fernão, 66
Carnegie Endowment for Peace, 257n
Carolina do Sul, 150; Supremo Tribunal da, sobre a dificuldade de traçar uma barreira da cor fixa, 152, 154
Carpentier, Alejo, 248, 249
"carta do Brasil, Uma" (Clarana), 8
"Carta dos direitos" (Terceiro Congresso Pan-Africano), 40, 47, 259n
Casa-Grande & Senzala (Freyre): amas de leite negras na formação do brasileiro em, 114-7, 118, 122; corpos estrangeiros, terras estrangeiras, 98-117; descrição do preparo dos alimentos em, 122; discussão sobre doenças que atingem os negros no Brasil, 122-3; ênfase ao sexo e à sexualidade em, 107-10; filme de, 97; incorporação da "narrativa de assimilação" em, 122-4; introjeção/incorporação e, 117-20; nostalgia e recusa da perda em, 17, 93-124; segredo do passado em, 121-4
casa-grande e senzala, miscigenação na arquitetura da, 96, 105-6, 108, 122, 269n
casamentos inter-raciais: Brasil como solução para o problema racial por meio de, 177; como condição para mobilidade social de negros no Brasil, 156-7; *The Future American* de Chesnutt e, 149; usados para descrever a miscigenação, 42
categorias raciais: natureza construída das, 137
Cendrars, Blaise, 68, 72
censo, brasileiro (1990), 21-2, 27-9; autoidentificação de brasileiros no, 28
Centro Schomburg de Pesquisa da Cultura Negra, 9, 10
Chambers, Eddie, 222

Chaui, Marilene, 88
Cheng, Ann, 271n
Chesnutt, Charles, 7, 17, 39, 52, 128, 134, 138-64, 171, 197, 275n; biografia, 139; sobre a barreira da cor, 139, 142-3, 151; sobre miscigenação, 154-5; sobre a rejeição a emigração dos negros, 144-79; teoria do futuro estadunidense, 149-50, 154
Chicago: aumento da população negra em (1915-20), 167
Chicago Defender, 39, 157, 165, 173, 181, 184, 189; fundação e crescimento do, 166; papel na Grande Migração, 167
Christophe: A Tragedy in Prose of Imperial Haiti (Easton), 10
cidadania: barreiras à, 40; Brasil como ponto de referência duradouro para os afro-estadunidenses que avaliam a, 39-40; constituição de 1824 sobre os critérios para, 268n; noção de cidadania diferenciada para negros e brancos, 140; participação de negros na Primeira Guerra Mundial como canal para os benefícios da plena, 168; práticas de, 214
cidadania negra na sociedade democrática *ver* cidadania
Clarana, José, 8, 129-34, 254n; pseudônimo, 8-9
Clarke, James Bertram, 9-10; formação de, 10-3; como José Clarana, 9, 12; *ver também* Clarana, José; Gil, Jaime Clarana
Clay, Henry, 144
Cleveland Gazette, 175
coalizão fusionista, Wilmington, Carolina do Norte, 139
Cocteau, Jean, 72
Coeur à Barbe, Le (revista), 72
coexistência separada, 258n
Collor de Mello, Fernando, 21

"*Colour Line Land*" (Andrade) [Terra da Barreira da Cor], 94-8
comer: alimentação, sexo, e linguagem obscena conectados, 64, 83, 122, 271n
Comissão Americana para Negociar a Paz, 257n
Comitê de Cidadãos para Testar a Constitucionalidade da Lei do Vagão Separado, 140
comunidades, formação de, 218
Confederados: comunidade de confederados, 48-9; emigração para o Brasil, 146
Conferência Internacional de Raças (1911), 157
Conferência Pan-Africana em Paris (1919), 169
Conferência Universal das Raças (1911), 171
Congressos Pan-Africanos, 184
Conquest of Brasil, The (Nash), 128, 171, 172
consentimento, questão do: amalgamação versus absorção e, 41-3; sustentação da democracia e do branqueamento, 43
Conservation of Races, The (Du Bois), 47, 126, 133-4
Consolata, missionárias de, 286n
Constituição dos Estados Unidos: Décima Terceira Emenda à, 140; Décima Quarta Emenda à, 140, 192; Décima Quinta Emenda à, 192
constituição racial do Brasil, crises supostamente precipitadas pela, 99
consumismo: como forma de se tornar estadunidense, 211
contrato racial, 49
Convenção Nacional de Emigração (1854), 144-5
convencionalidade da atribuição da cor, 153
Coq, Le (revista), 72

cordialidade, típica das relações raciais no Brasil, 62-71, 128-9, 173, 257n
Cornell Era, 11
Corregidora (Jones), 219, 283n
Cosmopolitan Clubs of America, 12
Cosmopolitan Student, 12
Costa, Emilia Viotti da, 25
Costa, Jurandir Freire, 99
Crisis of Parliamentary Democracy, The (Schmitt), 31
Crisis, The, 8-9, 11-2, 39, 169, 171, 181, 183, 202
Crocitti, John J., 10
Crummell, Alexander, 39, 41
Crusader, The, 39, 157, 173
Cruz e Sousa, 187
Cruz, Oswaldo, 101
Cuba: economia açucareira em, 221, 223; identidade nacional, 226; transculturação de, 224, 226
Cullen, Countee, 215, 283n
Cunha, Euclides da, 84, 104, 113, 269n
curumim e o padre missionário, relações entre, 113-4

d'Assier, Adolph, 106
dadaísmo, 72
Dadaphone, 72
Darwin, Charles, 65
Davis, Thadious, 194
Dawsey, Cyrus B., 49
Dawsey, James M., 49
"Defense of Cannibalism, A" (Association for International Conciliation), 257n
Delany, Martin, 144
democracia: canibalismo como modelo útil para a, 32, 257n; entre nações, sugestão de Means para, 44; como estrutura simbólica, 32, 46; exclusão e, 29, 31, 127-8; como forma de governo, 32, 46; fraude da nação ao exigir a morte de soldados negros em defesa da, 168-9; incorporação para tornar a nação coerente e homogênea, 46; miscigenação como necessária para salvar a, 99-100; questões não resolvidas relacionadas à representação da diferença na, 15; *ver também* democracia racial
democracia racial, 16; campanha do Censo demonstra produção da negritude como um resíduo dentro do ideal da, 29; como ideal cultural, 33; ideias que corroboram o conceito de, nos Estados Unidos, 40; identificação com um ideal semelhante de, como condição de pertencimento, 29, 31; mistura democrática como expressão cultural da, 38; modelo brasileiro falha no contexto dos Estados Unidos, 205; modelo brasileiro de, 129, 177-8; em obras de escritores afro-estadunidenses dos Estados Unidos, 128; promoção da mistura racial para excluir o racismo, 98; requer consentimento em processo de absorção, 43-9; resíduo da negritude apenas no "racial" da, 193-213
demônio familiar, O (Alencar), 69
Derrida, Jacques, 69
desafricanização do "novo" negro, 269n
descendentes de africanos: conexões entre, 230-3
desmetaforização, 119
diáspora africana, 16, 214, 218; dupla consciência e mistura cultural diferenciando aqueles definidos pela, 214; identidade da, 218; identificação e, 207-20; locais de entrelaçamento, 230-7; visualização da negritude diaspórica, 220-30
Dicionário de cousas da Amazônia, 74

Dicionário filosófico (Voltaire), 73
Dinamarca: como alternativa ao Norte em *Quicksand*, 201
Discurso sobre a origem e os fundamentos da desigualdade entre os homens (Rousseau), 73
doenças: dos negros no Brasil, 122-3; miscigenação como, 270n
Douglass, Frederick, 144
doutrina separada, mas igual, 139-42, 151
Du Bois, W. E. B., 7-8, 13, 17, 20, 39, 126-9, 132-7, 165, 171n, 272n; sobre as barreiras norte-americanas à migração de negros para o Brasil, 181; editorial crítico do relatório de Roosevelt sobre o Brasil, 157-8; sobre a Grande Migração, 167; preocupação com os negros no Brasil e na América Central, 47-8; sobre o reconhecimento concedido pela França aos soldados negros, 169
Duarte, Paulo, 94
Dumas, Alexandre, 150
Dunbar, Paul Lawrence, 279n
dupla consciência, 47, 136, 138, 147, 199, 214; definição, 134
Durand, Oswald, 279n
Durrant, Samuel, 250

Easton, William Edgar, 10, 13
"Ecos do Projeto Fidélis Reis" (Camargo), 190
ego, 163-4; Freud sobre, 63, 163, 258n; introjeção/incorporação e, 68, 117-20
elites brancas, ansiedade sobre o papel do negro, 67, 68, 70
embranquecimento, ideologia do, 22, 26-8, 31, 50, 70, 104, 122, 154, 182-91; abraço simbólico no, em *Plum Bun* de Fauset, 204; como expressão máxima do racismo, 201; identificação gira em torno do desejo de branquitude, 31; como inevitável, 113; legislação de imigração brasileira e, 87-8, 182, 190-1; método brasileiro de absorção, 156-8; miscigenação na arquitetura da casa-grande e senzala, 105-6, 108; movimento das mulheres em direção à branquitude, 108-9, 114; papel da mulata na, 64; papel do Brasil em barrar a imigração de pessoas de cor e, 182; possibilidade de "construir" a branquitude, 70; transformação racial de Macunaíma, 84
émein — vomitar, 100
emigração de negros, 279n, 280n; como resposta à divisão racial no século 19, 144-5; de profissionais negros para o Brasil, 178-83; rejeição de Chesnutt à, 144-7
empresários negros, sensação de promessa da América do Sul para, 179-83; *ver também* emigração de negros
encarceramento: sociedades antropoêmicas baseadas em, 100
Escola Internacional de Arqueologia e Etnologia (Cidade do México), 45
escravidão, 22; africanos incorporados pela experiência da, 71; barreira da cor nos Estados Unidos resultante da, 173; formação de um povo formado pela violência da, 220; legado da, 216-7; resíduo do legado da, 250
escravidão no Brasil: abolição por decreto, 24, 173, 175, 254n; amas de leite negras, 114-7, 122; caracterização no século 19 versus no século 20, 175; cordialidade das relações raciais no Brasil, 62-71, 128-9, 173, 257n; Freyre sobre grupos étnicos africanos escravizados, 110-1; miscigenação

na arquitetura da casa-grande e senzala, 30, 96, 105-6, 108, 122, 269; número de africanos escravizados que foram trazidos à força para o Brasil, 255n
Estado Novo, 89, 93; influência da Alemanha nazista no governo do, 93
Estados Unidos: barreira da cor nos, 173; comparação com o Brasil, 18, 171-4, 176; conspiração com o governo do Brasil para minar a emigração de negros para o Brasil, 180-4; inversão de imagens com o Brasil, 254n; metas de inclusão racial nos, 254n; modernismo brasileiro e os, 93-8
estados unidos pela civilização e a civilização dos Estados Unidos, Os (Clarana), 8-9, 129-34
estrangeiro(s): fusão de resíduo com, 31; resíduo como mais problemático que, 137; ser estrangeiro não é proteção para negros, 133; tolerados como desiguais ou forasteiros, 30
"estudos americanos": importância de se posicionar o transnacional no centro dos, 8; mudando do nacional para o transnacional, 13
estupro, 173, 278n; resistência ao branqueamento ligada ao, 112
etnicidade, diferença entre raça e, 127
eugenia, 103-4, 108, 115, 121; *ver também* miscigenação
Europa: como modelo de democracia, 169; como novo Mundo, da perspectiva da América, 225
exclusão, democracia e, 29, 31, 127-8
exílio: sociedades antropoêmicas baseadas em, 100
exotismo etnográfico, 73
Exposicão de Pintura Moderna Anita Malfatti (1917), 54, 55

Fauset, Jessie Redmon, 9, 11, 13, 18, 133, 138, 180, 202-4, 280n
Felinto, Marilene, 218, 228, 233-7, 284n
Felisberto, João Cândido, 280n
Ferenczi, Sándor, 119
Ferguson, John Howard, 140
Ferguson, Sallyann H., 138
Ferguson, Sarah Bellona Smith, 146
Fernandes, Florestan, 256n
flauta de ossos caribenha, metáfora da, 251
Florencio, Benedicto, 192
Folha de S.Paulo, 21
"fora" constitutivo, 71
Forjando Patria (Gamio), 45
formação de identidade, dependência da metáfora da incorporação, 14; *ver também* identidade nacional, brasileira
formações democráticas: teoria de Schmitt para, 30
França: reconhecimento concedido aos soldados negros pela, 169
Frazer, J. G., 65
Freud, Sigmund, 81, 262n, 258n, 276n, 271n; ideia de organização oral da psique, 63-5, 68, 262n; influência sobre os modernistas, 62; introjeção/incorporação em, 117-8; metáfora do canibalismo usada por, 36, 62, 64-5; sintoma como criação da angústia da psique em relação ao resquício que ela produziu, 163
Freyre, Gilberto, 7, 10, 17, 32, 38-9, 93, 95, 112, 114, 128-9, 150, 171, 268n, 269n, 270n, 278n, 300n; discussão sobre a miscigenação, 98-9, 103-10; sobre Freud, 271n; linguagem patologizante de, 99; Mário de Andrade e, 267n; nostalgia pelo passado patriarcal, 121-4; tese escrita na Universidade Columbia, 98, 128; vontade de reabilitar a imagem do brasileiro representativo, 96-8

Future American, The (Chesnutt), 148-52, 154
futurismo, 72

Galérie Devambez, 73
Galton, Francis, 121
Gamio, Manuel, 45-6
Gargântua (Rabelais), 82
Garvey, Marcus, 42, 184, 218, 231, 272n, 279n
Gil, Jaime Clarana, 10, 12, 254n; *ver também* Clarana, Jaime; Clarke, James Bertram
Gilroy, Paul, 16, 214
Glissant, Édouard, 231
Gomes da Silva, Ana Francisca, 59
Goodland, E. A., 81
Graça Aranha, José Pereira da, 55
Grande Migração, 208; fatores para, 167; papel do *Chicago Defender* na, 167-8
"grupo dos cinco", 55, 261n
Guerra Civil norte-americana: barreira da cor nos Estados Unidos resultante das hostilidades da, 173; Brasil como aliado dos estados do Sul durante a, 146; Confederados emigram para o Brasil após, 48, 50, 146; impacto nas relações raciais no Brasil, 131-2
Guiana: ritual em torno da flauta de ossos na, 251
Guyana Quartet, The (Harris), 250

Hanchard, Michael George, 193
Harris, Wilson, 7, 19, 229, 248-52
Heart of Darkness (Conrad), 249
herança versus "o resto", 21
"Heritage" (Cullen), 215
History of a People Who Were Not Heroes [História de Um Povo que Não Foi Herói] (Campos-Pons), 220-1, 223
Homer Adolph Plessy versus The State of Louisiana, 140

homossexualidade, 113
Honig, Bonnien, 229, 258n
horda primitiva, interpretação de Freud da, 36
"Hour with Harriet Tubman, An" [Uma hora com Harriet Tubman] (Clarke), 10
Hughes, Langston, 138
Hurston, Zora Neale, 218, 272n

identidade: da diáspora africana, 218; recusa da, 230
identidade nacional brasileira: canibalismo como modelo para a formação da, 62-92; criação da, 34; desaparecimento dos negros e, 28-9; língua miscigenada transmitindo, 79-82; modernistas sobre, 56-8; em relação à Europa, 34; em relação às populações negras, mulatas e indígenas, 34; resíduos da, 235
identificação: diáspora africana e, 207-20; estrutura canibal de, em *The Marrow of Tradition* de Chesnutt, 161-3; como forma narcísica de incorporação, 218; gira em torno do desejo de branquitude, 31; política de, 164
ideologia do embranquecimento *ver* embranquecimento, ideologia do
Iemanjá, 245
ilegitimidade presumida de filhos de pai negro e mãe branca, 275n
imigração branca para o Brasil, 70, 87-8, 183
imprensa *ver* imprensa afro--brasileira; imprensa negra; *jornais e revistas específicos*
imprensa afro-brasileira: crescimento da, 184; questões dirigidas pela, 183-4; sobre as razões para prevenir a imigração de negros americanos, 193-4; resposta à viagem de Abbott ao Brasil, 179, 183-90, 191, 218

imprensa negra: sobre o Brasil e a América do Sul, 18, 39, 165-80; sobre a Primeira Guerra Mundial e o tratamento dos veteranos negros, 168-9; *ver também* imprensa afro-brasileira; *jornais e revistas específicos*
"Improviso do mal da América" (Andrade), 60-1; lógica excremental de, 91; negritude sacrificada em, 92
inclusão: baseada na incorporação, ambivalência em relação a, 51; canibalismo como tropo para o processo de, 50
incorporação, 62-71; absorção do negro como solução para o "problema racial" no Brasil, 42, 156-8; alimentação relacionada ao sexo na, 64, 83, 122, 271n; ambivalência sobre inclusão baseada na, 51-2; assimilação das qualidades do comido, 64-8, 70-1; e cordialidade, no Brasil, 62-71, 128-9, 257n; destruição do objeto consumido, 68-70; Freud sobre, 63-5, 68; introjeção versus, 18, 68, 117-20, 227, 271n; *Manifesto Antropófago* sobre, 61-2, 66-8; metáfora da, 14, 19; necrofagia versus, 228; de negros e indígenas pelos brancos, cálculos de, 26; em nível linguístico, 79-82; resíduo como resultado da, 19; sociedade antropófaga baseada na, 101; para tornar a nação coerente e homogênea, 46
indígena, população, 22, 263n, 259n; canibalismo atribuído à, 33, 37, 61, 66, 97; Freyre sobre, 108-10; Ortiz sobre, 226
indigenismo (política mexicana), 46
ingestão, tratamento dado por Wilson à, 208-14

Institute of International Visual Arts, The (INIVA), 222
Instituto Brasileiro de Geografia e Estatística (IBGE), 183
intermediário, espaço, 224, 229, 284n
internacionalismo negro, 177-94
introjeção: definição, 118; incorporação versus, 18, 68, 117-20, 227, 271n
Isabel, princesa regente, 24

Jamaica, laços entre Estados Unidos e, 218
Jefferson, Thomas, 144
Jim Crow, 148
João III, rei de Portugal, 23
"Job for Uncle Sam, A" [Um trabalho para o Tio Sam] (Clarke), 10
Johnson, Claudette, 222
Johnson, James Weldon, 133, 135, 138, 272n, 279n
Johnson, Mark, 15
Johnston, Harry, 128, 171
Jones, Gayl, 219
Journal of the African Society, The, 171
Juca Mulato (Picchia), 55

Kingdom of This World, The (Carpentier), 248
Klein, Melanie, 68
Koch-Grünberg, Teodor, 74, 77-9, 87, 265n
Kosmos, O, 185
Ku Klux Klan, 192

La Revue, 257n
laboratório social, Brasil como, 85, 172
Lacerda, João Baptista de, 27-8, 157
Lakoff, George, 15
Lang, A., 65
Larsen, Nella, 7, 18, 133, 138, 180, 194-202, 215
Latour, Bruno, 270n
Laviaux, Leon, 279n
Léger, Fernand, 72

legislação de imigração no Brasil, 87-8, 183, 190-1
Lei Áurea, 24
Lei Eusébio de Queirós, 24
Lei Saraiva-Cotegipe (dos Sexagenários, 1885), 24
Lei de Vagões Separados, 140
Lei do Ventre Livre, 24
leis antimiscigenação, argumento de Chesnutt contra, 275n
leis naturais: riscos da violação pela miscigenação, 104
Leite Crioulo (suplemento literário), 121
Léry, Jean de, 66
Levine, Robert M., 10
Lévi-Strauss, Claude, 100, 268n
Libéria, 144
Liga Urbana de Chicago, 167
linchamentos, 130, 132, 192, 203, 254n; falta de reação do Brasil aos, 132; livros contestam a criminalidade inerente aos homens negros usada como justificativa para, 173; resíduos de, 276n; de veteranos negros após a Primeira Guerra Mundial, 168, 277n
Lincoln, Abraham, 144
língua miscigenada, 79-82
linguagem: do Brasil, ensinada por amas de leite negras, 116-8; capacidade de superdeterminar e exceder seu falante, 196; passagem da comida à, 116-8
Littérature (revista), 72
locais de entrelaçamento, 230-7
Locke, Alai, 39, 41, 132
Lopez, Telê Porto Ancona, 61, 262n, 264n, 266n
Louisiana (Brodber), 218-9, 230-3
Louisiana, Suprema Corte da, 140
Lula da Silva, Luís Inácio, 21

Ma Rainey's Black Bottom (Wilson), 208-14
Machado de Assis, 29, 279n

Macunaíma: O herói sem nenhum caráter (Andrade), 17, 35, 61, 74-9; canibalismo em muitos níveis em, 73; cenas sexuais ligadas ao canibalismo e/ou incorporação de alimentos, 83-4; dedicatória a Paulo Prado, 84; excrementos em, 90; *Gargântua* de Rabelais como intertexto de, 82; história de, 77-9; linguagem miscigenada em, 79-82; Macunaíma, o Canibal em, 82-90; prefácios de, 74, 88; respostas à publicação de, 74; versão cinematográfica de, 96; visão de futuro em, 89-90
Macunaíma: ruptura e tradição (Camargo), 82
Magill, Idalee, 190
Malfatti, Anita, 38, 54-5
Manifeste Cannibale (Picabia), 72
Manifesto Antropófago (Andrade), 33, 61-2, 66-8
Manifesto da Poesia Pau-Brasil (Andrade), 68, 72
Manzano, Juan Francisco, 279n
Marrow of Tradition, The (Chesnutt), 52, 138-47, 150-1, 159; intransigência da barreira da cor em, 143; resíduo reconhecido em, 159-64
Martins, Wilson, 54
Masters and the Slaves, The ver *Casa-Grande & Senzala* (Freyre); nostalgia e recusa da perda em
Matthews, Irene, 219
McMullen, Bowen e Frank, 146
Meade, Teresa, 180-3, 279n
Means, Philip Ainsworth, 44-6
medicina excremental, 90-2
Memória analítica acerca do comércio d'escravos e acerca dos males da escravidão doméstica (Burlamaqui), 25
memorial da exposição de Proclamação da Emancipação do

estado de Nova York, Um (Clarke, compilação), 9
Mercer, Kobena, 18, 227
Merguson, G. W., 178
Metafísica brasileira, 56
metáfora, estrutura da, 15
metáforas-conceitos derivadas do canibalismo, 7; *ver também* canibalismo, metáfora do
Metaphors We Live By (Lakoff e Johnson), 15
México, política do indigenismo, 46
Micheaux, Oscar, 179, 180, 279n
migração de negros: emigração, 144-7, 179-83, 279n, 280n; Grande Migração, 167-8, 208; rejeição de Chesnutt à, 144-7
Miller, Kelly, 13, 39, 41-2, 168, 171
Millionaire, The (filme), 179
Mills, Charles, 49
Minas Gerais, descoberta de ouro em, 23
miscigenação: atitude de encorajamento no Brasil, 273n; ausência de barreira da cor no Brasil e, 174-5; Chesnutt sobre, 154-9; como descrita por Roosevelt, 43; desejo de identidade fixa no Brasil ameaçado pela realidade da, 70; como doença em *Casa-Grande & Senzala*, 270n; estabelecimento de identidade nacional homogênea e, 26-7; como eugenia, 103-4, 108, 115; como necessária para salvar a democracia, 99-100; como o "problema" mais importante do Brasil segundo Freyre, 98-9; resíduos como ato de resistência e falha na, 122-4; riscos envolvidos na, 104; transformada por Freyre em uma narrativa de assimilação, 103-10; uso de casamentos inter--raciais para descrever a, 42; *ver também* embranquecimento, ideologia do mistura racial: amalgamação versus absorção (assimilação) e, 41-3; *ver também* absorção; embranquecimento, ideologia do; incorporação; miscigenação
modelos e destinos democráticos, 165-77
modernismo, 254n
modernismo no Brasil, 33, 35; antropofagia e, 59, 62-92; concurso de representações artísticas do Saci e, 54-5; consenso sobre o impacto do, 38; Estados Unidos e, 93-8; figuras associadas ao, 38; lançamento do, 34, 53-4; Monteiro Lobato como precursor do, 261n; questões de raça e identidade nacional como preocupações do, 56-8; raízes do movimento autoritário que marcaria o fim do, 89; relação com o "primitivo", 67-8
Montaigne, Michel de, 73
Monteiro Lobato, José Bento, 54, 261n
Montezuma, Francisco Jê Acaiaba, 280n
Moraes, Evaristo de, 187, 191-2, 280n
Moraes, Joaquim Leite, 59
Moraes, Raimundo de, 74
Moreira, Juliano de, 187, 280n
Morrison, Toni, 215-8, 228, 248-9, 283n
morte, transculturação e, 227
Mouffe, Chantal, 31, 127
movimento autoritário, 89
movimento de direitos humanos, promessa incompleta dos, 254n
Movimento do Negro Unificado, Black Rio, 28
mulatos(as): amas de leite negras e predileção pela mulata, 115; definidos pelo Supremo Tribunal da Carolina do Sul, 153-4; Freyre sobre, 115, 269n; papel no embranquecimento, 64

Mulheres de Tijucopapo, As (Felinto), 218-9, 233-7, 284n
"Multitude of Counselors, A" (Chesnutt), 144, 147
Murtinho, Joaquim, 101
My Trip Through South America [Minha viagem pela América do Sul] (Abbott), 177-8

nacional e transnacional, tensão entre, 13
Namoros com a medicina (Andrade), 17, 90-2
Nash, Roy, 39, 128, 171-2
Navarro, Juan, 66
necrofilia negra, estética da, 227
necrofilia/necrofagia, 18, 228, 284n
negritude: como resíduo, 18, 27, 29, 51, 137, 153, 193, 213, 267n; vista como barreira à conquista da modernidade pelo Brasil, 27; visualização da negritude diaspórica, 220-30
negro, impossibilidade de tradução conclusiva do termo, 13
Negro in New World, The (Johnston), 128, 171
Negro World, 157
negros: como ameaça ao corpo político em *Casa-Grande & Senzala*, 123; contradição entre ser negro e ser estadunidense, 205; desaparecimento durante a transição na economia brasileira, 58, 87; homens negros dessexualizados em Freyre, 109, 112; *ver também* absorção; escravidão; incorporação; miscigenação; *Passing* (Larsen); *Plum Bun* (Fauset)
New Introductory Lectures on Psychoanalysis (Freud), 258n
New Negro Movement [Novo Movimento Negro], 180, 279n; *ver também* América do Sul, virada para a
New Republic, 47
Nig (publicado como *Passing*) (Larsen), 194-202
Nigger Heaven (Van Vechten), 194
Nobles, Melissa, 28
Nóbrega, Manuel da, 66
nostalgia pelo passado patriarcal, em Freyre, 121-4
Nunes, Benedito, 73, 263n

objetificação, 119
Oliveira Lima, 9
Oliver, María Rosa, 60
Olivier, Lord Sydney, 171, 278n
Opportunity, 173
organização oral da psique, segundo Freud, 63-5, 68, 262n
organização social, tipos de, 100
origem das raças, mito de, 87
"Origin of Negro Slavery in Brazil, The" (Nash), 128
Ortiz, Fernando, 224, 226
Ottley, Roin, 190
Outlook (revista), 42, 155

padre missionário e curumim, relações entre, 113-4
Palace of Peacock, The (Harris), 248-52
Palmares, República de, 112-3, 175
Pan African Connection, The (exposições), 222
Paraíso (Morrison), 215-9, 248, 283n; presente aos cidadãos de Ruby, 237-47
paraíso: evocação de Harris, 248-9; no final de *Paraíso* de Morrison, 246
"Paranoia ou mistificação?" (Monteiro Lobato), 55
Paris, Oswald de Andrade exposto à vanguarda em, 73-4
passabilidade institucionalizada para a branquitude, 154

Passing (Larsen), 18, 133, 180, 194-202, 205, 215
Patrocínio, José do, 9, 185, 187, 280n
Pedro I, Dom, 24
Pedro II, Dom, 147
Penteado, D. Olivia Guedes, 72
Pereira, Kim, 210
Pereira, Miguel, 85
pessoas com ascendência negra, legalmente brancas, 150, 154
pharmakon, 69, 103
Philadelphia Tribune, 157, 173-4
Philip, Marlene Nourbese, 284n
pi, resto infinito em, 258n
Picabia, Francis, 72
Picasso, Pablo, 73, 97
Picchia, Menotti del, 55, 57
Pinto, Cezar, 9, 280n
Piper, Keith, 217, 221-3, 227-8, 230
Pirio, Gregory Alonso, 180-3, 279n
Plácido (Diego Valdés), 279n
plágio, 74-9; "bom", 76
Plessy v. Ferguson, 139-42, 147, 151
Plessy, Homer (Homère), 139-42, 147, 151
Plum Bun (Fauset), 18, 133, 180, 202-6
poder colonial, Palmares como ameaça significativa ao, 113
política de coalizão, 16, 214
Political Theory and the Displacement of Politics (Honig), 229-30
população do Brasil: presença majoritária de africanos e seus descendentes na, 25
Porter, Carolyn, 7, 14
Portugal: colonizadores no Brasil, 23; histórico de incorporação de seus invasores, 107; império, 22, 24; predisposição à miscigenação, 107; relação colonial com o Brasil, 67; Rio de Janeiro como sede do poder, 24
Prado Jr., Caio, 255n
Prado, Paulo, 38, 84-5
Pratt, Mary Louise, 284n

"Preconceito de raça em Cornell" (Clarke), 11
Primeira Conferência Universal das Raças, 28
Primeira Exposição de Arte Africana e Asiática (1919), 73
Primeira Guerra Mundial, 18, 44, 132, 167, 169, 277n
primitivismo, 67; relação modernista com o "primitivo", 67-8
Proclamação da Emancipação, 12
projetos de colonização, 12, 133, 146
Proverbe (revista), 72
pseudônimos, uso de, 13
Puíto, história do, 80-2
Pushkin, Alexander, 150

Queiroz-Siqueira, P. F. de, 53
Quicksand (Larsen), 133, 201
Quilomboje (coletivo de escritores), 28
quilombolas, 96, 268n
quilombos, 23, 111-3, 175

Rabelais, François, 82
raça: autoidentificação dos brasileiros, 28; democracia e, estrutura da metáfora e, 15; diferença entre etnicidade e, 127; representação racial no Brasil, 27-31
"Race Feeling in France" [O sentimento de raça na França] (Gil), 12
"Race Problem in America, The" (Crummell), 41
Racial Factors in Democracia (Means), 44
racismo: combatido pela imprensa afro-brasileira, 183-4; democracia racial no Brasil permite continuidade do, 184-9; embranquecimento como expressão máxima do, 201
Rawls, John, 256n

real maravilloso, Lo [o real maravilhoso], 248, 286n
Rebouças, André, 280n
Reconstrução, 138, 167
rede de zonas de contato, 8
Reis, Fidélis, 88, 190-1
Reis, Roberto, 58
"Rejeição" em *Paraíso* de Morrisson, 238
Relocating the Remains (Piper), 222, 227-8
Renascimento do Harlem, 14, 32-3, 180, 254n, 279n; Brasil no, 194-206
residual, 14, 29, 37, 258n; *ver também* resíduo(s)
resíduo como memória, 207-47; identificação e diáspora africana, 207-20; locais de entrelaçamento, 230-7; presente aos cidadãos de Ruby, 237-47; visualizando uma negritude diaspórica, 220-30
resíduo(s), 15, 18-9; abraço recíproco em vez de incorporação de, 247, 252; após incorporação, 71, 119-20; derivado do modelo teórico de canibalismo, 14; como distinto do abjeto, 92, 136, 233, 242, 276n; dom da segunda visão dos, 135, 137; dupla consciência de Du Bois e, 135, 137; excrementais, 17, 101; fusão com o estrangeiro, 31; Iemanjá como modelo de forma ética de amar os, 247; introjeção e a negação de, 120; de linchamentos, 276n; como mais perturbador do que o estrangeiro, 137; negação do, 237-47; negritude como, 18, 27, 29, 51, 137, 153, 193, 213, 267n; noção de democracia racial tornada possível e sustentável pelos, 194; perigo das identificações que negam o, 237-47; perturbam a narrativa de assimilação em *Casa-Grande & Senzala*, 122-4; em pi, infinito e produzido infinitamente, 258n; do ponto de vista daquele que come, 37-8; pressuposto na construção de uma identidade por meio de assimilação, 37-8; realocação de, 222, 227-30; reconhecido em *Marrow of Tradition* de Chesnutt, 159-64; como rejeição ou como resistência daquele que é comido, 38; relação com o *demos*, 19; resistente, 52, 101, 122, 136, 137, 164, 183-90, 202, 233, 236; ritual de exposição dos resíduos, 244-5; como ubíquo e persistente, 33; uso do termo, 37
resistência: apagada no relato de Freyre sobre assimilação, 111-2; dos resíduos, 52, 101, 122, 136-7, 164, 183-90, 202, 233, 236
Retrato do Brasil (Prado), 84-5
Revista do Brasil, 261n
Revolta da Vacina (1904), 101-2
Revolução Haitiana, 248
revolução, tema dos intelectuais entre 1920 e 1937, 89
Rio de Janeiro, como sede do poder, 24
Rising Tide of Color against White World Supremacy, The (Stoddard), 172
Rockefeller, Nelson, 93
Rodney, Donald, 222
Rodrigues Alves, 101
Rodrigues, Abílio, 185-9, 259n, 280n, 281n
Romero, Silvio, 26-7, 256n
Roosevelt, Theodore, 42-3, 155-7, 171, 193, 205
Roquette Pinto, 111

Saci, 54
Saint-Hilaire, August de, 85
Salvador, Bahia, 23
Santiago, Silviano, 58, 67
São Paulo, 234; cosmopolitismo urbano e a modernidade de, 57

Sardinha, bispo, 66
saudade, 56, 121
Scala naturæ (cadeia dos seres), 106
Schmitt, Carl, 30-1, 127
Schomburg, Arthur, 9, 12-3
Schomburgk, Richard, 251
Scottsboro, caso dos meninos de, 94
segregação, método brasileiro de absorção *versus*, 156-8
Semana de Arte Moderna de 1922, 34, 53, 55
Sertões, Os (Cunha), 104
sexo: ênfase dada ao sexo em *Casa-Grande & Senzala*, 107-12; ligação entre alimentação e, 64, 83-4, 262n
Shell and the Kernel, The [*A casca e o núcleo*] (Abraham e Torok), 68, 117-20, 227
sífilis, 270n
sindicatos negros da colonização, 12
sistema capitalista: crescimento inexorável como segredo do, 211; em *Ma Rainey's Black Bottom*, 211
Skidmore, Thomas E., 22
Slosson, Preston William, 257n
Soares, Francisco, 66
Sociedade de Ciências Sociais e Políticas, 12
sociedades antropoêmicas, 100
"Solution for the Race Problem, A" [Uma solução para o problema racial] (Chesnutt), 155-9
Souls of Black Folk, The (Du Bois), 134-7
South America: Observations and Impressions (Bryce), 128, 171
Souza, Eloy de, 187
Souza, Eneida Maria de, 81
Sprague Smith, Carleto, 93-4
St. Aubyn, Irmã Maria Inês, 286n
Staden, Hans, 66
Stoddard, Lothrop, 41, 172
Sundquist, Eric, 147

Suprema Corte dos Estados Unidos, decisão do caso *Plessy* versus *Ferguson*, 139-42, 147, 151
surrealismo, 72
Swan, Michael, 251
Swanton, John R., 87

Tanner, C. M., 277n
Tapanhuma, tribo, 78
Taulipang, povo, 77-8
Taunay, Afonso de, 255n
Teatro Experimental do Negro, 28
teoria psicanalítica, 258n; metáforas do canibalismo e seus denegados resíduos, 276n; organização oral da psique, 63-5, 68, 262n; *ver também* Freud, Sigmund
Terceiro Congresso Pan-Africano, 47; Carta dos direitos, oito pontos da, 47-8, 259n
Thevet, André, 66
Tijucopapo, históricas mulheres de, 284n
Toomer, Jean, 133
Torok, Maria, 19, 68, 117-20, 227
Totem e tabu (Freud), 36, 62, 64-5
Tourgée, Albio, 147
Tra (Campos-Pons), 223-4
tráfico de escravos, 23-4; abolição do tráfico transatlântico, 24
tragédia, como gênero apropriado para reconhecer o resíduo, 230
transculturação, 224, 226
transnacional, o: contexto transnacional, 8; rede transnacional, 13; tensão entre o nacional e o, 13
transparência: fotográfica, crítica à, 223; relação com o espaço intermediário, 224
Três ensaios sobre a teoria da sexualidade (Freud), 37, 62
tropical, ambiente: adaptação e superação do, 26, 56, 70, 104, 106,

108, 116; crises supostamente precipitadas pelo, 99
Tubman, Harriet, 11-2, 253n
Tulsa Star, 39, 157, 173
tupi-guarani, língua, 113-4
Tupinambá, povo, suposto canibalismo do, 34, 66, 263n

Universal Negro Improvement Association (UNIA), 279n
Universidade Cornell: Clarke na, 10-1
Urupês (Monteiro Lobato), 55, 261n

vacinação: incorporação de negros vista como vacina, 70, 110; programa governamental de vacinação obrigatória (1904), 102
valorização da raça, 45-6, 259n
Van Vechten, Carl, 194
vanguarda europeia, 72-4; canibalismo na, 73; relação de modernistas brasileiros com a, 72-4
"vergonha do ex-homem-de-cor" levado à passabilidade, 271n
veteranos negros, tratamento de, 168-9, 277n
Vieux, Antonio, 279n
violência: contra os escravizados nos esforços pela abolição da escravatura no Brasil, 175-6; desencadeada contra os negros em resposta às políticas de Reconstrução, 138-9; do encontro do Novo Mundo com o Velho Mundo em Cuba, 225; da identificação com o outro, 229; *ver também* escravidão
vitória britânica em 19 de julho de 1919, tratamento dos veteranos negros na celebração, 170
Voltaire, 73
Von Roroima zum Orinoco (Koch--Grünberg), 75, 77-8

Wald, Priscilla, 134
Wanderley, João Maurício, 280n
Ward, Samuel, 144
Washington, Booker T., 13, 39, 129, 171, 277n
Werneck de Castro, Moacir, 60
"What Is a White Man?" (Chesnutt), 152-5
When I Am Not Here / Estoy Allá (Campos-Pons), 229
White Capital and Coloured Labor (Olivier), 171
White, Walter, 279n
Williams, Raymond, 37
Wilmington, Carolina do Norte, motim (1898), 139, 276n
Wilson, August, 208
Wilson, Woodrow, 168
Winant, Howard, 39, 50, 254n
Woodson, Carter Godwin, 39, 174-5

Yukins, Elizabeth, 238

Zumbi, 112

Dados Internacionais de Catalogação na Publicação (CIP)
(Câmara Brasileira do Livro, SP, Brasil)

Nunes, Zita
  Democracia canibal / Zita Nunes ; tradução do inglês por Marilene Felinto. — São Paulo : Fósforo, 2024.

  Título original: Cannibal democracy : race and representation in the literature of the Americas.
  ISBN: 978-65-6000-020-9

  1. Brasil — Relações raciais — Historiografia 2. Canibalismo na literatura 3. Democracia na literatura 4. Estados Unidos — Relações raciais — Historiografia 5. Literatura americana — Autores afro-americanos — História e crítica 6. Literatura brasileira — História e crítica 7. Literatura caribenha — História e crítica I. Título.

24-204422   CDD — 305.896

Índice para catálogo sistemático:
1. Democracia : Relações raciais   305.896

Cibele Maria Dias — Bibliotecária — CRB-8/9427

A marca FSC® é a garantia de que a madeira utilizada na fabricação do papel deste livro provém de florestas gerenciadas de maneira ambientalmente correta, socialmente justa e economicamente viável e de outras fontes de origem controlada.

Copyright © 2008 by Conselheiros da Universidade de Minnesota.
Tradução autorizada da edição em inglês publicada pela University
of Minnesota Press. Licenciado pela University of Minnesota Press,
Minneapolis, Minnesota, EUA.
Copyright da tradução © 2024 Editora Fósforo

Todos os direitos reservados. Nenhuma parte desta obra pode ser
reproduzida, arquivada ou transmitida de nenhuma forma ou por
nenhum meio sem a permissão expressa e por escrito da Editora Fósforo.

Título original: *Cannibal Democracy: Race and Representation in the
Literature of the Americas*

DIRETORAS EDITORIAIS Fernanda Diamant e Rita Mattar
EDITORA Juliana de A. Rodrigues
ASSISTENTE EDITORIAL Rodrigo Sampaio
PREPARAÇÃO Livia Lima
REVISÃO Thaisa Burani e Fernanda Campos
ÍNDICE REMISSIVO Probo Poletti
DIRETORA DE ARTE Julia Monteiro
CAPA Laila Szafran
IMAGEM P. 4 María Magdalena Campos-Pons, "Identity Could Be a Tragedy",
de *When I Am Not Here / Estoy allá...*, 1996. Tríptico colorido em Polaroide.
IMAGEM DE CAPA María Magdalena Campos-Pons, *Untitled*, 2019, aquarela
sobre papel, 40 x 27 cm
PROJETO GRÁFICO Alles Blau
EDITORAÇÃO ELETRÔNICA Página Viva

Editora Fósforo
Rua 24 de Maio, 270/276
10º andar, salas 1 e 2 — República
01041-001 — São Paulo, SP, Brasil
Tel: (11) 3224.2055
contato@fosforoeditora.com.br
www.fosforoeditora.com.br

Este livro foi composto em GT Alpina e
GT Flexa e impresso pela Ipsis em papel
Pólen Natural 80 g/m² da Suzano para a
Editora Fósforo em junho de 2024.